Torkel Klingberg
Multitasking

Torkel Klingberg

Multitasking

Wie man die Informationsflut bewältigt,
ohne den Verstand zu verlieren

*Aus dem Schwedischen
von Björn Wirtjes*

Verlag C. H. Beck

Mit 19 Abbildungen

Titel der schwedischen Originalausgabe:
Den översvämmade hjärnan
En bok om arbetsminne, IQ och den stigande informationsfloden
Copyright © Torkel Klingberg and Bokförlaget Natur och Kultur, Stockholm 2007
Die deutsche Ausgabe kam durch Vermittlung der Agentur Literatur
Gudrun Hebel, Berlin, zustande.
Zuerst erschienen bei Natur och Kultur, Stockholm

Für die deutsche Ausgabe:
© Verlag C. H. Beck oHG, München 2008
Satz: Kösel, Krugzell
Druck und Bindung: CPI - Ebner & Spiegel, Ulm
Gedruckt auf säurefreiem, alterungsbeständigem Papier
(hergestellt aus chlorfrei gebleichtem Zellstoff)
Printed in Germany
ISBN 978 3 406 57638 6

www.beck.de

Inhalt

1

Einleitung: Mit dem Steinzeithirn in der Datenflut

Sie sind soeben in einen Raum gegangen, vermutlich, um etwas zu holen, doch Sie sind sich nicht ganz sicher. Denn Sie starren die Wand an und versuchen sich zu erinnern, was es noch gleich war, das Sie tun wollten. Diese Anweisung an sich selbst, die Sie gerade noch im Kopf hatten, ist nicht mehr da. Vielleicht sind Sie durch Ihr Handy abgelenkt worden? Vielleicht haben Sie versucht, zwei oder drei Sachen gleichzeitig zu machen? Das Ergebnis war in jedem Fall eine Informationsüberflutung in Ihrem Gehirn, die dazu führte, dass Sie nur dastanden und auf die Wand starrten.

Unsere Gehirne haben nur eine begrenzte Kapazität für den Umgang mit Informationen. Thema dieses Buches ist der Versuch, eine Antwort darauf zu finden, warum das so ist, welche Auswirkungen das in unserem Alltag hat und wie wir diese Grenzen möglicherweise ausdehnen können, indem wir unsere Gehirne trainieren.

In dem Maße, wie die Entwicklung im Bereich der Informationstechnologie und Kommunikation uns in immer schnellerem Takt mit Informationen versorgt, treten auch die Beschränkungen des Gehirns deutlicher zutage. Nicht länger die Technik bestimmt die Grenzen, sondern unser eigenes Gehirn. Ersichtlich werden die Veränderungen nicht zuletzt an einem immer komplexer werdenden Arbeitsumfeld. Nehmen wir als Beispiel hierfür Lotta, eine fiktive Person, die aber einer nahen Freundin von mir nachempfunden ist und die in einem Umfeld arbeitet, in dem sich wahrscheinlich so manch einer wiedererkennt.

Lotta ist Projektleiterin bei einem IT-Unternehmen. Ihr Montagmorgen beginnt um halb neun, wenn sie an ihrem Schreibtisch im Großraumbüro Platz nimmt. Ihre Kaffeetasse neben sich, macht sie sich daran, den Berg vom Wochenende – einige hundert E-Mails – abzuarbeiten. Sie muss entscheiden, was zu löschen und was einfach

nur zu lesen und zur Kenntnis zu nehmen ist, welche E-Mails unver-
züglich beantwortet werden müssen und welche als ein weiterer
Punkt auf ihrer To-do-Liste landen werden, die sie ständig auf ihrem
PC aktualisiert und nach Prioritäten neu ordnet, um sie dann mit
ihrem Handheld zu synchronisieren. Um zehn ist sie zwar noch immer nicht mit ihren E-Mails durch, doch entschließt sie sich, das
in Angriff zu nehmen, was zuoberst auf der heutigen To-do-Liste
steht: einen Bericht fertig schreiben sowie vier Teilberichte ihrer
Mitarbeiter lesen. Nach drei Minuten wird sie beim Schreiben ihres
Berichts von einem Kollegen unterbrochen, der eine Auskunft wegen eines Rechnerkaufs braucht. Die beiden gehen auf die Homepage der Computerfirma, um schnell einen Blick auf die verschiedenen Angebote zu werfen, da werden die Überlegungen von einem
Anruf unterbrochen, der sich auf eine E-Mail vom letzten Freitag
bezieht. Das Telefongespräch zieht sich in die Länge und der Kol-
lege geht währenddessen wieder zurück an seinen Schreibtisch,
während Lotta bemüht ist, das Klingeln ihres Mobiltelefons zu ignorieren, und fieberhaft nach der E-Mail sucht, um die es in dem Gespräch geht. Noch während sie zuhört, kommt sie gleichzeitig dazu,
einige Spam-Mails zu löschen, da sie ja das Programm immer noch
geöffnet hat.

Dies ist das Bild eines modernen Arbeitsplatzes. Eine Untersuchung von Arbeitsplätzen in den USA ergab, dass die Beschäftigten ungefähr jede dritte Minute einer Unterbrechung oder Ablenkung ausgesetzt sind und dass Personen, die am Computer arbeiten,
im Durchschnitt acht verschiedene Fenster gleichzeitig geöffnet haben. In dem Aufsatz «Overloaded Circuits: Why Smart People Underperform» (Überlastete Schaltkreise: Warum selbst kluge Köpfe oft
unter ihren Möglichkeiten bleiben) prägte der Psychiater Edward
Hallowell den Begriff *Attention Deficit Trait* (sinngemäß etwa: Tem-
poräre Aufmerksamkeitsstörung), um den mentalen Zustand zu beschreiben, in dem Lotta und viele andere sich befinden. Das ist keine
neue medizinische Diagnose, mit der Ärzte etwas anfangen könnten,
sondern vielmehr ein Ausdruck für den Geisteszustand, den Informationstechnologie, gestiegenes Tempo und veränderte Arbeitsweise mit sich gebracht haben. Manche würden das einfach einen
Lebensstil nennen. Aber der Begriff *Attention Deficit Trait* (ADT) ist

freilich gerade deshalb so gewählt worden, weil er dem Namen *Attention Deficit Disorder* (Aufmerksamkeitsdefizitstörung – ADS) so ähnlich ist, der seinerseits eine Abwandlung von *Attention Deficit Hyperactivity Disorder* (Aufmerksamkeits-/Hyperaktivitätsstörung – ADHS) ist, nur eben ohne Hyperaktivität (mehr über ADHS in einem späteren Kapitel).

Die Diagnose von ADT wird durch eine Reihe von Symptomen definiert wie, dass jemand nur «schwer seine Konzentrationsfähigkeit aufrechterhalten kann», «Mühe hat, seine Arbeit zu organisieren», «leicht von dem gestört wird, was in der Umgebung geschieht», und «im Alltag vergesslich» ist. Oft sind die Schwierigkeiten so groß, dass man nicht mehr geregelt einem Beruf nachgehen kann oder Medikamente nehmen muss, um die Probleme abzumildern. Der entscheidende Punkt an Hallowells Begriff ist, dass er veranschaulicht, wie das Arbeitsumfeld mit seinem Tempo und seinen simultanen Anforderungen uns oft das Gefühl vermittelt, wir litten an Konzentrationsstörungen oder unsere Kapazität reiche nicht wirklich aus. Das Gehirn ist überflutet. Aber führt die Informationsgesellschaft wirklich dazu, dass breite Schichten der Bevölkerung Konzentrationsschwierigkeiten bekommen? Was ist eigentlich Konzentrationsfähigkeit – und was genau ist es, das in unserer komplexen Arbeitswelt mental so hohe Anforderungen stellt?

Ein Faktor, der das Arbeitsleben so strapaziös macht, sind die ständigen Ablenkungen: all die Eindrücke, die wie Mücken um uns herumsurren und die es so schwer machen, sich auf das Geforderte zu konzentrieren. Die Datenflut lässt nicht nur die Menge der Informationen anwachsen, die zu bewältigen von uns heute gemeinhin erwartet wird, sondern auch die Menge derjenigen Informationen, die wir außen vor halten müssen. Ein Beispiel dafür, wie sich das Ausmaß der Ablenkung verändert hat, ist der Übergang zum offenen Großraumbüro. An sich verstärkt das die Kommunikation zwischen den Mitarbeitern und bietet vielfältigere Anregungen. Aber dieses Umfeld bringt auch einen wachsenden Strom von Eindrücken in Form von Handygeklingel, Hintergrundgeplauder und SMS-Signalen mit sich, gegen die wir uns abgrenzen müssen. Ein anderes Beispiel für die gewachsenen Anforderungen liegt darin, dass wir immer mehr Informationen über das Internet aufnehmen statt durch Bücher oder Zeitungen. Einen Artikel in der Zeitung zu lesen, ohne sich dabei von der Werbung am Rand ablenken zu lassen, funktioniert noch ziemlich gut. Artikel im Internet zu lesen, wenn am Rand die Werbung aus kleinen animierten Filmchen besteht, ist dagegen schon viel anstrengender. Was in unserem Gehirn entscheidet aber darüber, ob es uns gelingt, uns zu konzentrieren und die Ablenkungen von uns fernzuhalten, oder nicht?

Zwei oder mehr Dinge gleichzeitig zu erledigen ist die schnellste und einfachste Lösung für alle, die in kürzerer Zeit mehr schaffen wollen. Mehrere Sachen gleichzeitig zu leisten (oder es zumindest zu versuchen) gehört jedoch auch mit zu den schwierigsten Herausforderungen des Alltags. Auf einem Laufband zu joggen und dabei fernzusehen, funktioniert noch ganz gut, ebenso wie Kaugummi kauen und dabei geradeaus gehen. Aber bereits eine so alltägliche Situation, wie beim Autofahren mit dem Handy zu telefonieren, geht in der Tat nicht mehr so gut, wie wir gerne hätten. Abgesehen davon, dass es ohnehin schwierig genug ist, mit ein und derselben Hand das Lenkrad zu halten und die Gangschaltung zu bedienen, oder den Blick abwechselnd auf die Straße und das Handydisplay zu richten, liegt in den mentalen Beanspruchungen beim Telefonieren etwas, das uns zu schlechteren Autofahrern werden lässt. Messungen haben gezeigt, dass Personen, die Auto fahren und dabei eine mental anspruchsvolle Aufgabe gestellt bekommen, eine um bis zu anderthalb Sekunden verlängerte Reaktionszeit haben. Warum können wir gewisse Handlungen miteinander kombinieren, andere aber nicht? Und warum kann das Gehirn mitunter keine zwei Sachen gleichzeitig machen?

Die Frage des «Multitasking» ist besonders aktuell, da die technologische Entwicklung Simultanleistungen nicht nur anzuspornen, sondern zuweilen geradewegs zu fordern scheint. Seit die technischen Geräte drahtlos geworden sind, können wir sie so gut wie überallhin mitnehmen. Wir telefonieren mit dem Handy, egal ob wir gerade gehen, Auto fahren oder fernsehen. Fürs Auto gibt es Kartendisplays, die während der Fahrt laufend aktualisiert werden, um den Weg zu beschreiben. Während wir in einem Meeting sitzen, können wir gleichzeitig mit dem Handy eine SMS schreiben oder E-Mails auf einem Blackberry lesen (ein Handheld-Computer, wegen seiner abhängig machenden Wirkung auch «crack-berry» genannt). Wenn der Tag zu Ende geht und wir uns vor den Fernseher setzen, präsentiert ein laufendes Textband zeitgleich zusätzliche Informationen. Manche Fernsehgeräte erlauben uns, einen Extra-Kanal eingeblendet in einen anderen zu sehen. Ebenfalls möglich ist heute, dass wir vom Sofa aus, während wir fernsehen, über unser Notebook drahtlos mit dem Internet verbunden sind.

Unser Verhältnis zu Informationen ist zwiespältig. Einerseits sind wir offenbar immer auf der Suche nach mehr, schnelleren und komplexeren Informationen, als bekämen wir durch die Anregung einen Kick. Doch wenn wir andererseits auf dem Sofa sitzen und versuchen, das Textband auf dem Fernsehschirm zu lesen und gleichzeitig den Hauptnachrichten zu folgen, beschleicht viele von uns ein Gefühl der Unzulänglichkeit, weil unser Gehirn vor lauter Informationen schon so voll ist. Es läuft sozusagen über.

Neue Erkenntnisse innerhalb der Psychologie und Hirnforschung zeigen, dass die Probleme sowohl beim Multitasking als auch beim Auftreten von Ablenkungen auf eine einzige zentrale Beschränkung zurückgeführt werden können: die Fähigkeit, Informationen unmittelbar im Sinn zu behalten. Wenn Sie zwei Dinge gleichzeitig tun wollen, müssen Sie auch zwei verschiedene Handlungsanleitungen im Kopf behalten. Doppelt so viel also, als wenn nur eine Instruktion vorliegt. Werden Sie dann noch abgelenkt, ist eine mögliche Folge, dass Ihnen die Information, die Sie ursprünglich im Kopf hatten, entfällt – was wiederum dazu führen kann, dass Sie im Zimmer dastehen, ohne zu wissen, weshalb Sie eigentlich dort hingegangen sind.

Unser beschränktes Vermögen, Informationen unmittelbar im Kopf präsent zu halten, lässt sich durch zwei Beispiele veranschaulichen. Wenn Sie eine Wegbeschreibung bekommen, die lautet: «Bis zur übernächsten Ecke geradeaus und dann links», haben Sie vermutlich kein Problem, das zu behalten. Lautet die Beschreibung aber: «Gehen Sie weiter geradeaus bis zur übernächsten Ecke und biegen dann nach links, an der nächsten Ecke gleich wieder rechts, und dann nehmen Sie einfach die dritte Straße auf der linken Seite, und danach gleich an der nächsten Kreuzung wieder rechts und noch über zwei Straßen hinüber geradeaus bis zur dritten Kreuzung, dann sind Sie da», beginnt die Wahrscheinlichkeit dafür zu wachsen, dass Sie sich verlaufen werden. Das sind ganz einfach zu viele Informationen auf einmal. In gleicher Weise lässt sich ein vierstelliger PIN-Code relativ leicht erinnern, sobald man ihn einmal gehört hat, wohingegen es nahezu unmöglich ist, einen zwölfstelligen OCR-Code auf Anhieb im Gedächtnis zu behalten.

Die magische Zahl Sieben

«Mein Problem ist, dass ich von einer Zahl verfolgt werde.» So eröffnete der Psychologe George Miller 1956 seinen Aufsatz «Die magische Zahl Sieben, plus/minus zwei: Einige Grenzen unserer Fähigkeit, Informationen zu verarbeiten». Darin stellt er seine Theorie vor, derzufolge es für die menschliche Fähigkeit zur Informationsaufnahme eine fixe Grenze gibt, die bei ungefähr sieben Einheiten liegt, oder mit anderen Worten: In der Bandbreite unseres Gehirns befindet sich eine eingebaute Beschränkung. Der Aufsatz sollte einer der berühmtesten innerhalb der Psychologie des 20. Jahrhunderts werden.

Mitte der 1950er Jahre, als George Miller seinen Artikel schrieb, gab es in der Psychologie ein erhöhtes Interesse an dem Begriff der Information. Während des Zweiten Weltkriegs hatte die Entwicklung der Computer eingesetzt, um feindliche Codes knacken zu können. Mathematiker und Physiker regten an, den Informationsbegriff in bestimmter Weise zu quantifizieren und zu untersuchen, welche Grenzen bestehen, wenn man am Telefon Informationen von einer Person zur anderen durch Kupferdrähte übermitteln will. Millers Idee war, dass Psychologen das menschliche Gehirn genauso betrachten sollten wie Physiker einen Kupferdraht. Das Gehirn war ein «Kommunikationskanal», dessen Geschwindigkeit man messen konnte – ähnlich wie Internetverbindungen, die nur eine gewisse Datenmenge pro Zeiteinheit durchlassen.

Der Kernpunkt in Millers Artikel ist also, dass es eine Kapazitätsgrenze gibt. Er weist darauf hin, dass die Zahl Sieben in diesem Zusammenhang ungewöhnlich häufig auftaucht und Anlass zu Spekulationen geben kann, wie Miller sie am Ende seines Aufsatzes beschreibt:

«Warum gibt es denn wohl gerade sieben Weltwunder, die Legende von Sindbad und den sieben Meeren, sieben Todsünden und die sieben Töchter des Riesen Atlas in den Plejaden, die sieben Lebensalter des Menschen, die sieben Höllen der alten brahmanischen Lehren, sieben Grundfarben, die sieben Töne der Tonleiter und sieben Wochentage?»

In Abbildung 1 wird Millers Idee mittels einer Kurve veranschaulicht, wobei auf der x-Achse die Informationsmenge angegeben ist und die y-Achse zeigt, wie viel von dieser Information korrekt wiedergegeben wird. Man nehme zum Beispiel einen Test, bei dem man eine Anzahl von Ziffern, die vorgelesen werden, wiederholen soll. Auf der y-Achse ist dann abzulesen, wie viele der Ziffern man korrekt nennen konnte. Hört man zwei Ziffern, fällt es leicht, sie sich zu merken und auf einer Tastatur einzutippen. Hier befindet man sich in dem geraden Teilverlauf der Kurve, wo die Menge der eingehenden gleich der Menge der ausgehenden Informationen ist. Soll man jedoch zwölf Ziffern erinnern oder zwanzig, so wird man vermutlich nur etwa sieben davon korrekt eintippen können. Man befindet sich nun in dem Teil, wo die Kurve abknickt und durch die persönliche Kapazität begrenzt wird. Mehr kann der «Kupferdraht» nicht bewältigen.

Ein halbes Jahrhundert, nachdem Miller seinen Aufsatz veröffentlicht hat, leben wir heute wieder in einer Zeit, in der der Informationsbegriff hochaktuell ist. Die Computerisierung, die zu Beginn der

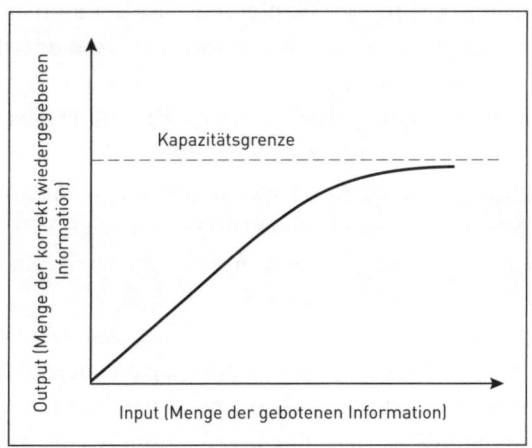

Abbildung 1

1950er Jahre erst in den Anfängen steckte, hat explosionsartig zugenommen und beeinflusst mehr oder weniger jedes Detail unserer Gesellschaft, unserer Kultur und unseres Alltags. Die Informationstechnologie ist nun inzwischen in der Lage, uns mit einem solchen Überfluss von Information pro Zeiteinheit zu konfrontieren, dass die Kapazitätsbeschränkungen in unserem Gehirn – die Kanalkapazität, von der Miller sprach – zu einer wirklich wichtigen Frage des täglichen Lebens geworden ist.

Das Steinzeithirn

Wenn wir tatsächlich eine eingebaute Beschränkung in unserer Fähigkeit zur Informationsverarbeitung haben, eine eingebaute mentale Bandbreite, wie Miller glaubte, so ist diese vermutlich einige hunderttausend Jahre alt. Der anatomisch moderne Homo sapiens entwickelte sich vor ungefähr 200 000 Jahren in Afrika. Genetiker haben gezeigt, dass alle jetzt lebenden Menschen ihre DNS von ein und derselben Frau haben, einer Menschheits-Eva, die vor etwa 150–200 000 Jahren lebte. Seitdem hat Homo sapiens sich über die Welt ausgebreitet, unter anderem auch ins südliche Europa, wo er nach und nach den zeitgleich lebenden Neandertaler verdrängte. Hier hinterließen die Menschen prachtvolle Höhlenmalereien, unter anderem in der Höhle von Cro-Magnon in Südfrankreich, was dieser modernen Form von Homo sapiens den Namen Cro-Magnon-Mensch eintrug.

Die Menschen damals hatten exakt das gleiche Hirnvolumen und die gleiche Anatomie wie wir heutzutage. Im Unterschied zum Neandertaler war der Cro-Magnon-Mensch graziler gebaut. Würden wir ihn in moderne Kleider stecken, dürfte es keinerlei Aufmerksamkeit erregen, wenn er durch die Straßen einer modernen Großstadt schlenderte.

Die Cro-Magnon-Menschen führten ein geruhsames Leben als Jäger und Sammler. Vermutlich verbrachten sie die meiste Zeit in Gruppen aus einigen wenigen Familien, insgesamt etwa 50 Individuen. Zuweilen versammelte sich der sogenannte Clan, eine größere Gruppe von etwa 150 verwandten Individuen. Der größte Teil der Zeit verging wohl mit der Nahrungssuche und Essenszubereitung, dem Verfertigen von Fellen und Gerätschaften und manchmal auch mit Jagd. Das technologische Umfeld, in dem die Cro-Magnon-Menschen lebten, bestand aus einer kleinen Zahl Gerätschaften wie Pfeilspitzen, Nadeln und Knochenhaken.

Das Gehirn, mit dem wir heute geboren werden, ist genetisch gesehen nahezu identisch mit dem, das die Cro-Magnon-Menschen vor 40 000 Jahren bei der Geburt hatten. Wenn es eine genetisch eingebaute Beschränkung in unserer Fähigkeit zur Informationsverarbeitung gibt, stammt sie folglich aus dieser Zeit, als der technologisch fortschrittlichste Gegenstand die mit Widerhaken versehene beinerne Harpune war. Das gleiche Gehirn soll nun mit der Informationsflut zurechtkommen, die sich in der digitalen Gesellschaft tagtäglich über uns ergießt. Ein Cro-Magnon-Mensch traf in einem Jahr so viele Menschen, wie Sie und ich jetzt an einem Tag sehen können. Und die Menge und Komplexität der Informationen, mit denen wir umzugehen haben, wächst unvermindert weiter. Wenn es also irgendwelche eingebauten Beschränkungen gibt, die uns künftig Einhalt gebieten – von welchen mentalen Funktionen reden wir dann genau? Wo finden wir den Engpass, der die Fähigkeit unseres Gehirns, Informationen zu verarbeiten, beschränkt?

Die Formbarkeit des Gehirns

Was die Überlegungen zu Cro-Magnon-Gehirnen und Millers mentaler Bandbreite zwar komplizierter macht, aber auch bereichert, sind die neuen Erkenntnisse über die Formbarkeit das Gehirns. Wenn Sie dieses Buch gelesen haben, werden Sie nicht mehr derselbe sein wie zuvor. Das liegt nicht daran, dass der Inhalt des Buches eine so umwälzende Wirkung auf die Art und Weise hätte, wie Sie Ihr Leben führen, sondern daran, dass alle Arten von Erfahrung und Lernzuwachs das Gehirn verändern. Man steigt nie zweimal in denselben Fluss.

Doch verändert das Gehirn sich nicht bloß, wenn es Gedächtnisinhalte abspeichert. Unterschiedliche Funktionen sind auf verschiedene Stellen im Gehirn verteilt, und man kann in diesem Sinne davon sprechen, dass es eine funktionelle Landkarte des Gehirns gibt. Man hat nun herausgefunden, dass diese Karte nicht statisch ist, sondern ständig umgezeichnet wird. Ein großer Teil unserer Kenntnisse, wie sich das Gehirn verändert, stammt aus Studien darüber, welche Auswirkungen es hat, wenn das Gehirn von einem Informationszufluss abgeschnitten wird. Wenn eine Person einen Körperteil verliert, so dass ein sensorisches Areal im Gehirn keine Information mehr von dort bekommt, führt das dazu, dass umliegende Areale sich ausbreiten. Verliert man seinen Zeigefinger, so wird in der Folge die Hirnregion, die bis dahin Signale vom Zeigefinger empfing, an Größe abnehmen. Die benachbarte Region, die Signale vom Mittelfinger verarbeitet, wird sich hingegen ausdehnen. Die Landkarte des Gehirns ist umgezeichnet worden.

Ein noch größeres Informationsdefizit ist das Fehlen von Gesichtseindrücken bei blinden Menschen. Misst man aber deren Hirnaktivität, während sie Blindenschrift lesen, zeigt sich, dass dabei Sehzentren im Gehirn aktiviert werden, obwohl doch keine Sehreize dorthin gelangen. Es hat demnach den Anschein, als würden diese Personen ihr Sehzentrum stattdessen für die Verarbeitung taktiler Reize benutzen. Es könnte sich hier um die gleiche Art von Formbarkeit handeln, wie wenn man von einem verlorenen Finger keine Tastreize mehr bekommt: Umliegende Areale breiten sich aus und nehmen den unbenutzten Teil des Gehirns für sich in Gebrauch. Ähnliche Resultate ergeben sich auch aus Studien mit Personen, die taub geboren wurden und bei denen Forscher eine Aktivierung der Hörzentren beobachteten, wenn die gehörlosen Menschen Gebärdensprache sahen.

Das Gehirn verändert sich aber nicht nur, wenn wir einen Informationsverlust erleiden, sondern auch, wenn wir uns einer bestimmten Tätigkeit mit besonders großer Intensität widmen, etwa bei einem Training. Ein Musikinstrument zu lernen ist so eine Art intensiven Trainings, bei dem man Stunde um Stunde und Jahr für Jahr mit Üben zubringt. Als Forscher bei Streichmusikern die Areale kartographierten, die Signale von der linken Hand empfangen, war zu beobachten, dass die durch taktile Reize aktivierte Region größer war als bei Personen, die kein Instrument spielten. Ebenso hat man beobachtet, dass die Hirnregion, die beim Hören von Klaviertönen angeregt wird, bei Klaviermusikern um ungefähr 25 Prozent größer ist als bei Nichtmusikern und dass die Nervenbahnsysteme zur Übermittlung motorischer Impulse ebenfalls Veränderungen unterworfen sind.

Jonglieren gehört für die allermeisten nicht gerade zu den tagtäglichen Beschäftigungen. Doch wenn wir anfingen zu trainieren, würden wir uns schon nach ein paar Wochen ganz deutlich verbessert haben. Dies wäre mithin eine Aktivität, die zur Erforschung dessen geeignet wäre, was im Gehirn passiert, wenn eine spezielle Funktion durch Training verstärkt ausgebildet wird. In einer Studie untersuchte man die Hirnstruktur bei einer Gruppe von Versuchspersonen, ließ diese dann drei Monate lang Jonglieren üben und untersuchte die Gehirne dann erneut. Wie die Forscher sahen, hatte sich eine Region im Hinterhauptslappen ausgedehnt, die primär auf die Erfassung von Bewegungen spezialisiert ist. Als die Versuchspersonen drei Monate nach Ende des Trainings erneut untersucht wurden, war zu beobachten, wie die Veränderung sich um ungefähr die Hälfte zurückgebildet hatte. Lediglich drei Monate Aktivität bzw. Passivität hatten also bereits direkte Auswirkungen auf die Struktur des Gehirns.

Relativ wenig ist hingegen bislang darüber bekannt, wie sich die ständigen mentalen Anforderungen der Informationsgesellschaft auf unser Gehirn auswirken. Haben sie einen ebenso förderlichen Effekt auf unser Gehirn wie die anderen Arten von Training?

Der Anstieg des IQ im Laufe des 20. Jahrhunderts

Als der neuseeländische Soziologe James Flynn in den 1980er Jahren routinemäßig die Ergebnisse früherer IQ-Tests überprüfte, stieß er auf etwas, das die psychologische Welt für mehrere Jahrzehnte in Aufregung versetzen sollte: Es schien so, als würde der IQ bei der Bevölkerung zunehmen. Das Phänomen der steigenden IQ-Werte wird inzwischen Flynn-Effekt genannt.

Definitionsgemäß soll der durchschnittliche IQ-Wert über die gesamte Bevölkerung 100 betragen. Nachdem man eine große Anzahl Personen, zum Beispiel Achtzehnjährige, getestet hat, passt man den Test so an, dass er im Schnitt genau das Ergebnis 100 liefern wird. Bei einem solchen Testverfahren lässt man oft dieselben Personen zwei

IQ-Tests ausführen, den alten und den neuen, um zu zeigen, dass die Leistung bei beiden Tests übereinstimmt. Flynn entdeckte nun, dass jedes Mal, wenn eine neue Gruppe von Leuten getestet wurde, diese bei dem alten Test besser abschnitt. Wenn eine Gruppe Achtzehnjähriger einen 20 Jahre alten Test durchführte, lag ihre Durchschnittsleistung nicht mehr bei 100, wie bei den Achtzehnjährigen vor 20 Jahren, sondern immer etwas darüber. Flynn berücksichtigte mehr als 73 Studien mit über 7500 Teilnehmern aus den Jahren zwischen 1932 und 1978 und fand dabei heraus, dass der IQ im Schnitt mit drei Punkten, also etwa drei Prozent, pro Jahrzehnt anstieg.

Besonders aufsehenerregend bei diesem Fund war die Größe der Veränderung. Innerhalb von 60 Jahren – zwei Generationen – hatte die Punktzahl folglich um etwa eine Standardabweichung zugenommen. Das bedeutet, dass ein Achtzehnjähriger, dessen Leistung 1990 genau im Mittel seiner Altersgruppe lag, wenn er um 60 Jahre in die Vergangenheit zurückversetzt würde, leistungsmäßig zum obersten Sechstel gehören würde. Mit einer Leistung, mit der man heute genau im Mittelmaß einer Klasse von 30 Schülern liegt, fände man sich plötzlich unter die besten Fünf versetzt.

Eine naheliegende Erklärung für die Leistungssteigerung in den IQ-Tests könnte in einem gestiegenen Ausbildungsniveau liegen. Doch wenn das die Erklärung wäre, sollte man die größte Steigerungsrate bei den Tests erwarten, die den Wortschatz und das allgemeine Wissensniveau messen. Hingegen würde man keine so große

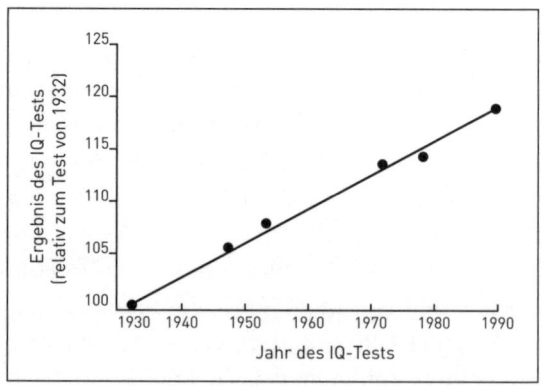

Abbildung 2 Anstieg des IQ im Laufe des 20. Jahrhunderts

Verbesserung bei Problemlösungsaufgaben erwarten, die gemeinhin als «kulturell neutral» und als vom Ausbildungsniveau relativ unbeeinflusst angesehen werden. Doch als man bei den Veränderungen in den amerikanischen IQ-Tests mehr aufs Detail schaute, stieß man auf die genau entgegengesetzte Tendenz: Die Steigerung war augenfälliger bei den Problemlösungsaufgaben, wohingegen die Tests, die den Wortschatz maßen, fast überhaupt keine Veränderung aufwiesen.

Zur Bestätigung wurden Testresultate aus verschiedenen Ländern miteinander verglichen, die alle von genau einem Typ von Problemlösungsaufgaben stammten, der Raven-Matrizen-Test genannt wird (und der speziell daraufhin konzipiert worden ist, die fluide Intelligenz unabhängig vom Ausbildungsniveau widerzuspiegeln; vgl. Abb. 6, S. 46). Hierfür konnte man die Testergebnisse nahezu aller derjenigen Personen benutzen, die bei Musterungen für den Militärdienst zwischen 1952 und 1982 in Israel, Norwegen, Belgien, Holland und England getestet worden waren. Dabei ließ sich abermals derselbe Effekt beobachten wie zuvor bei den amerikanischen IQ-Tests. Die Steigerung wies in den verschiedenen Ländern eine annähernd identische Rate auf. Als man nun aber die Problemlösungskompetenz gesondert untersuchte, erwies sich der Anstieg als noch größer, nämlich beinahe doppelt so groß wie im Vergleich zu den zuvor betrachteten Durchschnittswerten, die beides, sowohl sprachliche Tests als auch Problemlösungsaufgaben, umfassten.

Der Anstieg der IQ-Werte wird durch eine überwältigende Datenmenge aus unterschiedlichen Studien gestützt und wird auch nicht in Zweifel gezogen. Hingegen kann niemand sicher sagen, worauf dieser Effekt beruht. James Flynn war selbst anfangs der Meinung, dass diese Zahlen nicht einer ebenso großen Verbesserung der Intelligenz «in echt» entsprechen könnten. Der Fall mit dem durchschnittlichen Achtzehnjährigen, der zu einer Leuchte werden sollte, wenn man ihn nur 60 Jahre zurückbefördern würde, konnte seiner Meinung nach einfach nicht stimmen. Stattdessen zog Flynn aus dem Phänomen der verbesserten Testergebnisse die Konsequenz, die Verwendung von IQ-Tests zu kritisieren. Allerdings wusste er hierfür eigentlich kein anderes Argument vorzubringen, als dass es kontraintuitiv erschien, dass ganz gewöhnliche Leute um so viel intelligenter geworden sein sollten. Auch fand Flynns Einschätzung, dass IQ-Tests nicht zuverlässig seien, keine große Unterstützung vonseiten anderer Psychologen. Zudem hat es den Anschein, als hätte Flynn seine Ansicht in letzter Zeit nun auch selbst geändert. Die meisten glauben, dass die Steigerung der Punktzahl einer wirklichen Zunahme der Problemlösungskompetenz entspricht – «in echt».

Ein einzelner Faktor jedoch, der den Flynn-Effekt allein erklären könnte, war nicht ausfindig zu machen. Und so ergibt sich die faszinierende Möglichkeit, dass zum überwiegenden Teil Faktoren unserer mentalen Umwelt hinter dieser Veränderung stehen. Könnte es also sein, dass die gestiegene Informationsflut einen Trainingseffekt hat und dass die ständig wachsenden mentalen Herausforderungen mit dazu beitragen, die Intelligenz der Bevölkerung zu steigern? Aber welche mentalen Anforderungen unserer Umgebung sind es dann genau, die zu einer Verbesserung führen? Welche Funktionen lassen sich trainieren und unter welchen Voraussetzungen?

Die Zukunft

Das Wissen vom menschlichen Gehirn hat in den letzten Jahrzehnten exponentiell zugenommen. Forscher können nun erstmals Zusammenhänge zwischen den Grenzen bei der Informationsverarbeitung und der Arbeitsweise des Gehirns erkennen. Die Hirnforschung hat zwar nicht viel zu Millers Überlegungen über die sieben Töchter des Atlas oder die sieben Weltwunder beizutragen. Aber auf der Suche nach den Faktoren, die für den Engpass und die Beschränkungen im Gehirn verantwortlich sind, hat man begonnen, eine Anzahl von Hauptverdächtigen einzukreisen. Von der Jagd auf diese will das Buch hier berichten.

Würden wir mehr über unsere mentalen Grenzen erfahren und darüber, wo im Gehirn sie sitzen, könnte das auch dazu führen, dass wir mehr über die Möglichkeiten wüssten, die entsprechenden Hirnfunktionen zu verändern: sei es durch Training oder eine andere Art von Einwirkung auf das Gehirn. Eine Reihe namhafter Forscher aus der Neurowissenschaft, darunter auch der Nobelpreisträger Eric Kandel, verfassten 2004 einen Überblicksartikel zu eben diesen neuen Möglichkeiten wie auch den darin liegenden ethischen Zwiespältigkeiten. Der Artikel beginnt mit den Worten: «Die Fähigkeit des Menschen, Einfluss auf die Funktionsweisen des Gehirns zu nehmen, kann die Geschichte in durchaus eben so prägender Weise verändern wie die Entwicklung der Schmiedekunst in der Eisenzeit ...» Der Titel dieses Aufsatzes lautete: «Neurokognitive Optimierung – was können wir tun und was sollen wir tun?». Das sind Fragen, die uns alle angehen.

Ich werde über einiges von dem berichten, was die Hirnforschung der letzten Jahre uns über Konzentrationsfähigkeit, Informationsverarbeitung und Gehirntraining zu sagen hat. Dies hier ist kein Lehrbuch mit der Ambition, die gesamte Gedächtnis- und Aufmerksamkeitsforschung abzudecken. Selbst wenn ich die Fähigkeit dazu hätte (und ich habe sie nicht), ein derart großes Gebiet umfassend zu behandeln, so dürften nur die wenigsten Leser die Muße haben, sich auf so einen Wälzer einzulassen – zu viel Information, zu wenig Zeit. Stattdessen habe ich versucht, ein Buch über eine Reihe von Studien zu schreiben, die untereinander zusammenhängen und zusammen eine Geschichte ergeben. Ich werde nur so viele Informationshappen aufnehmen, wie wir brauchen, um daraus alsbald ein Puzzle legen zu können, das wenigstens einen Teil des Bildes ergibt – wenn schon nicht die gesamte Szenerie. Diese Geschichte wird auch meine eigenen Forschungen zur Arbeitsweise des Gehirns mit einschließen, die sich unter anderem mit den Beschränkungen beim Multitasking befassen sowie damit, wie sich die Fähigkeiten des Gehirns durch Training verbessern lassen.

Es herrscht allgemeine Besorgnis darüber, was das gestiegene Tempo in der Gesellschaft für unser geistiges Wohlbefinden bedeutet. Bücher und Zeitungen sind voll von Ratschlägen, wie wir lernen sollen, weniger Stress zu haben, die Ansprüche herunterzuschrauben und es ruhig angehen zu lassen: Lob der Langsamkeit, slow food, Zeit für Gedanken usw. All das hat seinen Platz. Doch dieses Buch vertritt eine dem zum Teil entgegengesetzte, eher entwicklungsoptimistische Botschaft. Es will nahelegen, dass wir ebenso unsere Lust auf Informationen, Anregungen und mentale Herausforderungen bejahen sollten. Vermutlich empfinden wir erst dann eine tiefe Zufriedenheit, wenn wir an unsere Grenzen gelangen und eine optimale Balance zwischen Anspruch und eigener Fähigkeit gefunden haben.

Aber nicht nur das: Auch die Kapazität unseres Gehirns entwickeln wir auf diese Weise am besten.

Doch bevor wir im Laufe der Erzählung dahin kommen, wollen wir zuerst etwas genauer auf die mentalen Anforderungen in unserer unmittelbaren Umgebung schauen. Was ist überhaupt Konzentrationsfähigkeit? Wie behalten wir Informationen im Gehirn, und inwieweit lässt sich diese Fähigkeit beeinflussen?

2

Das Portal der Informationen

Kehren wir wieder zurück zu Lotta. Sie sitzt an ihrem Schreibtisch im Großraumbüro und ist umgeben von redenden Kollegen und klingelnden Telefonen. Der Schreibtisch ist voller Berichte, Artikel und Broschüren. Der Bildschirm zeigt eine Website mit verschiedenen Festplatten, von denen sie einige bestellen soll. Rechts auf der Homepage laufen kleine Filmchen, die für Billigreisen in die Karibik werben. Ein kleines Symbol am unteren Bildschirmrand erinnert sie daran, dass sie ihren Posteingang noch immer nicht erledigt hat, und das Handy verkündet mit fröhlichem Piepsen das Eintreffen einer neuen SMS. Was soll sie da auswählen? Worauf soll sie überhaupt ihren Blick richten, was von all dem, das sie sieht, soll sie aufnehmen und was versuchen zu bearbeiten, zu begreifen und zu überdenken? Welcher Sache soll sie ihre Aufmerksamkeit nun widmen?

Aufmerksamkeit ist das Portal zwischen der Informationsflut und dem Gehirn. Seine Aufmerksamkeit auf etwas zu richten ist gleichbedeutend damit, bestimmte Informationen auszuwählen. Einem kleinen Teil all dessen, was zugänglich ist, muss Priorität eingeräumt werden. Die Aufmerksamkeit wird oft mit einem Lichtkegel verglichen. Genau so, wie man in einem halbdunklen Raum den Lichtkegel einer Taschenlampe auf bestimmte Ziele richten kann, kann man seine Aufmerksamkeit auf ausgewählte Teile der Umgebung richten und damit eine kleine Menge der möglichen Informationen aus der Umwelt auswählen.

Wollen wir versuchen herauszuarbeiten, was geschieht, wenn das Cro-Magnon-Hirn auf die Informationsflut trifft, dann brauchen wir nur bei der Aufmerksamkeit anzufangen.

Verschiedene Arten von Aufmerksamkeit

Am Ende entscheidet sich Lotta, ihre E-Mails erst einmal sein zu lassen und sich stattdessen auf die Lektüre der Berichte zu konzentrieren, die auf dem Schreibtisch liegen. Für einige Augenblicke ist es ganz ruhig um sie herum und sie kommt mit dem Lesen einigermaßen gut voran. Doch nach einer Weile merkt sie, dass sie nichts von dem, was sie da in den letzten Minuten gelesen hat, verstanden hat. Stattdessen hat sie daran gedacht, was bei dem Essen am Vorabend passiert war.

Als sie bemerkt, wie ihre Gedanken abschweifen, zwingt sie sich dazu, sich wieder auf den Text zu konzentrieren. Doch nur einige Minuten später wird sie durch jemanden abgelenkt, der direkt hinter ihr seine Kaffeetasse zu Boden fallen lässt, was nicht nur ihre, sondern die Aufmerksamkeit des ganzen Büros auf sich zieht. So ist der Morgen in den Vormittag übergegangen, und die allgemeine Betriebsamkeit im Büro ist so groß geworden, dass Lotta entscheidet, mit dem Lesen könne sie ebenso gut auch bis später warten.

Gegen Abend, als die meisten aus dem Büro nach Hause gegangen sind, nimmt sie ihren Bericht wieder hervor. Jetzt gelingt es ihr, sich ganze 45 Minuten am Stück zu konzentrieren, teilweise mit Hilfe einer Tasse Kaffee. Dann ruft der kompakte Berichtstil in Kombination mit einigem Schlafmangel eine unbezwingliche Müdigkeit hervor, die sie dazu bringt, den Papierstapel beiseitezulegen.

Wir können leicht sehen, dass Lottas Problem mit der Lektüre des Berichts an diesem Arbeitstag etwas mit Konzentration zu tun hat. Aber was genau ist überhaupt das Konzentrationsvermögen? Forscher, die den Zusammenhang von Konzentration bzw. Aufmerksamkeit und Hirnfunktion untersuchen, haben hervorgehoben, dass es verschiedene Arten der Konzentrationsfähigkeit gibt. Mindestens drei verschiedene Arten der Aufmerksamkeit lassen sich ausmachen, die bei Lottas Berichtlektüre im Laufe dieses Tages eine Rolle gespielt haben. Der erste Typ ist die *kontrollierte Aufmerksamkeit*, die sie einsetzt, wenn sie sich willentlich zwingt, den Bericht zu lesen. Als die Gedanken dem nachhingen, was beim gestrigen Abendessen vorgefallen war, hatte sie die Kontrolle über ihre Aufmerksamkeit verloren.

Der zweite Aufmerksamkeits-Typ ist die *reizbedingte Aufmerksamkeit* *2*
– die automatisch auf neu eintretende Reize in der Umgebung gezogen wird, etwa wenn Lotta sich plötzlich zu der heruntergefallenen
Kaffeetasse umwendet. Der dritte Typ Aufmerksamkeit ist der allge- *3*
meine *Wachheitsgrad* – der später gegen Abend zum Problem wurde,
als die Müdigkeit sich auf sie legte.

Dieses Buch widmet sich vor allem den beiden ersten Typen der
Aufmerksamkeit, bei denen es um Selektivität geht. Doch seien noch
ein paar weitere Worte zum Wachheitsgrad gesagt, bevor wir dieses
Thema verlassen. Die Wachheit oder Vigilanz unterscheidet sich von
den anderen Aufmerksamkeitstypen dadurch, dass sie keinen bestimmten Punkt im Raum und auch kein bestimmtes Objekt auswählt.
Sie ist also nicht selektiv. Der Wachheitsgrad kann von Sekunde zu
Sekunde und von Stunde zu Stunde variieren. Ein altbekanntes Beispiel, um den Grad der Wachheit zu untersuchen, sind Militärbe-
dienstete, die über weite Strecken gezwungen sind, Radarschirme zu
überwachen, auf denen sie kleine Punkte ausmachen sollen, die für
ein feindliches Flugzeug stehen könnten. Bei solchen Aufgaben, mit
langen Stunden bei nur sehr geringer Stimulanz, verschlechtert sich
der Wachheitszustand allmählich, was sich in Form von schlechterer
Leistung und verlangsamter Reaktionszeit messen lässt.

Der Wachheitsgrad kann zeitweilig erhöht werden, wenn man eine
Vorwarnung für etwas bekommt, das gleich eintreten wird. Gewisse
Substanzen, beispielsweise Kaffee, können die Wachheit ebenfalls
vorübergehend verbessern – zwei Tassen zu fortgeschrittener Stunde
dürften das Leistungsvermögen unseres Radarüberwachers wohl
steigern.

Wer zehn Tassen Kaffee getrunken hat, wird dagegen seine Aufgabe
nicht so gut erledigen, sondern vermutlich jedes neue Blinken auf dem
Schirm gleich für ein feindliches Flugzeug halten. In Maßen ist folglich
alles am besten. Das Verhältnis zwischen Leistung und Wachheitsgrad
lässt sich durch eine Kurve beschreiben, die wie ein umgekehrtes U
aussieht. Die beste Leistung erbringt man auf einem mittleren Wach-
heitsniveau; optimal wäre weder zu viel noch zu wenig an Wachheit
(vgl. Abb. 3). Stress kann auf das Gehirn teilweise denselben Effekt
wie Kaffee ausüben. Ein maßvolles Stressniveau kann somit nützlich
sein, bei zu hohem Stress funktionieren wir aber nicht mehr optimal.

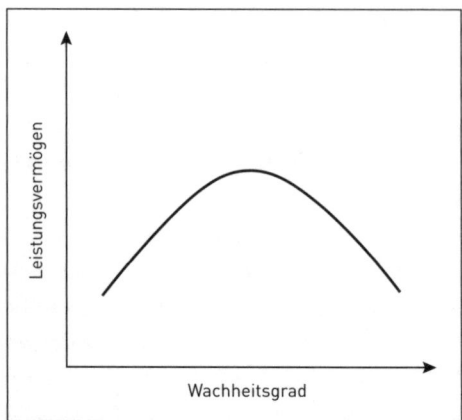

Abbildung 3 Das Verhältnis von Wachheitsgrad und Leistungsvermögen

Zerstreutheit

Wenn wir etwas nicht bewusst wahrnehmen, können wir uns später auch nicht daran erinnern. Zerstreutheit ist eine der häufigsten Ursachen für diese Unfähigkeit, sich etwas wieder ins Gedächtnis zu rufen, bzw. für die «Sünden des Gedächtnisses», wie es der Gedächtnisforscher und Autor Daniel Schacter nennt. Dramatisch veranschaulicht wird das durch die Geschichte von der verschwundenen Stradivari. Ein Streichquartett hatte in Los Angeles ein Konzert gegeben. Einer der Violinisten spielte auf einer besonders kostbaren Geige, einer Stradivari aus dem 17. Jahrhundert, die etliche hunderttausend Dollar wert gewesen sein dürfte. Nach dem Konzert wollten die vier Musiker mit dem Auto weiter. Der Violinist, wahrscheinlich müde nach dem Konzert, vielleicht aber auch in Gedanken noch bei seinem Spiel und den kommenden Kritiken, legte seine Geige gedankenverloren auf das Autodach, gerade als sie dabei sind, ins Auto zu steigen. Das Auto fährt los. Nach einer Weile bemerkt er, dass die Geige weg ist. Erst 27 Jahre später sollte sie wieder auftauchen, als sie in einer Instrumentenwerkstatt, die sie zur Reparatur angenommen hatte, identifiziert werden konnte. Das Beispiel belegt, wie notwendig Aufmerksamkeit ist, damit wir Informationen im Gedächtnis speichern können. Ist man in Gedanken ganz woanders, während man die Brille abnimmt, wird es später schwierig werden, sich daran zu erinnern, wo man sie hingelegt hat. Die Information ist hier nicht über die Aufmerksamkeitsschwelle gelangt.

Eine bestimmte Stelle oder eine Sache mithilfe der Aufmerksamkeit zu fokussieren hat den Vorteil, dass wir die von dort kommenden Informationen besser und schneller verarbeiten können. So verbessert sich unsere Fähigkeit, selbst geringe Veränderungen an einem Objekt wahrzunehmen, wenn wir die Aufmerksamkeit gezielt darauf gerichtet halten. Geht Lotta spät abends auf dem Heimweg durch eine dunkle Gasse und glaubt, jemanden in einem Hauseingang zu sehen, bleibt sie stehen und richtet ihre ganze Aufmerksamkeit auf genau diesen Hauseingang. Zwar würde ihr auch nicht völlig entgehen, wenn eine menschliche Figur aus einem benachbarten Hauseingang auftauchte, viel eher aber wird sie jede noch so kleine Bewegung im Schatten gerade dieses einen Eingangs wahrnehmen, den sie so aufmerksam im Blick hat. Die Aufmerksamkeit lässt sie Veränderungen nicht nur leichter bemerken, sie wird auch in der Lage sein, schneller zu reagieren, sobald sich eine bedrohliche Gestalt aus dem Schatten löst.

Aufmerksamkeit – gemessen nach Millisekunden

Wir haben alle eine ungefähre Vorstellung davon, was mit Konzentrationsfähigkeit gemeint ist. Wissenschaftler geben sich jedoch für gewöhnlich damit nicht zufrieden, sondern wollen das, was sie erforschen, auch messen können. Und in der Tat ist das auch im Falle der Aufmerksamkeit möglich.

Der Psychologe Michael Posner ist Urheber einer Reihe ebenso einfacher wie genialer Experimente, die auf einem Rechner durchgeführt werden können und sich dadurch voneinander unterscheiden, dass sie verschiedene Arten des Konzentrationsvermögens erfordern. In einem Experiment taucht ein «Zielobjekt» in Form eines kleinen Vierecks ohne Vorwarnung auf dem Bildschirm auf. Die Testperson muss nun möglichst blitzschnell einen Knopf drücken; mit dieser Aufgabe wird vor allem die reizbedingte Aufmerksamkeit getestet. In einer Variante dieses Experiments erscheint zuerst ein Dreieck, das die Person vorwarnen soll, dass gleich ein «Zielobjekt» auf dem Schirm auftauchen wird. Dadurch erhöht sich ihr Wachheitsgrad. Bei einer weiteren Variante erscheint einige Sekunden, bevor das Zielobjekt auftaucht, ein Pfeil auf dem Bildschirm. Der Pfeil gibt nicht nur eine Vorwarnung, *dass* etwas passieren wird, sondern auch, *wo* auf dem Schirm das Objekt zu erwarten ist. Jetzt kann die Person den Lichtkegel ihrer Aufmerksamkeit schon im Voraus auf eine bestimmte Stelle des Bildschirms lenken – in Erwartung des auftauchenden Objekts.

Indem man bei solchen Tests die Reaktionszeiten misst, erhält man eine quantitative Grundlage für die verschiedenen Arten von Aufmerksamkeit. Diese scheinen interessanterweise ganz unabhängig voneinander zu funktionieren. Sind aber die verschiedenen Aufmerksamkeitssysteme voneinander unabhängig, so bedeutet das auch, dass man durchaus Probleme mit der einen Art von Aufmerksamkeit haben kann, ohne dass notwendigerweise auch die andere in Mitleidenschaft gezogen ist.

Dieses Phänomen bildete den Ausgangspunkt für eine australische Studie, in der Kinder sowohl mit als auch ohne ADHS-Diagnose zwei verschiedene Videospiele auf einer Sony PlayStation spielen sollten. Das eine Spiel war Point Blank, bei dem man verschiedene auftauchende Zielobjekte anpeilen und abschießen muss. Die Kinder reagieren so schnell wie möglich, indem sie einen Knopf drücken; darüber, wie gut man in diesem Spiel abschneidet, entscheidet hauptsächlich die reizbedingte Aufmerksamkeit. Das zweite Spiel hieß Crash Bandicoot. Der Bandicoot ist ein Nasenbeutler, eine australische Art des Dachses, den man im Spiel über eine bestimmte Route durch den Dschungel navigieren und ihn dabei gewisse Aufgaben erledigen lassen muss, wobei Fallen zu umgehen und bestimmte Ziele zu erreichen sind. In diesem Spiel ging es also nicht nur darum, seine Aufmerksamkeit von etwas gefangen nehmen zu lassen, was sich auf dem Monitor bewegt und worauf man reagieren muss, sondern es wurde zudem die bewusste Steuerung der Aufmerksamkeit verlangt. Bei Point Blank war kein Leistungsunterschied zwischen den beiden Gruppen von Kindern festzustellen. Bei Crash Bandicoot hingegen zeigten die Kinder mit ADHS eine viel geringere Leistung als die Kinder der Kontrollgruppe: Sie erzielten nur eine geringere Punktzahl und der energische Nasenbeutler kam häufiger zu Tode.

Folglich sieht es so aus, als seien die jeweiligen Systeme für reizbedingte und für kontrollierte Aufmerksamkeit unabhängig voneinander. Das könnte wiederum bedeuten, dass es verschiedene Areale oder Prozesse im Gehirn gibt, die für die unterschiedlichen Aufmerksamkeitstypen zuständig sind. Welche biologischen Mechanismen sind es aber genau, die hinter der Konzentrationfähigkeit liegen? Wie wird solch ein Lichtkegel von den Neuronen im Gehirn kodiert?

Der Lichtkegel im Gehirn

Stellen Sie sich vor, Sie stehen in einem großen, weißen Raum, der wie ein Untersuchungszimmer aussieht, an den Wänden Schubladen voll mit Plastikhandschuhen, medizinischem Klebeband, Kissen, ferner ein Satz weißer und hellblauer Kunststoffkugeln in unterschiedlichen Größen sowie etwas, das aussieht wie riesige Helme mit Helmgittern. Die Dinge, die längs der Wand gestapelt sind, haben eines gemeinsam. Sie sind nicht magnetisch. Denn in der Mitte des Raumes steht ein weißer Kubus von ungefähr zwei Metern Seitenlänge, in dem sich ein Elektromagnet befindet, der ein hinreichend starkes Magnetfeld erzeugt, um eine stählerne Sauerstoffflasche, falls sie in den Raum käme, in ein Projektil zu verwandeln. Um ein so starkes Magnetfeld zu erzeugen, benötigt man Elektromagnete, die von flüssigem Helium mit einer Temperatur von –269 °C gekühlt werden. In der Mitte des Würfels befindet sich ein zylinderförmiger Hohlraum und darin waagerecht eine Liege, die in den Würfel hineingefahren werden kann. Auf dieser Liege wird eine Person in die Mitte des Kubus gebracht, wo ihre Hirnaktivität dann kartographisch erfasst wird.

Der Würfel ist ein Magnetresonanztomograph (MR-Kamera) und stellt eines der raffiniertesten Werkzeuge dar, die uns zur Verfügung stehen, wenn wir Einblicke ins menschliche Gehirn gewinnen wollen, um zu sehen, wie Aufmerksamkeit funktioniert. Nachdem eine Person in die MR-Kamera geschoben wurde, kann man sie bitten, verschiedene gedankliche Aufgaben durchzuführen, beispielsweise ihre

Aufmerksamkeit zwischen verschiedenen Teilen eines Bildes hin und her zu verlagern. Währenddessen nimmt die MR-Kamera Bilder des Gehirns auf. Nach ungefähr einer halben Stunde hat man genügend Daten gesammelt, um genau aufzeigen zu können, in welchem Areal das Gehirn aktiviert worden ist.

Diese Technik basiert darauf, den Blutstrom im Gehirn zu beobachten; denn sobald die Neuronen eines Areals aktiviert werden, wächst auch der Zustrom an sauerstoffhaltigem Blut dorthin. In den 1990er Jahren entdeckte man, dass man sich die Eigenschaft des Hämoglobins, das Magnetfeld unterschiedlich zu beeinflussen, je nachdem, ob es ein Sauerstoffmolekül gebunden hat oder nicht, für eine MR-Kamera zur Erzielung von Bildern der Hirnaktivität zunutze machen kann. Zwar kann die MR-Kamera auch dazu eingesetzt werden, detaillierte Bilder der Anatomie des Gehirns zu erhalten, um Tumoren oder andere Veränderungen sichtbar zu machen. Ist man aber an der Funktionsweise des Gehirns interessiert, setzt man die MR-Kamera in einem Modus ein, bei dem sie besonders empfindlich auf Veränderungen des sauerstoffhaltigen Hämoglobins reagiert. Darum heißt diese Technik funktionelle MR. Häufig wird hierfür auch die englische Abkürzung fMRI *(Functional Magnetic Resonance Imaging)* benutzt.

In einer Studie von Julie Brefczynski und Edgar DeYoe am Medical College von Wisconsin wurde nun eben dieses fMRI-Verfahren benutzt, um die neuronalen Effekte von Aufmerksamkeit zu messen. Die Versuchspersonen lagen in der MR-Kamera und blickten auf einen Bildschirm, der einen Kreis mit verschiedenen Zonen, ungefähr wie bei einer Dartscheibe, anzeigte. Sie sollten den Blick die ganze Zeit über fest auf die Bildschirmmitte gerichtet halten, dabei aber ihre Aufmerksamkeit zwischen verschiedenen Zonen hin und her verlagern. Dieser Test galt also der kontrollierten Aufmerksamkeit. Damit die Hirnaktivität nicht durch Augenbewegungen überlagert würde, machte man sich die Tatsache zunutze, dass man zwischen Blickrichtung und Richtung der Aufmerksamkeit unterscheiden kann. Das können Sie selbst probieren, indem Sie den Blick fest auf die Mitte des Zifferblattes einer Uhr richten und den Fokus Ihrer Aufmerksamkeit über die verschiedenen Ziffern wandern lassen.

Um das Ergebnis dieser Untersuchung zu verstehen, benötigen wir noch etwas mehr Hintergrundwissen darüber, wie optische Eindrücke im Gehirn verarbeitet werden. Das Interesse an der Verortung der verschiedenen Funktionen mithilfe einer MR-Kamera gilt hauptsächlich den Aktivitäten in der Hirnrinde. Die Hirnrinde ist die graue Schicht von Nervenzellen, die das gesamte Großhirn bedeckt. Sie ist gefaltet, was ihr in dem beschränkten Volumen, das der Schädel bietet, auf effektive Weise viel Raum verschafft. Die Region der Hirnrinde, zu der die optischen Reize zunächst gelangen, liegt im Hinterhauptslappen und heißt primäres Sehzentrum. Von dort werden die Signale zu anderen, stärker spezialisierten Sehzentren weitergeleitet. Die verschiedenen Bereiche einer Umgebung, zum Beispiel die verschiedenen Zonen auf einer Dartscheibe oder einem Zifferblatt, werden auch von unterschiedlichen Sehzentren in der Hirnrinde kodiert. Auf diese Weise bilden die Sehzentren eine Karte der Umgebung ab.

Behielten die Probanden in dem Experiment ihre Blickrichtung bei, ließen ihre Aufmerksamkeit aber zwischen verschiedenen Teilen der Scheibe hin und her wandern, war zu beobachten, wie jeweils genau ein entsprechender Teil des primären Sehzentrums aktiviert wurde. Die Resultate waren so deutlich, dass sich durch bloße Analyse der Hirnaktivität erkennen ließ, worauf die Versuchspersonen ihre Aufmerksamkeit jeweils gerichtet hatten. Die Studie zeigte auch, dass das Bild von der Aufmerksamkeit als einem Lichtkegel erstaunlich weit trägt, sogar noch auf der Ebene der biologischen Mechanismen. Wenn das Sehzentrum eine Karte der Umgebung darstellt, so gleicht die Aufmerksamkeit einem Scheinwerfer, der bestimmte Teile dieser Karte beleuchtet. Wenn eine Region beleuchtet wird, bedeutet dies, dass dort ein höheres Aktivitätsniveau der Neuronen vorliegt, was sie besser auf den Empfang eingehender Impulse vorbereitet sein lässt.

Ähnliche Hirnkarten gibt es auch für die anderen Sinne. In den Tastzentren der Großhirnrinde findet sich eine Karte von Teilen des Körpers. In einer der ersten Studien über Hirnaktivität und Aufmerksamkeit, die von dem Neurophysiologen Per Roland durchgeführt wurde, bat dieser die Versuchspersonen, die Augen zu schließen und zu zählen, wie oft ihr Mittelfinger mit einem Haar berührt wurde, während er gleichzeitig die Hirnaktivität maß. Die an die Versuchspersonen erteilte Anweisung war insofern hinterlistig, als der Finger während der ganzen Untersuchung nie mit einem Haar berührt wurde. Doch die bloße Tatsache, dass die Probanden eine Berührung erwarteten und daher ihre Aufmerksamkeit auf den Mittelfinger richteten, ließ die Hirnaktivität im Tastzentrum ansteigen.

Neuronen im Wettstreit

Eine andere Untersuchung zeigt in eleganter Weise, wie die Aufmerksamkeit schon auf neuronaler Ebene mittels Auswahl funktioniert. Hierzu registrierte man zunächst die Aktivität in einem Sehzentrum des Gehirns, wenn ein grüner Kreis entweder allein oder zusammen mit einem roten Kreis aufleuchtete. Die Forscher beobachteten, dass die Hirnaktivität, die beim alleinigen Aufleuchten des grünen Kreises gemessen wurde, abnahm, wenn später neben dem grünen gleichzeitig noch der rote Kreis auftauchte. Das liegt vermutlich daran, dass die Nervenzellen zweier benachbarter Areale im Sehzentrum sich gegenseitig hemmen. Noch interessanter war jedoch, dass die Hirnaktivität wieder auf ihren Ausgangswert stieg, wenn die Versuchsperson ihre Aufmerksamkeit gezielt auf den grünen Kreis richtete, obwohl weiterhin beide Kreise zu sehen waren.

Das Experiment führt den Mechanismus der Aufmerksamkeit auf einfachste Weise vor: Einige Neuronen werden ausgewählt, deren Aktivität auf Kosten der Aktivität anderer Neuronen gesteigert wird. Diese Erscheinung wird *biased competition* genannt, was ungefähr so viel bedeutet wie «von Erwartungshaltung beeinflusster Wettstreit». Gibt es nur ein Objekt, wie den einzelnen grünen Kreis, so gibt es auch keinen Bedarf an verstärkter Aufmerksamkeit. Erst die Menge konkurrierender Informationen, denen unser Gehirn ausgesetzt ist, zwingt zur Auswahl.

Wie lässt sich diese Einsicht auf unsere Ausgangssituation im Büroalltag übertragen? Gliche Lottas Büro eher einer Mönchszelle, völlig kahl und mit nur einem einzigen Text auf dem Schreibtisch (wohl einer Bibel?), dann gäbe es auch nicht denselben Grad von Anforderungen an ihre Aufmerksamkeit und daran auszuwählen. Doch schon in dem Moment, wo sie zwei verschiedene Dokumente auf dem Schreibtisch hat, stellt sich die Notwendigkeit ein, eine Auswahl zu treffen und ihre Aufmerksamkeit bewusst zu steuern. Und mit zunehmender Informationsmenge wächst der Anspruch an die Aufmerksamkeit noch weiter.

Wissenschaftlich schwierig zu beantworten ist die Frage, wie unsere Gedanken, Ideen, Erinnerungen und sonstigen Impulse untereinander und mit den Reizen aus der Umgebung im Wettstreit um unsere Aufmerksamkeit liegen. Haben wir nur einen Gedanken im Kopf, stellt sich das Problem nicht, unsere Aufmerksamkeit bewusst lenken zu müssen. Mit einer größeren Zahl von Anregungen, Erinnerungen und Gedanken wächst auch die Notwendigkeit, unsere Aufmerksamkeit zu kontrollieren. In unserer kleinen Geschichte hatte eine zu Boden fallende Kaffeetasse Lottas Aufmerksamkeit automatisch auf sich gelenkt. Interessante Einfälle und verlockende Impulse dürften da in durchaus vergleichbarer Weise wirken.

Zwei parallele Systeme der Aufmerksamkeit

Wenn nun aber die gesteigerte Aktivität in den Sehzentren des Gehirns ihrerseits nur ein Resultat ist – gewissermaßen die angeleuchtete Karte –, wo liegt dann die eigentliche Ursache oder Quelle der Aufmerksamkeit? Anders gesagt, wo befindet sich die Taschenlampe? Könnte man die Hirnaktivität genau in dem Moment messen, in dem jemand die Anweisung erhält, seine Aufmerksamkeit auf etwas zu richten, dann sollte uns diese Messung zu denjenigen Teilen des Gehirns führen, die für die Steuerung verantwortlich sind.

Mehrere Forschungsgruppen haben genau dieses Experiment durchgeführt und sich dabei der Tests von Michael Posner zur kontrollierten Aufmerksamkeit bedient. Die Resultate weisen ganz übereinstimmend auf zwei identifizierbare Regionen, eine im Scheitellappen und eine im oberen Teil des Stirnlappens, die genau dann aktiv sind, wenn wir unsere Aufmerksamkeit steuern. Hier könnte also der Lichtkegel seinen Ursprung haben. Möglicherweise sind es Neuronen aus diesen Arealen, die die Neuronen in den Sehzentren kontaktieren und den richtigen Punkt auf der Karte aktivieren, obgleich durchaus auch noch andere Hirnstrukturen dabei eine Rolle spielen.

In verschiedenen Studien ließen sich auch die Areale identifizieren, die bei reizbedingter Aufmerksamkeit aktiviert werden, wenn also

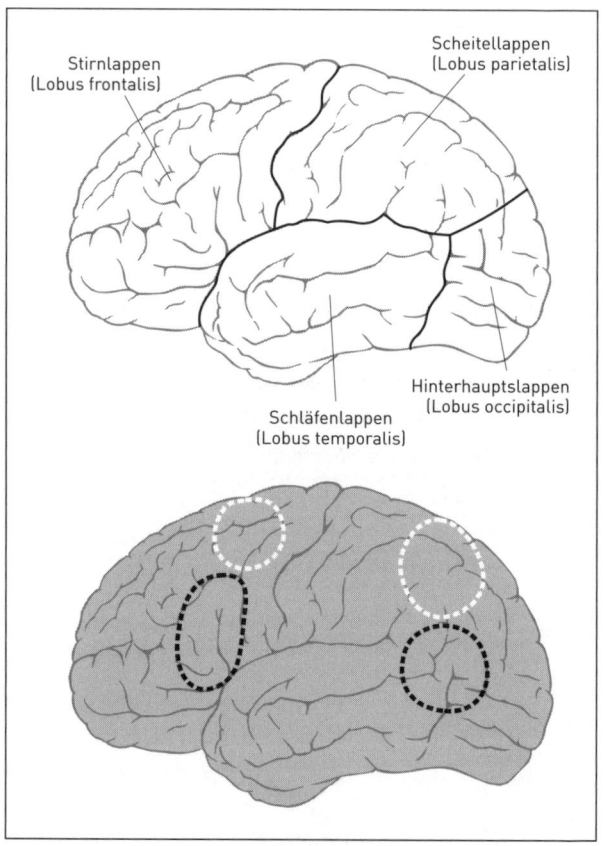

Abbildung 4 Oben: Einteilung des Gehirns in Lappen.
Unten: Die Areale für reizbedingte Aufmerksamkeit (schwarze Kreise)
und kontrollierte Aufmerksamkeit (weiße Kreise).
Nach Corbetta (2002)

etwa ein Objekt auf dem Bildschirm auftaucht, ohne dass man schon im Voraus die genaue Stelle wüsste. In dem Fall sind es andere Areale, die aktiviert werden. Diese liegen auf der Grenze zwischen Scheitel- und Schläfenlappen sowie etwas weiter unten im Stirnlappen. Die Abbildung 4 zeigt eine von dem Hirnforscher Maurizio Corbetta an der Washington University in den USA angefertigte Zusammenstellung gemessener Aktivierungen. Die bei kontrollierter Aufmerksamkeit aktivierten Areale sind weiß und die bei reizbedingter Aufmerksamkeit aktivierten Areale schwarz eingekreist. Demnach scheint es zwei parallele Systeme der Aufmerksamkeit zu geben: eines für kontrollierte und eines für reizbedingte Aufmerksamkeit. Dieser Befund stimmt auch mit den psychologischen Experimenten überein, die gezeigt haben, dass die beiden Typen von Aufmerksamkeit voneinander unabhängig sind.

Zerstreutheit, wie im Beispiel von der Geige auf dem Autodach, ist eine Form von mangelnder Aufmerksamkeit, unter der wir alle mehr oder weniger leiden. Es gibt aber auch Menschen, deren Aufmerksamkeitssystem ernstlich geschädigt ist; das ist insbesondere beim reizbedingten System der Fall. Dieser Ausfall wird *Neglect* genannt und entsteht durch Läsionen des Scheitellappens. Die Region des Scheitellappens in der linken Gehirnhälfte verarbeitet ausschließlich Informationen aus dem rechten Gesichtsfeld, während die gleiche Region in der rechten Gehirnhälfte für beide Gesichtsfelder zuständig ist. Nach einer Verletzung in der linken Gehirnhälfte kann also die rechte Hälfte wie ein Backup-System funktionieren, während eine Schädigung aufseiten der rechten Gehirnhälfte nicht auf die gleiche Hilfe zählen kann und die Symptome hier deutlicher bemerkbar sein würden. Personen mit dieser Art von Verletzung beginnen die eine Hälfte des Gesichtsfelds zu «vernachlässigen». Bittet man einen *Neglect*-Patienten, eine Uhr zu zeichnen, so füllt er nur die eine Hälfte des Zifferblattes aus.

In einer Untersuchung wurde eine Frau mit verletztem Scheitellappen gebeten, die Augen zu schließen und den Marktplatz ihrer italienischen Heimatstadt zu beschreiben, den sie gut kannte. Sie stellte sich also vor, wie sie auf dem Markt mit dem Gesicht in Richtung Kirche stünde, und beschrieb die verschiedenen Gebäude. Ihre Hirnschädigung führte nun allerdings dazu, dass sie nur die Gebäude im rechten Gesichtsfeld beschrieb. Anschließend wurde sie gebeten, sich vorzustellen, dass sie vorwärts bis zur Kirche ginge und sich dort umdrehte, um nun von der anderen Richtung aus auf den Markt zu schauen. Jetzt konnte sie auch die Gebäude beschreiben, die auf der anderen Seite des Platzes lagen.

Manche Einschränkungen in der Fähigkeit des Gehirns, Informationen aufzunehmen, lassen sich also mit den Mechanismen der Aufmerksamkeit erklären. So können wir unsere Aufmerksamkeit immer nur auf eine Sache zur gleichen Zeit richten. Wollen wir aber unsere Begrenzungen bei komplexeren mentalen Prozessen erklären, so liegen die wirklich interessanten Fragen darin, was uns überhaupt in die Lage versetzt, unsere Aufmerksamkeit bewusst zu kontrollieren und die aufgenommenen Informationen im Arbeitsgedächtnis zu speichern. Wie funktioniert das genau?

3

Die Werkbank im Kopf

Beschreibt man die Aufmerksamkeit als einen Lichtkegel, so fällt dieser mitunter automatisch auf gewisse Veränderungen in der Umgebung. Was aber die kontrollierte Aufmerksamkeit betrifft, so bedarf es einer Form von gezielter Anweisung, wohin der Lichtkegel gelenkt werden soll. Damit wir in der Lage sind, die Aufmerksamkeit auf ein vorbestimmtes Ziel zu richten und darauf zu fixieren, beispielsweise ein Gesicht in einer Menschenmenge, wird eine bestimmte Art von Gedächtnis benötigt. Wie merken wir uns das, worauf wir unsere Konzentration richten sollen?

Die Antwort lautet: mithilfe des *Arbeitsgedächtnisses*. Das Arbeitsgedächtnis stellt die Fähigkeit dar, Informationen für einen kurzen Zeitraum, meist nur ein paar Sekunden, im Kopf zu behalten. Zunächst scheint das eine ganz simple Funktion zu sein; sie ist aber von grundlegender Bedeutung für eine Vielzahl unterschiedlicher mentaler Aufgaben, angefangen von der Kontrolle der eigenen Aufmerksamkeit bis hin zum Lösen logischer Probleme. Wie ein roter Faden durchzieht das Arbeitsgedächtnis den gesamten Rest des Buches. Dieses Kapitel informiert allgemein über seine Leistungen und über seine Beziehungen zu anderen Hirnfunktionen.

Kehren wir zurück zu der Geschichte von Lotta und ihrem chaotischen Büroumfeld. Wenn Lotta beispielsweise in der unordentlichen obersten Schublade ihres Schreibtisches nach einer Briefmarke schaut, muss sie die ganze Zeit über in ihrem Arbeitsgedächtnis behalten, wonach sie da eigentlich sucht. Die Unordnung in der Schublade bringt es mit sich, dass dort viele verschiedene Sachen auftauchen, die um Lottas Aufmerksamkeit wetteifern. Die Neuronen in den Sehzentren konkurrieren darum, welche aktiviert werden sollen. Deshalb muss Lotta ihre Aufmerksamkeit bewusst kontrollieren. Möglicherweise wird sie von dem Durcheinander so aus dem Konzept gebracht, dass sie die Schublade schließt und beginnt, etwas anderes zu tun, bis sie sich zwei Sekunden später fragt, warum sie bloß die Schublade zugemacht hat bzw. wo denn nun eigentlich die Briefmarke ist. Die Anweisung an sich selbst, die Briefmarke zu suchen, war aus ihrem Arbeitsgedächtnis verschwunden.

Man benutzt das Arbeitsgedächtnis zum Beispiel, wenn die Telefonauskunft eine Nummer ansagt, die man so lange im Kopf behalten muss, bis man endlich einen Zettel und einen funktionierenden Stift gefunden hat. In diesem Fall ist es eine verbale Information, die man im Arbeitsgedächtnis speichert, was meist dadurch geschieht, dass man die Ziffern still für sich im Geiste wiederholt. Schach hingegen ist ein Beispiel dafür, visuelle Informationen im Arbeitsgedächtnis zu behalten: «Wenn ich den Springer dorthin ziehe, schlägt er meinen Springer mit seinem Läufer, aber ich nehme dann seinen Läufer mit meiner Dame.» In diesem Fall führen wir eine Art visueller Simulation im Kopf durch, wobei wir das Arbeitsgedächtnis benötigen, um die einzelnen simulierten Züge zu erinnern.

Arbeitsgedächtnis und Kurzzeitgedächtnis

Alan Baddeley ist der Psychologe, dem für gewöhnlich die Ehre zugestanden wird, Anfang der 1970er Jahre den Begriff Arbeitsgedächtnis in der Weise definiert zu haben, wie er heutzutage in der Regel gebraucht wird. Er schrieb dem Arbeitsgedächtnis drei gesonderte Subsysteme zu: Eines ist zuständig für die Speicherung visueller Information – der «visuell-räumliche Notizblock» *(the visuo-spatial scratch pad)*; ein zweiter Bereich ist zuständig für das Verarbeiten verbaler Information – die «phonologische Schleife» *(the phonological loop)*; und ein dritter Bereich koordiniert schließlich die Funktionen der beiden anderen – die «zentrale Exekutive» *(the central executive)*. Will man einen Schachzug behalten, so benutzt man den visuellen Notizblock; möchte man sich eine Telefonnummer merken, kommt die phonologische Schleife zum Einsatz. In beiden Fällen ist außerdem eine bestimmte Koordinierungsleistung in Form der zentralen Exekutive vonnöten.

Wollte eine Psychologin Ihr verbales Arbeitsgedächtnis testen, könnte sie Sie bitten, eine Ziffernfolge zu wiederholen. Möchte sie hingegen Ihr visuell-räumliches Arbeitsgedächtnis testen, so würde sie dafür wohl den sogenannten «Block-Tapping-Test» verwenden. In diesem Test müssen Sie sich an die Reihenfolge erinnern, in welcher der Versuchsleiter auf verschiedene Würfel oder Klötze zeigt. Zuerst zeigt er nur auf zwei Klötze. Wenn Sie das geschafft haben, schreiten Sie voran zu einer Sequenz mit drei Klötzen, und so weiter. Sind Sie bei etwa sieben Klötzen angelangt, fangen Sie vermutlich an, Fehler zu machen. Und wenn Sie schließlich einen Schwierigkeitsgrad erreicht haben, bei dem die Chance, die gesamte Reihenfolge zu erinnern, unter 50 Prozent liegt, so dass Sie etwa bei jedem zweiten Mal falsch liegen, dann haben Sie die Kapazitätsgrenze Ihres Arbeitsgedächtnisses erreicht. Damit haben Sie ein Maß für die Menge an Information, die Sie gleichzeitig im Arbeitsgedächtnis behalten können. Wie Sie bereits aus der Einleitung wissen, besteht eines der wichtigsten Merkmale des Arbeitsgedächtnisses in seiner Begrenztheit.

Häufig taucht die Frage auf, was denn eigentlich das Kurzzeitgedächtnis sei und in welchem Verhältnis es zum Arbeitsgedächtnis stehe. Die Antwort hierauf ist nicht ganz einfach und bedarf einer etwas ausführlicheren Darlegung. Wie man beobachtet hat, haben Patienten mit diversen Arten von Hirnschädigungen Probleme mit bestimmten Typen von Arbeitsgedächtnisaufgaben, während andere Aufgabentypen, die ebenfalls Anforderungen an das Arbeitsgedächtnis stellen, keinerlei Schwierigkeiten verursachen. Beispielsweise sind sie in der Lage, Buchstaben, die sie gerade gehört haben, zwar zu wiederholen, nicht aber in der alphabetischen Reihenfolge und auch nicht, wenn sie gleichzeitig, während sie die Aufgabe ausführen sollen, einem störenden Einfluss oder mehreren simultanen Anforderungen ausgesetzt sind. Man hat darum vorgeschlagen, Arbeitsgedächtnisaufgaben in zwei Klassen einzuteilen, und viele Psychologen ordnen die eine dem Kurzzeitgedächtnis und die andere dem Arbeitsgedächtnis zu. Nach dieser Einteilung betrifft das Arbeitsgedächtnis dann solche Kurzzeitgedächtnisaufgaben, die entweder eine gewisse Art von Manipulation verlangen oder eine Form von Ablenkung enthalten bzw. ein gewisses Maß an Multitasking erfordern.

Das Problem bei dieser Einteilung besteht darin, dass keine Einigkeit darüber herrscht, welche Aufgaben wie zu klassifizieren sind, und die Grenze ist durchaus fließend. Wie wir in einem späteren Kapitel sehen werden, ist es wohl auch in Bezug auf die Hirnaktivität schwierig, einen deutlichen Unterschied zwischen Kurzzeitgedächtnis- und Arbeitsgedächtnisaufgaben festzustellen. Anscheinend werden häufig dieselben Regionen im Gehirn aktiviert, und die Aktivierungen unterscheiden sich nur der Intensität nach, was darauf hindeutet, dass wir hier nur von graduellen Unterschieden reden und nicht etwa von zwei ganz verschiedenen Systemen.

Ein weiterer Faktor, der das Ganze noch verkompliziert, ist die Tatsache, dass eine Aufgabe von unterschiedlichen Personen auf jeweils eigene Art und Weise gelöst werden kann. Eine Aufgabe, die von Erwachsenen nach Art des Kurzzeitgedächtnisses ausgeführt wird, kann von Kindern nach Art des Arbeitsgedächtnisses erledigt werden. Zudem spielt auch noch der Typ der Informationen, die wir uns merken sollen, eine Rolle. Fünf Buchstaben zu erinnern kann eher eine Kurzzeitgedächtnisaufgabe sein, wenn sie ausgeführt wird, indem wir die Buchstaben still vor uns hin murmeln. Die Positionen von fünf Klötzen zu erinnern ist schon schwieriger und lässt sich darum als Arbeitsgedächtnisaufgabe klassifizieren. Darüber hinaus wird der Begriff Kurzzeitgedächtnis von manchen Forschern in einem ganz anderen Zusammenhang gebraucht, nämlich als Bezeichnung einer frühen Phase der Enkodierung ins Langzeitgedächtnis. Der Ausdruck hat daher etwas Verwirrendes.

Es bleibt zu hoffen, dass wir in Zukunft zu einer einheitlichen Terminologie finden werden, die auf der Hirnaktivität basiert, wie sie beim Ausführen verschiedener Arbeitsgedächtnisaufgaben tatsächlich auftritt. Doch dazu später mehr. Arbeitsgedächtnisaufgaben unterscheiden sich voneinander in einer Weise, die sich am besten durch einen graduellen Unterschied zwischen eher «passiven» und eher «aktiven» Arbeitsgedächtnisaufgaben beschreiben lässt. Für unsere Darstellung, die sich in erster Linie mit dem visuell-räumlichen Arbeitsgedächtnis befasst, ist es indessen nicht nötig, hier neben Arbeitsgedächtnis noch einen zweiten Begriff zu verwenden.

Langzeitgedächtnis

Die Begrenztheit der Kapazität ist ein entscheidender Unterschied zwischen Arbeitsgedächtnis und Langzeitgedächtnis. Im Langzeitgedächtnis memorieren wir Ereignisse, die wir erlebt haben, beispielsweise, was es gestern zu essen gab. Wir können auch Fakten erinnern, die nicht mit einer bestimmten Lernsituation verknüpft sind, etwa die Bedeutung eines Wortes oder wie die Hauptstadt von Marokko heißt. Das Gedächtnis für Ereignisse wird *episodisches Gedächtnis* genannt, das für Fakten *semantisches Langzeitgedächtnis*. Die Informationsmenge, die im Langzeitgedächtnis gespeichert werden kann, ist nahezu unbegrenzt. Beim Langzeitgedächtnis memoriert man etwas, richtet seine Aufmerksamkeit dann für einige Minuten oder auch für Jahre auf andere Dinge und ruft danach die Information wieder ab. Das macht den Unterschied zu der Art und Weise aus, wie das Arbeitsgedächtnis funktioniert. Solange man eine Information im Arbeitsgedächtnis hat, ist sie auch die ganze Zeit über im Fokus der Aufmerksamkeit.

Kodiert werden die Gedächtnisinhalte im Langzeitgedächtnis durch eine Kette biochemischer und zellulärer Prozesse. Hirnareale, die für das Gedächtnis in einer frühen Phase wichtig sind, wie der Hippocampus im Schläfenlappen, sind später nicht mehr von so großer Bedeutung. Eine drastische Veranschaulichung dafür bietet die Wirkung von Elektroschocks, die zur Behandlung von Depressionen angewendet werden. Nach einem Elektroschock werden die Erinnerungen, die in einer frühen und eher unstabilen Phase der Enkodierung sind, gestört. Personen, die Elektroschocks ausgesetzt werden, können auf diese Weise Dinge vergessen, die sie einige Tage bis Wochen zuvor erlebt haben, wohingegen eine Erinnerung, die schon vor einem Jahr enkodiert wurde, nicht beeinträchtigt wird.

Nehmen wir ein alltägliches Beispiel für den Unterschied zwischen Langzeit- und Arbeitsgedächtnis: Parkt man sein Auto vor einem Geschäft, um einen Liter Milch zu kaufen, so ist es das Langzeitgedächtnis, das man nach Verlassen des Ladens benutzt, um sich daran zu erinnern, wo das Auto geparkt ist. Wo das Auto parkt, ist nichts, was man sich ununterbrochen vor Augen hält, während man im Geschäft umhergeht. Stattdessen hatte man die Information enkodiert und rief sie später wieder auf. Das Arbeitsgedächtnis war hingegen tätig, als man zu behalten versuchte, dass es ein Liter Milch war, den man suchte, während man zwischen den Regalen umherirrte.

Das Arbeitsgedächtnis wird also normalerweise dazu benutzt, eine Information für einige wenige Sekunden präsent zu halten, wohingegen das Langzeitgedächtnis die Information über Jahre hinweg speichern kann. Doch eigentlich besteht der Unterschied zwischen Langzeit- und Arbeitsgedächtnis in der Art und Weise, wie das Gehirn die Information speichert, und nicht notwendigerweise, wie lange das genau zurückliegt, woran man sich erinnern soll. Ein Freund von mir traf eines Abends in der Kneipe eine nette Frau. Als sie sich verabschiedeten, gab sie ihm ihre Telefonnummer. Das Problem war nur, dass er nichts zum Schreiben hatte. Er wagte nicht, sich auf sein Langzeitgedächtnis zu verlassen. Stattdessen behielt er die Nummer in seinem Arbeitsgedächtnis, indem er sie den ganzen Heimweg über stumm vor sich hin wiederholte und sorgfältig vermied, auf Nummernschilder, die Linienbusnummern oder sonst irgendwelche Zahlen zu schauen, die ihn hätten ablenken können. Zwanzig Minuten später schrieb er, zu Hause angekommen, die Telefonnummer zu guter Letzt auf einen Zettel. Heute sind die beiden glücklich verheiratet und haben zwei Kinder.

Kontrolle der Aufmerksamkeit

In den 1970er Jahren begannen Neurophysiologen, das Arbeitsgedächtnis von Affen, hauptsächlich Makaken, zu untersuchen. Ein Makak wiegt ungefähr zehn Kilo und sein Gehirn misst nur etwa fünf Zentimeter im Durchmesser. Makaken sind nicht besonders intelligent, nicht einmal verglichen mit Schimpansen. Trotzdem gelingt es ihnen, Informationen im Arbeitsgedächtnis zu behalten, dessen Gedächtnisspanne üblicherweise mit der eines einjährigen Menschen verglichen wird.

Man benötigte also wirklich einfache Aufgaben, mit denen die Affen auch zurechtkommen konnten. Ein früher gerne angewendeter Test bestand darin, eine Erdnuss unter einer von zwei Tassen zu verstecken, einen Vorhang zuzuziehen, so dass der Affe die Tassen nicht mehr sehen konnte, dann den Vorhang wieder aufzuziehen und den Affen seine Wahl treffen zu lassen. Wenn der Affe die Information, unter welcher Tasse die Erdnuss versteckt wurde, im Arbeitsgedächtnis behielt, so müsste er die richtige Tasse wählen. Das Problem bei dieser Aufgabe lag darin, dass man nicht ausschließen konnte, dass der Affe der Tasse mit der Erdnuss einfach zugewandt blieb und bloß ununterbrochen auf die Stelle starrte, wo die Erdnuss versteckt worden war – sich in Wirklichkeit also eines kleinen Tricks bediente, um die Frage richtig beantworten zu können. Zur Vermeidung dieses Problems mit den Augenbewegungen hat man eine Aufgabe entwickelt, die man *oculomotor delay response task* nennt, die wir hier aber der Einfachheit halber als «Punkttest» bezeichnen wollen.

Im Punkttest wird der Affe trainiert, seinen Blick fest auf ein Kreuz gerichtet zu halten, das sich direkt vor ihm auf einem Bildschirm befindet. Ein Punkt blinkt dann am Bildschirmrand auf. Nach einer Wartezeit von einigen Sekunden verschwindet das Kreuz, auf das der Affe den Blick fixiert hatte und den er nun auf die Position lenken soll, wo er zuvor den Punkt gesehen hat. In der Zwischenzeit, der Delay-Phase, muss der Affe also die Position in seinem Arbeitsgedächtnis behalten.

Sich erst die Position von Punkten zu merken und dann den Blick dorthin zu lenken, ist nicht gerade das, wofür die meisten von uns ihr Arbeitsgedächtnis alltäglich benutzen. Der Punkttest ist sogar dermaßen unnatürlich, dass Affen Monate brauchen, bis sie gelernt haben, ihn auszuführen. Er ist aber in der Weise genial zu nennen, als er das Wesentliche am Arbeitsgedächtnis isoliert: eine Reaktion hervorzurufen, die nicht auf dem basiert, was wir direkt vor Augen haben, sondern nur auf der Information, die wir uns gerade im Kopf merken. Vieles von dem, was wir heute über die Kodierung des Arbeitsgedächtnisses im Gehirn wissen, stammt aus Jahrzehnten von Untersuchungen, die mit Varianten dieses Tests gearbeitet haben.

Wenn wir sorgfältig darauf schauen, was genau beim Punkttest passiert, so zeigen sich große Ähnlichkeiten zu dem Ablauf der von dem Psychologen Michael Posner entwickelten Aufmerksamkeitstests (vgl. S. 27). In einem von Posners Experimenten taucht ein kleiner Pfeil auf, der anzeigt, wo die Versuchsperson später das Auftau-

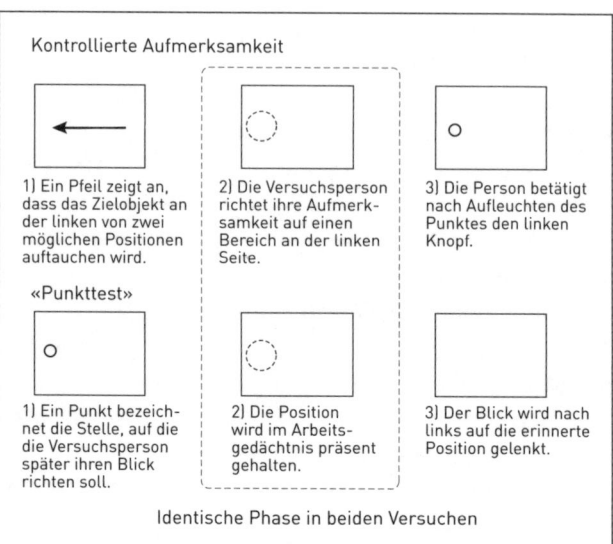

Abbildung 5 Die Ähnlichkeiten zwischen einer Aufgabe zur Messung der kontrollierten Aufmerksamkeit und einer Arbeitsgedächtnis-Aufgabe («Punkttest»)

chen des Zielobjekts erwarten kann. Die Person hält dann ihre Aufmerksamkeit auf diesen Punkt gerichtet. Man kann diesen Test nicht ausführen, ohne dabei die Information über die fragliche Position im Arbeitsgedächtnis zu behalten, genau so, wie die Affen sich daran erinnerten, wo zuvor ein Punkt gezeigt worden war. In rudimentärer Form deutet dies bereits auf die Überlappung von Aufmerksamkeitskontrolle einerseits und Arbeitsgedächtnis andererseits. Zur kontrollierten Lenkung der Aufmerksamkeit ist das Arbeitsgedächtnis unverzichtbar. Denn wir müssen das, worauf wir uns konzentrieren sollen, im Sinn behalten.

Der Neurophysiologe Robert Desimone war einer der ersten Forscher, die diesen Zusammenhang klar und deutlich erkannten. Er nannte die Gedächtniskomponenten in den Aufmerksamkeitstests *the attentional template*, also etwa «Aufmerksamkeitsschablone». Wenn wir in einer Menschenmenge nach einem bestimmten Gesicht Ausschau halten, müssen wir das, wonach wir suchen, auch im Arbeitsgedächtnis präsent haben – mehr ist damit eigentlich nicht gemeint. Und natürlich gilt die Überlappung von Arbeitsgedächtnis und Aufmerksamkeit nur für deren kontrollierte Form. Für die reizbedingte Aufmerksamkeit bedarf es keines Arbeitsgedächtnisses.

Problemlösen

Das Arbeitsgedächtnis sorgt nicht nur dafür, dass Handlungsanweisungen, Ziffern und Positionen präsent bleiben, darüber hinaus spielt es eine entscheidende Rolle beim Lösen von Problemen. Um davon einen Eindruck zu bekommen, mache man den folgenden Test: Lesen Sie die folgende Frage nur genau einmal, schlagen dann das Buch zu und geben Sie die Antwort. Was ergibt 93 weniger 7 plus 3?

Und, wie ist es gegangen? Dann versuchen Sie nun einmal, die einzelnen Gedankenschritte zu bestimmen, die abliefen, ehe Sie (hoffentlich) das Problem gelöst haben. Wenn Sie an diese Aufgabe so herangegangen sind wie die meisten anderen Menschen, so haben Sie zunächst 7 von 93 abgezogen und erhielten 86. Dann speicherten Sie diese Information, während Sie Ihr Gedächtnis danach befragten, was als Nächstes zu tun sei, nämlich 3 addieren. Sie addierten dann also 3 zu 86 hinzu. Gedankliche Operationen wie diese wären nicht möglich, wenn man nicht sowohl die Frage als auch die Ergebnisse der auf dem Weg zur Lösung liegenden Zwischenschritte auf irgendeine Weise im Gedächtnis behalten könnte. Dazu wird das Arbeitsgedächtnis gebraucht, gewissermaßen als Werkbank, um darauf die verschiedenen mentalen Operationen auszuführen.

In gleicher Weise benutzen wir das Arbeitsgedächtnis, um beim Lösen logischer Probleme die einzelnen Teilschritte im Gedächtnis zu behalten. Dazu ein Beispiel: «Wenn es regnet, wird der Rasen nass. Wenn nun der Rasen nass ist, können wir dann daraus den Schluss ziehen, dass es geregnet hat?» Um solche Probleme zu lösen, ist es erforderlich, im Arbeitsgedächtnis gespeicherte Informationen zu manipulieren. Alan Baddeley definierte Arbeitsgedächtnis daher folgendermaßen:

«Das Arbeitsgedächtnis stellt ein System im Gehirn dar, das die Informationen temporär speichern und manipulieren kann, die zur Durchführung komplizierter kognitiver Aufgaben wie Leseverstehen, Lernen und logischem Denken erforderlich sind.»

In Abbildung 6 wird ein Typ von Problemlösungsaufgaben gezeigt, der von Psychologen gerne benutzt wird, um die allgemeinen intellektuellen Fähigkeiten einzuschätzen. Dieser Aufgabentyp wird seit vielen Jahrzehnten angewendet, existiert in zahlreichen Versionen und läuft unter dem Namen Raven-Matrizen-Test. Die Aufgabe besteht aus einer Drei-mal-drei-Matrix von Symbolen, wobei in der unteren rechten Ecke ein Symbol fehlt. Die getestete Person soll die Regel herausbekommen, die festlegt, wie die Figuren sich von Zeile zu Zeile und von einer Spalte zur nächsten verändern. Ist man hinter die Regel gekommen, kann man darauf schließen, welche Figur an den leeren Platz gehört, und diese aus einer Reihe möglicher Antworten auswählen.

Es hat sich gezeigt, dass die Fähigkeit, derartige Probleme zu lösen, in hohem Grade davon abhängig ist, wie viel Information man im Arbeitsgedächtnis behalten kann, und einer der in diesem Zusammenhang meist zitierten Artikel heißt denn auch «Reasoning ability is (little more than) working-memory capacity»?! (in etwa: «Logisches Denkvermögen ist in Wahrheit (kaum mehr als) Arbeitsgedächtniskapazität»?!). Der deutsche Psychologe Heinz-Martin Süß fasst seine Ergebnisse wie folgt zusammen: «Soweit heute aus Sicht der Theorien und der Erforschung der menschlichen Kognition bekannt ist, gilt die Kapazität des Arbeitsgedächtnisses gegenwärtig als der-

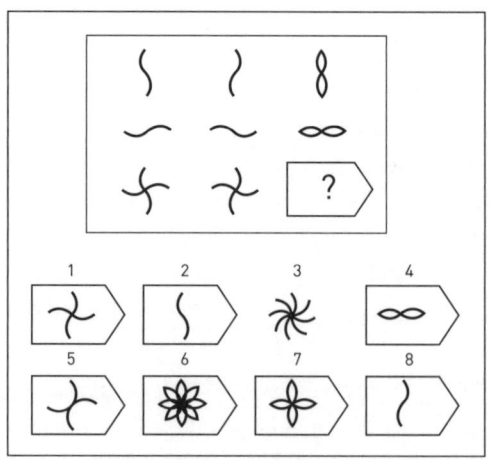

Abbildung 6 Raven-Matrizen-Test

jenige Faktor, der am besten zur Vorhersage von Intelligenz geeignet ist.»

Randall Engle, Psychologe am Georgia Institute of Technology in Atlanta, konnte ebenfalls einen deutlichen Zusammenhang feststellen zwischen der Leistungsfähigkeit bei Aufgaben, die das Arbeitsgedächtnis beanspruchen, und der allgemeinen Problemlösungskompetenz (oder genauer gesagt: «g», der generellen Intelligenz, worauf im Kapitel «Der Flynn-Effekt» näher eingegangen wird). Zwar variiert der Zusammenhang zwischen der Kapazität des Arbeitsgedächtnisses und «g» in Abhängigkeit davon, welche Tests man anwendet, doch zeigt ein Überblicksartikel, dass die Korrelation meist bei 0,6 bis 0,8 liegt (wobei 0 überhaupt keinen Zusammenhang bedeutet und 1 perfekte Übereinstimmung). Das heißt, wenn wir erklären wollen, warum bestimmte Personen gut im Problemlösen sind (z. B. beim Raven-Matrizen-Test) und andere nicht, kann ungefähr die Hälfte dieses Unterschieds bzw. die Hälfte der Varianz durch Unterschiede in der Kapazität des Arbeitsgedächtnisses erklärt werden.

Es gibt mehrere Erklärungsmodelle, warum das Arbeitsgedächtnis eine so große Bedeutung für die Problemlösungsfähigkeit hat. Um den Raven-Matrizen-Test lösen zu können, müssen wir – genau wie in der Mathematikaufgabe in dem Beispiel zuvor – visuelle Informationen im Arbeitsgedächtnis speichern und manipulieren, die zu erledigenden Arbeitsschritte im Kopf behalten sowie noch die eigene Aufmerksamkeit gezielt steuern. Randall Engle zufolge ist daher dieses Zusammenfallen von Arbeitsgedächtnis und Aufmerksamkeitskontrolle ein Punkt, der besondere Beachtung verdient.

Bilder vom Arbeitsgedächtnis

Im vorigen Kapitel haben wir gesehen, dass die Fähigkeit, Informationen im Kopf unmittelbar präsent zu halten, einer Reihe unterschiedlicher mentaler Aufgaben zugrunde liegt. Das Arbeitsgedächtnis wird gebraucht, um die Aufmerksamkeit zu kontrollieren, sich Handlungsanweisungen zu merken bzw. was als Nächstes zu tun ist sowie dafür, komplexe Probleme zu lösen. Gleichzeitig ist das Arbeitsgedächtnis aber nur von begrenzter Kapazität, ein Engpass, der unsere Fähigkeit zur Informationsverarbeitung und Problemlösung in engen Grenzen hält. Wenn wir uns fragen, worin nun das Problem liegt, wenn wir mit dem Steinzeithirn in der Datenflut unterwegs sind, lautet eine der möglichen Antworten: in den Beschränkungen des Arbeitsgedächtnisses. Wir wollen daher einen Blick darauf werfen, wie die Informationen im Gehirn eigentlich genau gespeichert werden und ob sich diese Beschränkungen irgendwie näher lokalisieren lassen.

Einige der wichtigsten Fortschritte in Bezug auf das Verständnis der Gehirnaktivität und des Arbeitsgedächtnisses wurden von Patricia Goldman-Rakic von der Yale Universität in den USA erzielt, die unter anderem an der Entwicklung des «Punkttests» beteiligt war. Als sie die Neuronenaktivität bei Affen in verschiedenen Teilen des Gehirns maß und aufzeichnete, suchte sie dabei gezielt nach solchen Aktivitätsmustern, die in einem klar erkennbaren Zusammenhang mit den verschiedenen Abschnitten des Arbeitsgedächtnisexperiments standen. Dies ist ein schwieriger Suchprozess, weil die meisten der gemessenen Neuronensignale anscheinend nichts mit der Aufgabe zu tun hatten. Bei Versuchseinrichtungen dieser Art werden ein Verstärker und ein Lautsprecher an die Messapparatur angeschlossen. Auf diese Weise kann man die elektrische Aktivität der Neuronen als Knistern und Rauschen wahrnehmen – eine chaotische Sinfonie. Natürlich nicht wirklich chaotisch, lediglich viel zu komplex für unser Verständnis.

Dennoch gelang es Patricia Goldman-Rakic, inmitten dieser Komplexität bestimmte Muster zu erkennen. Am interessantesten erschienen ihr diejenigen Aktivierungen, die bei einigen Neuronen gerade während der Zeitspanne auftraten, in der eine Information im Arbeitsgedächtnis präsent gehalten wurde. Diese Nervenzellen begannen genau in dem Moment aktiv zu werden, als der Affe den Punkt entdeckte, den er sich merken sollte, und sie schickten – auch nachdem der Punkt verschwunden war – so lange unablässig Impulse, bis schließlich der Affe den Blick auf die erinnerte Stelle lenkte. Während der Zwischenphase (Delay) stellte sich also eine anhaltende Aktivierung ein *(persistent delay activity)*, wie sie für das Arbeitsgedächtnis spezifisch ist. Wird diese kontinuierliche Aktivität unterbrochen, kann der Affe sich die Information auch nicht merken. Nervenzellen von diesem Aktivitätstypus fanden sich hauptsächlich im Stirnlappen, darüber hinaus noch im Scheitellappen.

Die von Patricia Goldman-Rakic und anderen vorgebrachte Theorie besagt also, dass die Information im Arbeitsgedächtnis gespeichert wird, weil bestimmte Neuronen ununterbrochen aktiv sind. Das unterscheidet sich dem Prinzip nach von der Weise, wie Informationen im Langzeitgedächtnis kodiert werden. Dort werden nämlich die zwischen den Neuronen liegenden Verbindungen dauerhaft verstärkt – ein Vorgang, der viel Zeit in Anspruch nimmt und für den, neben anderem, auch die Bildung neuer Proteine erforderlich ist. Die Kodierung von Information im Arbeitsgedächtnis ist ein viel dynamischerer Prozess. Da elektrische Aktivitätsmuster binnen weniger Millisekunden erzeugt werden können, handelt es sich um eine sehr schnelle Art der Informationsspeicherung. Andererseits ist sie auch sehr anfällig, weil der Gedächtnisinhalt in dem Moment verschwindet, in dem das Netzwerk auf eine Weise gestört wird, dass die kontinuierliche Aktivität aufhört. Das Arbeitsgedächtnis lässt sich demnach definieren als «eine auf kontinuierlicher Aktivität im Stirnlappen basierende Fähigkeit, Information während einer kurzen Zeitspanne präsent zu halten».

Kommen wir noch einmal auf den Besuch im Einkaufsmarkt zurück. Wo Sie das Auto geparkt hatten, war im Langzeitgedächtnis ge-

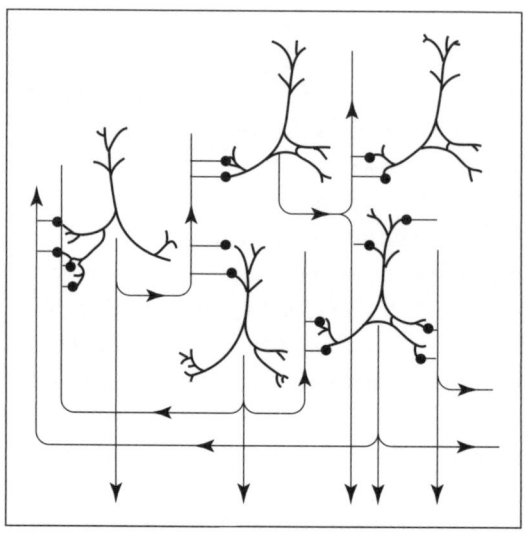

Abbildung 7 Mithilfe von Computermodellen versucht man zu erklären, wie die Aktivität (und damit die Information) durch wechselseitige Anregung der Neuronen in einem Netzwerk aufrechterhalten werden kann.

speichert. Daran sind keine Neuronen des Stirnlappens beteiligt, die unablässig aktiv wären, während Sie im Geschäft nach der Milch suchen. Diese bleibt Ihnen jedoch mithilfe des Arbeitsgedächtnisses immer gegenwärtig. Die Information ist «online», das bedeutet, sie ist die ganze Zeit über im Bewusstsein präsent, und das wiederum findet in der ununterbrochenen Neuronenaktivität in Teilen des Stirnlappens seine Entsprechung.

Wie es die Neuronen genau bewerkstelligen, ihre Aktivität während der Delay-Phase aufrechtzuerhalten, weiß man nicht mit Sicherheit. Eine Theorie geht von rekurrenten Netzen aus, das sind neuronale Netzwerke, die ihre Aktivität durch wechselseitige Anregung aufrechterhalten. Mithilfe von Computersimulationen hat die Erforschung dieser Mechanismen in den letzten Jahren Fortschritte erzielt. Bei diesen Versuchen baut man zunächst im Rechnermodell nach, wie einzelne Nervenzellen aktiviert werden. Die virtuellen Neuronen werden dann miteinander verbunden, so dass sie ein Netzwerk bilden. Anschließend können die Forscher untersuchen, unter welchen Voraussetzungen die Aktivität aufrechterhalten wird. Wie sich zeigt, ist dazu eine genaue Balance zwischen Hemmung und Stimulierung erforderlich. Zu starke Hemmung führt dazu, dass die anhaltende Neuronenaktivität, und mit ihr die Information, erlischt. Zu geringe Hemmung lässt die Netzwerkaktivität Amok laufen, eine Art von Epilepsie in dem virtuellen Hirn.

Die Information im Scheitellappen

Das Wissen von der Funktionsweise des menschlichen Arbeitsgedächtnisses hat erst in den frühen 1990er Jahren einen Aufschwung genommen, seitdem man mit der Positronemissionstomographie (PET) den Blutfluss im Gehirn messen kann, während die Versuchspersonen gleichzeitig Arbeitsgedächtnisaufgaben ausführen. Die Forscher beobachteten eine Aktivierung des Stirnlappens, was mit den bisherigen Erkenntnissen zur Funktion des Stirnlappens bei Affen sowie über Verletzungen dieses Bereichs beim Menschen übereinstimmte. Mit der PET-Kamera ließen sich jedoch noch detailliertere Informationen gewinnen, und man konnte Bereiche, die ausschließlich visuelle Informationen im Arbeitsgedächtnis verarbeiteten, von jenen unterscheiden, die aktiv waren, wenn verbale Informationen präsent gehalten wurden.

Allerdings hat die PET-Kamera eine zeitliche Auflösung von ungefähr einer Minute. Mitte der 1990er Jahre gingen Forscher dann zur Verwendung funktioneller Magnetresonanztomographie (fMRI) über, wodurch es möglich wurde, etwa alle zwei Sekunden ein Bild von der Hirnaktivität zu erhalten. Durch diese höhere zeitliche Auflösung ließ sich die jeweilige Aktivität beim Zeigen eines bestimmten Gegenstandes, während der Delay-Phase sowie danach beim Antworten, erkennen. Mehrere Studien befassten sich mit der Analyse der Aktivitätsvorgänge in der Delay-Phase, während man gerade etwas im Arbeitsgedächtnis speichert. Wie sich zeigte, war der Stirnlappen die ganze Zeit über aktiv. Die Hypothese, wonach Information durch kontinuierliche Aktivität präsent gehalten wird, scheint also auch auf den Menschen zuzutreffen. Freilich haben diese Untersuchungen noch wesentlich mehr Details erbracht. So hat man etwa beobachtet, dass die Hirnrinde während der Delay-Phase nicht nur im Bereich des Stirnlappens, sondern auch in dem des Scheitellappens kontinuierlich aktiv war.

Arbeitsgedächtnis und Aufmerksamkeit – eine Einheit?

Wir haben bereits sehen können, wie Arbeitsgedächtnis und Kontrolle der Aufmerksamkeit, zumindest nach Maßgabe bestimmter psychologischer Theorien, zusammenhängen. Aber sind es auch auf neuronaler Ebene dieselben Systeme, die dabei aktiviert werden?

In einer besonders ambitionierten, von Clay Curtis und Mark D'Esposito im kalifornischen Berkeley durchgeführten Versuchsreihe zur Gehirnaktivität bei Arbeitsgedächtnisaufgaben kam der oben erwähnte Punkttest zur Anwendung. An dem Test nahmen 15 Versuchspersonen teil, und nicht nur für sie stellte es eine Geduldsprobe dar, 45 Minuten lang in der MR-Kamera zu liegen und sich Punkte zu merken, sondern auch für die Forscher, die versuchen mussten, aus den annähernd 40 000 gewonnenen Aufnahmen des Gehirns ein Ergebnis zu rekonstruieren.

Nach statistischer Auswertung der Bilder konnte man Aktivierungen im Scheitellappen *(sulcus intraparietalis)*, im oberen Teil des Stirnlappens *(gyrus frontalis superior)* und in dessen vorderem Bereich *(gyrus frontalis media)* erkennen. Interessanterweise sind die beiden erstgenannten Regionen dieselben, die auch bei den Versuchen zu kontrollierter Aufmerksamkeit aktiv waren, zum Beispiel bei der Messung der Hirnaktivität in Posners Experiment (vgl. S. 27). Die Resultate der Hirnforschung bestätigen also, was aus psychologischer Sicht als Überlappung von Arbeitsgedächtnis und Aufmerksamkeit beschrieben worden ist. Demnach würde es keinen Unterschied machen, ob jemand sich eine Stelle merkt, an der gerade ein Punkt zu sehen war, oder seine Aufmerksamkeit auf diese Stelle in Erwartung eines dort auftauchenden Punktes richtet.

Allerdings ist die Analogie zwischen Arbeitsgedächtnis und Aufmerksamkeitskontrolle nicht vollkommen. Bei zahlreichen Arbeitsgedächtnisaufgaben tritt eine Aktivierung im vorderen Bereich des Stirnlappens auf, die bei Aufmerksamkeitsaufgaben nicht jedes Mal

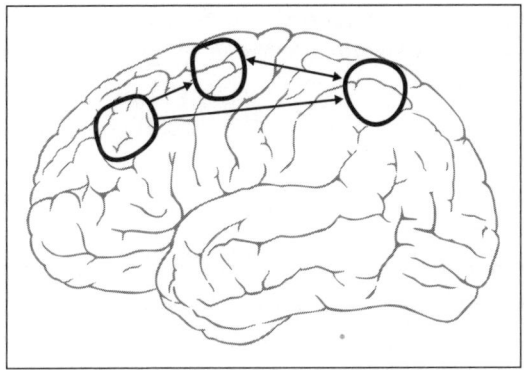

Abbildung 8 Die Kreise bezeichnen die Areale,
die während des Arbeitsgedächtnis-Experiments aktiv sind.
Bei Tests des visuell-räumlichen Arbeitsgedächtnisses sind während der Delay-Phase ein
Areal im Scheitellappen und ein Areal im oberen Bereich des Stirnlappens kontinuierlich
aktiv. Dieselben Areale werden auch bei der kontrollierten Aufmerksamkeit aktiviert. Weiter vorne im Stirnlappen befindet sich ein Areal, das zwar im Zusammenhang mit dem
Arbeitsgedächtnis aktiv ist, jedoch nicht jedes Mal bei kontrollierter Aufmerksamkeit. Die
Pfeile deuten an, in welchen Richtungen die Areale bei Tests des Arbeitsgedächtnisses
vermutlich miteinander kommunizieren.

zu sehen ist. Welche Funktion dieser Aktivierung genau zukommt, ist
jedoch nicht ganz klar. Noch immer gibt es zahlreiche weiße (oder
zumindest graue) Flecke auf unserer Karte der Hirnfunktionen. Insbesondere betroffen davon sind die vorderen Teile des Stirnlappens,
deren Aktivität indessen besonders wichtig sein könnte, um die Vorgänge zwischen den oberen Teilen des Stirnlappens und dem Scheitellappen zu stabilisieren.

Wie die Informationen kodiert werden

Eine zentrale Frage in Bezug auf die Neuronenaktivität war, wie es
den Neuronen überhaupt gelingt, während der Delay-Phase, ohne
Reiz von außen, ihre Aktivität aufrechtzuerhalten. Als möglicher Mechanismus dafür kamen Rückkopplungen innerhalb eines neuronalen
Netzwerkes in Betracht. Eine weitere Hauptfrage ist nun, welcher Art
die Informationen sind, die durch diese kontinuierliche Aktivität kodiert werden. Wofür stehen sie?

Eine ähnliche Fragestellung ist früher im Bereich der Langzeitgedächtnis-Forschung diskutiert worden. Einer Theorie zufolge stehen bestimmte einzelne Gehirnzellen für jeweils spezifische Gedächtnisinhalte – die sogenannte «Großmutterzellentheorie». Demnach gäbe es also eine spezifische Zelle, die immer dann aktiviert wird, wenn wir unsere Großmutter sehen, und der es zu verdanken ist, wenn wir sie wiedererkennen.

Eine Theorie über das Arbeitsgedächtnis besagt, dass die sensorischen Informationen aus dem hinteren Teil des Gehirns in die spezialisierten Neuronen des Stirnlappens überführt werden – was der Großmutterzellentheorie ein wenig ähnelt. Eine anhaltende Aktivität einer bestimmten Zelle im Stirnlappen würde demnach nämlich bedeuten, dass der Affe sich zum Beispiel gerade merkt, einen Punkt bei 90 Grad auf der rechten Seite gesehen zu haben. Die Aktivität einer anderen Zelle gleich daneben stünde dann für das Erinnern eines Punktes bei 120 Grad und so weiter. Nach einem anderen Modell werden die von verschiedenen Reizen stammenden Informationen durch die Frequenz kodiert, mit der die Neuronen jeweils aktiviert werden. Andere Studien wiederum zeigen, dass sich die Information nicht immer aus der Neuronenaktivität im Stirnlappen heraus verstehen lässt. Denn manche Zellen weisen eine Arbeitsgedächtnisaktivität unabhängig von der Art der zu memorierenden Reize auf. Da sie also unterschiedliche Sinnesdaten, wie Töne oder visuelle Informationen, kodieren, heißen diese Zellen auch *multimodal* – eine Art neuronaler Allroundtalente.

Das mag alles recht kleinlich und akademisch erscheinen, ohne größere Relevanz, sofern nicht gerade jemand außergewöhnlich großes Interesse daran hat, die unterschiedlichen Typen von Neuronen im Stirnlappen zu katalogisieren (was für meine Person durchaus zutrifft). Jedoch hat die Art und Weise, wie Informationen kodiert werden, Folgen dafür, wie der Informationsfluss im Gehirn organisiert wird. Wenn unterschiedliche Zellen im Stirnlappen auch je unterschiedliche Reize kodieren, würde das für eine parallele Organisation des Informationsflusses sprechen. Patricia Goldman-Rakic, die sich für dieses Modell ausgesprochen hat, ist der Ansicht, das Arbeitsgedächtnis sei in mehrere parallele Systeme gegliedert, von denen jedes für einen bestimmten Informationstypus zuständig ist. Sind in die

Funktionsweise des Arbeitsgedächtnisses hingegen multimodale Zellen eingebunden, dann müssten diese die betreffenden Informationen von ganz unterschiedlichen sensorischen Zellen aus dem hinteren Teil des Gehirns aufnehmen. Dies würde dann für einen konvergierenden Informationsfluss sprechen.

Zu der Frage, wie Informationen kodiert werden, liegen nun doch immerhin einige Studien vor. In einem Experiment wurde etwa die Hirnaktivität bei verschiedenen Arten von Arbeitsgedächtnisaufgaben gemessen: Bei der einen sollte man die Tonhöhe erinnern, bei der anderen sich merken, wie hell eine Lampe leuchtete, um sie dann einige Sekunden später mit einer anderen Lichtstärke zu vergleichen. Bestimmte Hirnareale wurden zwar ausschließlich bei solchen Aufgaben aktiviert, die das Arbeitsgedächtnis betrafen, jedoch unabhängig von dem Informationstyp, den es sich zu merken galt. Es handelte sich mit anderen Worten um multimodale Arbeitsgedächtnis-Areale. Dieser Befund, der von weiteren Studien untermauert wird, widerspricht der Organisationsform, die Patricia Goldman-Rakic vorgeschlagen hat, laut der es ausschließlich parallele Systeme für die verschiedenen Informationsarten geben soll.

Welche Bedeutung könnte dem zukommen? Die Tatsache, dass es in unserem Gehirn bestimmte Bereiche gibt, in denen die Informationsverarbeitung konvergent zusammenläuft, dürfte wohl auch funktionelle Konsequenzen haben. Eine parallele Organisation würde gleichmäßiger, weniger störanfällig und weniger beschränkt in der Kapazität sein, in gleicher Weise, wie ein Parallelrechner einem Com-

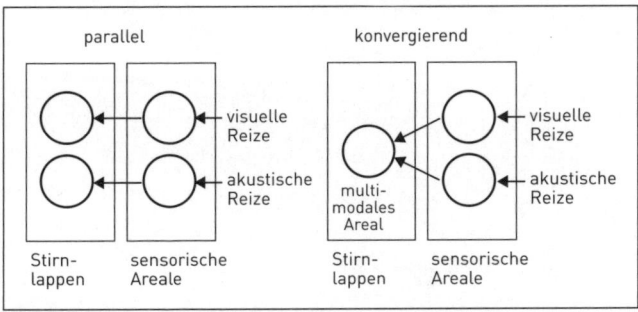

Abbildung 9 Paralleler und konvergierender Informationsfluss im Gehirn bei Arbeitsgedächtnisaufgaben

puter mit nur einem einzelnen Prozessor überlegen ist. Konvergenz-punkte bergen hingegen das Risiko, zu Engpässen zu werden.

Anders gesagt: Wenn wir danach Ausschau halten, bei welcher Hirnfunktion wir eigentlich auf Probleme stoßen, wenn wir heute mit dem Steinzeithirn in der Datenflut unterwegs sind, so kommen die Beschränkungen im Arbeitsgedächtnis dafür sehr wahrscheinlich in Betracht. Gehen wir einen Schritt weiter und suchen nach den Ursa-chen dieser Beschränkungen im Aufbau des Gehirns, so erscheinen die multimodalen Bereiche als mögliche Kandidaten für Engpässe. Lassen sich also womöglich sogar bestimmte einzelne Gehirnareale ausmachen, in denen die Kapazität des Arbeitsgedächtnisses und da-mit dann auch unsere Fähigkeit zum logischen Denken verankert ist?

Das Gehirn und die magische Zahl Sieben

In seinem Aufsatz «Die magische Zahl Sieben, plus/minus zwei: Einige Grenzen unserer Fähigkeit, Informationen zu verarbeiten» hat der bereits erwähnte George Miller die Hypothese vorgetragen, dass es für die Fähigkeit des Menschen, Informationen zu verarbeiten, eine natürliche Grenze gibt und wir nur ungefähr sieben Einheiten im Arbeitsgedächtnis behalten können. Ein wesentlicher Schritt lag darin, die Überlegungen zur Bandbreite aus der Informationstheorie auf die Psychologie zu übertragen. Das menschliche Gehirn wäre demnach als ein Kommunikationskanal zu betrachten, bei dem es möglich ist zu messen, wie viel von der eingehenden Information gespeichert, verarbeitet und wiedergegeben werden kann.

Das Gehirn mit einem Kupferdraht zu vergleichen ist freilich naiv. Die Frage aber bleibt: Was ist die Ursache für die beschränkte Fähigkeit unseres Gehirns, Informationen im Arbeitsgedächtnis zu halten? Lässt sie sich in bestimmten Hirnregionen lokalisieren? Und welche Mechanismen setzen der Kapazität diese Grenzen?

Zunächst sollte ich jedoch vielleicht erst einmal darauf hinweisen, dass die Zahl Sieben keineswegs so heilig ist, wie Millers Titel andeutet. Wie viel Information genau man gleichzeitig präsent halten kann, hängt bis zu einem gewissen Grad davon ab, wie die Tests gestaltet sind, die diese Menge messen. Wenn sich die Datenmenge in Bedeutung tragende Sinneinheiten zusammenfassen lässt, wie im Fall der Zeichenkette KGB1968CIA2001, ist es möglich, mehr als sieben Zeichenelemente im Arbeitsgedächtnis zu speichern. *Chunking* nennt man dieses stückweise Zusammenpacken von Daten. Bei anderen Typen von Arbeitsgedächtnisaufgaben, wo einem keine Möglichkeit bleibt, die Information während der Delay-Phase zu wiederholen, kann man nicht so viele Einheiten behalten. Die Grenze liegt hier eher bei vier Informationseinheiten, was der Psychologe Nelson Cowan in einem Aufsatz mit dem anspielungsreichen Titel «The Magical Number Four in Short-Term Memory» (in etwa: «Die magische Zahl Vier und ihre Rolle für das Kurzzeitgedächtnis») beschrieben hat. Aber obwohl Cowan die Zahl Sieben infrage stellt, bleibt auch er dabei, dass es eine bestimmte Grenze gibt und dass diese hinsichtlich der Fähigkeit des Menschen zum Umgang mit Informationen eine der wichtigsten Beschränkungen überhaupt darstellt.

Darüber hinaus steht fest, dass von zwanzig Studenten, die gebeten werden, sich Serien mit Zufallsziffern zu merken, die meisten zwischen sechs und acht Ziffern richtig wiedergeben können. Und testet man das visuell-räumliche Gedächtnis, werden zwar manche fünf und andere acht Positionen erinnern, der Durchschnittswert liegt aber erstaunlich nahe an der Millerschen Grenze von sieben.

Für einen empirischen Wissenschaftler ist Erkenntnisgewinn immer auch eine Frage statistischer Verteilung, das heißt, es kommt auf Differenzen an. Will man etwa die Wirkung von Blei auf die Entwicklung des Gehirns untersuchen, benötigt man Personen, die einem hohen, und solche, die einem niedrigen Bleigehalt ausgesetzt waren, um zu sehen, wie deren Gehirne sich voneinander unterscheiden. Um das Verhältnis von Kapazität und Gehirnleistung zu erforschen, ist man auf Kapazitätsdifferenzen angewiesen. Zu den markantesten Beispielen zählt hier der Unterschied der Arbeitsgedächtniskapazität bei Kindern und Erwachsenen. Wir wollen daher die Entwicklung der Kapazität, wie sie im Laufe der Kindheit stattfindet, etwas näher in den Blick nehmen, um zu sehen, was genau dabei im Gehirn vor sich geht.

Das reifende Gehirn

Wenn Sie das nächste Mal mit einem sieben Monate alten Säugling zu tun haben, verstecken Sie doch einmal sein Lieblingsspielzeug unter einer von zwei Decken (wobei sich empfiehlt, vorher das Einverständnis der Eltern einzuholen). Lenken Sie dann das Kind für einige Sekunden ab, bevor es versucht, sein Spielzeug wiederzufinden. Wiederholen Sie den Versuch mehrere Male und wechseln dabei beständig das Versteck, damit das Kind keine Chance hat, das Spielzeug etwa mithilfe des Langzeitgedächtnisses wiederzufinden.

Ein fünf Monate altes Baby wird mit dieser Aufgabe nicht zurechtkommen. Es kann die Repräsentation eines Objekts, das es nicht mehr sieht, nicht im Kopf behalten: *Aus den Augen – aus dem Sinn*. Wenn Sie ein Gefühl dafür entwickeln wollen, wie ein Leben ohne Arbeitsgedächtnis aussähe (und Ihnen die Vorstellung, ein Goldfisch zu sein, doch eher fernliegt), dann denken Sie sich versuchsweise in die Weltsicht eines Säuglings hinein: Sie besteht aus einem beständigen Strom von Eindrücken. Etwa im Alter von sieben Monaten beginnt das Arbeitsgedächtnis sich allmählich zu entwickeln, und mit ungefähr einem Jahr wird das Kind sein verstecktes Spielzeug – auch nach einer Ablenkungsphase von mehreren Sekunden – finden.

Sich zu merken, wo der Schnuller versteckt wurde, ist der erste kleine Schritt auf dem Wege der Reifung des Arbeitsgedächtnisses, das sich dann aber immer weiter entwickelt und dessen Kapazität zur Speicherung von Information sich im Verlauf der gesamten Kindheit und Jugend zunehmend erhöht. Kinder haben also ein schlechteres Arbeitsgedächtnis als Erwachsene. Wenn ein achtjähriges Kind gebeten wird, «Bleistift, Radiergummi, Mathebuch und Aufgabenheft zu holen und mit den Aufgaben im Buch auf Seite 25 zu beginnen», ist die Chance, dass es eine Minute später mit den Sachen da sitzt und die richtige Seite aufgeschlagen hat, ziemlich gering. Das *kann* freilich daran liegen, dass es lieber weiter Pokémon spielen will; es kann aber auch der Tatsache geschuldet sein, dass sein Arbeitsgedächtnis überfordert wurde und es diese umständliche Anweisung nicht so lange speichern konnte, bis die Aufgabe zu Ende ausgeführt war.

Viele Komponenten tragen zu dieser Entwicklung bei. Eine besteht in der Ausbildung von Strategien. Um sich Zahlen zu merken, wird ein Kind von vier Jahren sich beispielsweise noch nicht damit behelfen, diese leise vor sich hin zu murmeln. Erst im Alter von sechs, sieben Jahren bildet sich diese Technik aus. Aber selbst wenn wir von solchen Unterschieden bei den Strategien absehen, bleibt noch eine Differenz bei der Arbeitsgedächtniskapazität, die sich mittels einfacher Tests messen lässt, etwa wenn man die Kinder bittet, sich die Position von einzeln nacheinander gezeigten Punkten zu merken. Zahlreiche Studien haben nachgewiesen, dass die Kapazität während der gesamten Kindheit zunimmt, um bei einem Alter von etwa 25 Jahren einen Höhepunkt zu erreichen. Bei einem Achtjährigen nimmt die

Kapazität der Informationsspeicherung jährlich um ungefähr sieben Prozent zu. Wie die Psychologinnen Sandra Hale und Astrid Fry zeigen konnten, ist dieser Prozess entscheidend für die Entwicklung der Problemlösungsfähigkeit des Kindes. Die schlechte Nachricht ist, dass die Kapazität nach dem 25. Jahr allmählich wieder abfällt. Manchen Untersuchungen zufolge wären wir mit 55 dann erneut auf dem Niveau eines Zwölfjährigen angelangt. Wir alten Leute jenseits der 25 können uns hoffentlich damit trösten, dass wir imstande sind, den Mangel mithilfe von akkumuliertem Wissen und gelernten Strategien auszugleichen. Oder wie es das griechische Sprichwort ausdrückt, das einer der älteren Stanford-Professoren all seinen E-Mails anzuhängen pflegte: «Alter und Hinterlist bleiben siegreich über Jugend und Geschicklichkeit.»

Dass Kinder ein schlechteres Arbeitsgedächtnis haben sollen als Erwachsene, scheint nicht mit der Erfahrung vieler Eltern (einschließlich meiner selbst) übereinzustimmen, wenn sie wieder einmal gegen ihre Sprösslinge beim Memory verloren haben. Wie die meisten wohl wissen, ist Memory ein Spiel mit paarweise identischen Karten, die gemischt und mit der Rückseite nach oben ausgelegt werden. Abwechselnd deckt man nun jeweils zwei Karten kurz auf; sind beide gleich, darf man sie auf seinen Stapel legen und mit dem Aufdecken fortfahren. Es kommt also darauf an, sich zu merken, wo die Karten

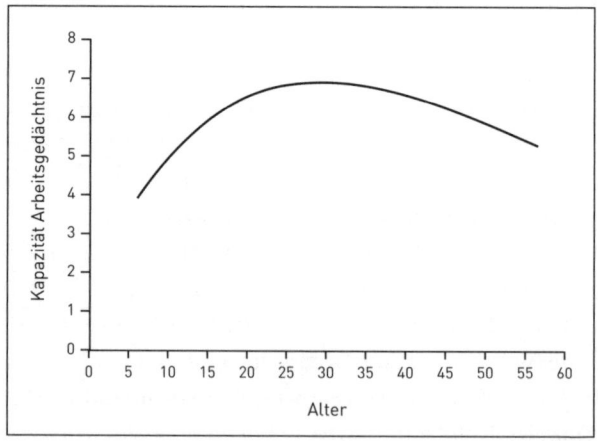

Abbildung 10 Veränderung der Arbeitsgedächtniskapazität im Laufe des Lebens

jeweils liegen, damit man gleich die richtigen aufdecken kann. Zu diesem Spiel sind systematische Untersuchungen angestellt worden.

Nach der bitteren Erfahrung vieler gewinnen bei Memory Zehnjährige in der Regel gegen ihre Eltern mittleren Alters, die sich jedoch damit trösten können, ihrerseits gegen ihre eigenen Eltern im Rentenalter zu gewinnen. Die Erklärung hierfür lautet, dass man bei diesem Spiel in hohem Grad auf sein Langzeitgedächtnis setzen kann. Die Information, was auf den Karten jeweils abgebildet ist, hält man gerade nicht in seinem Arbeitsgedächtnis präsent. Vielmehr wird sie in das Langzeitgedächtnis einkodiert, um ein paar Minuten später wieder aufgerufen zu werden, genau so, wie man sich mithilfe des Langzeitgedächtnisses wieder vergegenwärtigt, wo man vor ein paar Minuten das Auto abgestellt hat. Nun weist das Langzeitgedächtnis gewisse Merkmale auf, deren Leistung nicht entwicklungsabhängig ist und die daher bei Kindern durchaus besser ausgeprägt sein können als bei Erwachsenen.

Ein weiteres Spielzeug für Kinder heißt *Senso:* Vier wie Kuchenstücke geformte, verschiedenfarbige Tasten leuchten in einer bestimmten Reihenfolge auf, beispielsweise oben-unten-links-rechts. Die Aufgabe besteht nun ganz simpel darin, die Tasten in derselben Abfolge zu drücken, in der sie aufleuchteten. Hat man das geschafft, verlängert sich die Sequenz um ein Element und lautet dann etwa: oben-unten-links-rechts-links. Viele brüsten sich damit, Sequenzen von bis zu fünfzehn Tastendrücken erinnern zu können, was nicht zu der These zu passen scheint, wonach wir nur sieben Sachen im Arbeitsgedächtnis behalten können. In diesem Fall liegt die Erklärung darin, dass ein und dieselbe Sequenz sich Mal um Mal wiederholt, weshalb sich auch hier wieder das Langzeitgedächtnis gut einsetzen lässt. Wären es jedes Mal völlig neue Sequenzen, würde man schon lange vorher passen müssen.

Über Kapazität und Hirnsignale

Welche Veränderungen finden aber nun statt, wenn sich die Kapazität des Arbeitsgedächtnisses erhöht? In Untersuchungen, die ich zusammen mit Helena Westerberg, Pernille Olesen und Hans Forssberg am Karolinska Institut in den letzten Jahren durchgeführt habe, haben wir Kindern einfache Aufgaben gestellt, bei denen sie sich die Position von Punkten merken sollten, und dann währenddessen ihre Gehirnaktivität gemessen. Wir fanden, dass es anscheinend ganz bestimmte Areale sind, deren Aktivität im Laufe der Kindheit zunimmt: eines im Scheitellappen, eines im oberen Teil des Stirnlappens und eines in dessen vorderem Teil. Dieses Ergebnis stimmt auch mit den Funden mehrerer anderer Forscher überein.

Der Scheitel- oder auch Parietallappen (wie es in der Fachsprache heißt) macht einen ziemlich großen Teil des Gehirns aus. Die Hirnrinde ist hier, wie anderswo, gefaltet und bildet auf diese Weise eine Furche, die intraparietale Furche *(sulcus intraparietalis)* genannt wird. Dort in der Großhirnrinde, in dieser Faltung, waren die deutlichsten Veränderungen zu beobachten. Genau an dieser Stelle waren auch schon frühere Studien zur kontrollierten Aufmerksamkeit auf spezifische neuronale Aktivität gestoßen.

Welche Areale des Stirnlappens sich bei Kindern und Erwachsenen in ihrem Reaktionsverhalten unterscheiden, hängt von der gestellten Aufgabe ab. Bei mehreren Studien fanden sich Unterschiede in genau dem oberen Teil des Stirnlappens, der auch bei der Kontrolle der Aufmerksamkeit aktiv ist. Enthielten die Arbeitsgedächtnisaufgaben Ablenkungsreize, ließen sich auch Aktivitätsunterschiede in einem weiter vorne gelegenen Bereich des Stirnlappens feststellen. Auf diese Weise können alle drei Bereiche mit der Kapazität in Verbindung gebracht werden: Vermehrte Aktivität bedeutet höhere Leistungsfähigkeit, wenn es darum geht, sich bestimmte Informationen zu merken.

Eine weitere Möglichkeit, die für die Beschränkung der Arbeitsgedächtniskapazität verantwortlichen Schlüsselregionen aufzuspüren, besteht darin, sich die in der Einleitung abgebildete Kurve der Kapazitätsbeschränkungen anzuschauen (vgl. Abb. 1, S. 13) und nach Regionen im Gehirn zu suchen, deren Aktivitätsmuster dem durch die Kurve beschriebenen gleicht.

Zwei im Jahr 2004 in der Zeitschrift *Nature* publizierte Studien haben genau das getan. Bei dem einen Versuch sollten die Versuchspersonen zwei, vier, sechs bzw. acht verschiedene Objekte im Arbeitsgedächtnis behalten. Als Objekte dienten kleine Kreise, von denen man sowohl die Farbe erinnern sollte als auch, wo auf dem Bildschirm man sie gesehen hatte. Die Leistung sank, genau wie in Abbildung 1 dargestellt, mit der Anzahl der Kreise. Als man dann mittels funktioneller MR die Hirnaktivität maß, stieß man auf eine einzige Region, die genau zu dem Bild der Kapazitätskurve passte: und zwar in der Intraparietalfurche! Bei einem ähnlichen Versuch wurden mittels EEG die elektrischen Ströme gemessen, und abermals gab es eine Region, die zu der Kurve passte – in der Intraparietalfurche.

Wie aber sieht es mit der Problemlösungskompetenz aus, die doch mit der Kapazität des Arbeitsgedächtnisses zusammenhängen soll? In einer umfassenden Versuchsreihe, die in Südkorea von Kun Ho Lee geleitet wurde, wurde erst die Leistung von Jugendlichen bei Raven-Matrizen gemessen und dann die Hirnaktivität beim Ausführen von Arbeitsgedächtnisaufgaben. Eine Korrelation zwischen Problemlösungskompetenz und Hirnaktivität war sowohl im Stirn- als auch im Scheitellappen zu erkennen, den stärksten Zusammenhang sah man aber wieder in der Intraparietalfurche des Scheitellappens, also an derselben Stelle, die meine und andere Forschungsgruppen in Korrelation zum Entwicklungsverlauf der Arbeitsgedächtniskapazität während der Kindheit gebracht haben.

Eine ganze Reihe von Untersuchungen deutet also darauf hin, dass es Regionen im Stirn- und Scheitellappen gibt, die für unsere Arbeitsgedächtniskapazität von zentraler Bedeutung sind. Wir haben es hier nicht mit irgendwelchen diffusen, über das ganze Gehirn verstreuten Unterschieden zu tun, sondern mit einer sehr kleinen Anzahl eng umgrenzter Bereiche. Dabei handelt es sich um dieselben Areale, von denen wir bereits wussten, dass sie aktiv sind, wenn man Informationen im Arbeitsgedächtnis speichert oder wenn man seine Aufmerksamkeit in eine im Voraus bestimmte Richtung lenkt. Stoßen wir hier also auf die Schlüsselstrukturen bzw. den Engpass unseres beschränkten Vermögens, Informationen aufzunehmen und dann präsent zu halten? Dass der Stirnlappen hieran beteiligt sein würde, war vielleicht zu erwarten, nachdem man diesen Teil des Gehirns schon seit Jahrzehnten mehr oder weniger deutlich mit höheren kognitiven Leistungen in Verbindung gebracht hatte. Dass aber der Scheitellappen eine derart wichtige Rolle beim Problemlösen und für das Arbeitsgedächtnis spielen würde, ist eine relativ neue Erkenntnis. Dass verschiedene

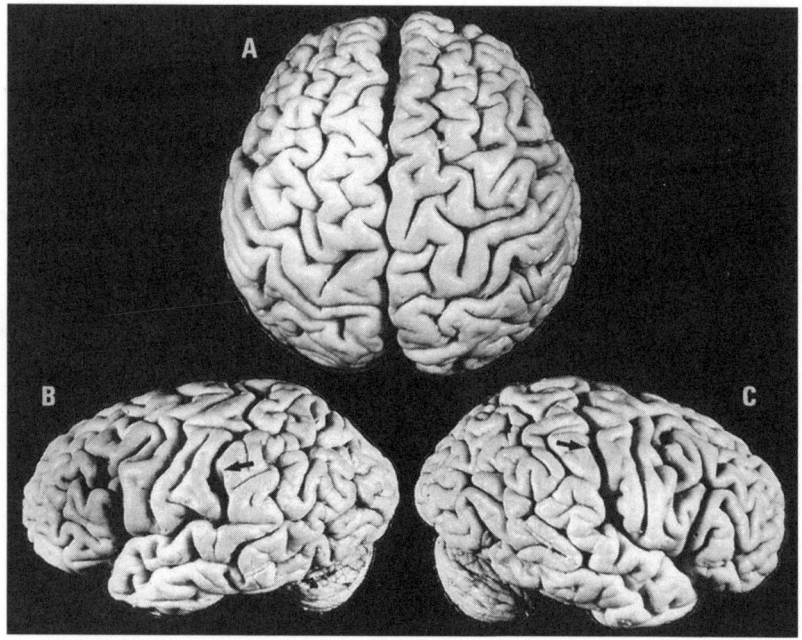

Abbildung 11 Einsteins Gehirn. Der schwarze Pfeil (in den Ansichten B und C) zeigt die nach vorn verschobene Hirnfurche an.

Untersuchungen mit unterschiedlicher Herangehensweise alle so eindeutig auf den Scheitellappen weisen, ist darüber hinaus bemerkenswert.

Vielleicht war es also kein Zufall, dass Einsteins Gehirn sich gerade im Bereich des Scheitellappens am meisten von anderen abhob. Sein Gehirn war nicht größer oder schwerer als andere Gehirne. Es wies auch keine ausgeprägteren Verbindungen zwischen den Gehirnhälften auf, keine höhere Dichte an Neuronen und keine nennenswerten Unterschiede im Volumen des Stirnlappens. Anders hingegen gerade beim Scheitellappen; er war viel breiter als bei anderen Gehirnen und der linke Scheitellappen war im Verhältnis zum rechten viel größer. Ebenfalls starke Eigenheiten wies die Anatomie der Furchen des Scheitellappens auf. Die Furche, die normalerweise gerade nach oben verläuft und den Scheitellappen teilt, war nach vorne verschoben, was als frühzeitige, durch übermäßiges Wachstum hervorgerufene Ausweitung des Scheitellappens gedeutet wurde.

Die Mechanismen der Kapazitätsbegrenzung

Nehmen wir einmal an, wir haben tatsächlich die Schlüsselregionen identifiziert, die für die Zunahme der Kapazität in der Kindheit entscheidend sind. Was passiert in diesen Gebieten des Stirn- und Scheitellappens, wenn die Informationsmenge wächst? Warum ist ihr Fassungsvermögen nicht einfach beliebig groß? In mehreren Studien wurde erforscht, wie sich die Gehirnaktivität verändert, wenn man die Anzahl von Buchstaben, Ziffern oder Gesichtern erhöht, die sich die Probanden merken sollten. Die Studien zeigen ziemlich übereinstimmend, wie mit wachsender Informationsmenge, die zu verarbeiten ist, auch Blutfluss und Stoffwechsel kontinuierlich ansteigen. Könnte das bedeuten, dass es eine Stoffwechselbeschränkung für die Gehirnleistung gibt, etwa in der Weise, dass nicht genügend sauerstoffreiches Blut zu den relevanten Hirnarealen transportiert wird und unser Arbeitsgedächtnis deshalb Begrenzungen unterliegt? Bekommen wir dann vielleicht so etwas Ähnliches wie einen Krampf oder Muskelkater in unserem Gehirn? Sollten Sie einmal einen Test Ihres Arbeitsgedächtnisses absolvieren, bei dem Sie eine Folge von acht Ziffern hören und dann versuchen, diese rückwärts wieder aufzusagen, wird Ihnen der Gedanke an einen Muskelkater im Kopf vielleicht ganz plausibel erscheinen.

Keine dieser Erklärungen kann indes als besonders wahrscheinlich gelten. Die Blutversorgung des Gehirns gewährleistet, dass es den Nervenzellen zu keiner Zeit an sauerstoffreichem Blut mangelt. Wenn die Neurone aktiviert werden und dabei ihren Stoffwechsel und Sauerstoffverbrauch erhöhen, steigt auch der Blutstrom zu den Neuronen des betreffenden Areals so stark an, dass sogar eine Überkompensation eintritt. Die Neuronen werden dann noch reichlicher mit Blut und Sauerstoff versorgt als in ihren Ruhephasen. Außerdem weiß man, dass das Gehirn in bestimmten Extremsituationen, wie bei epileptischen Anfällen, seinen Blutstrom noch weit über den Grad hinaus steigern kann, der beim Ausführen einer mental anspruchsvollen Aufgabe erreicht wird. Wir müssen uns also wohl nach anderen Erklärungsmöglichkeiten umsehen. Wenn wir etwa beobachten, wie sich Stirn- und Scheitellappen während der Kindheit entwickeln, könnte das weitere Aufschlüsse über die Mechanismen des Arbeitsgedächtnisses geben sowie darüber, in welchen Punkten ein besonders leistungsfähiges Arbeitsgedächtnis hervorsticht.

Das kindliche Gehirn

Untersuchungen des kindlichen Gehirns haben mit der naiven Vorstellung aufgeräumt, die Leistungsstärke des Gehirns werde von der Anzahl seiner Neuronen bestimmt. Vielmehr finden sich bei einem Zweijährigen beinahe doppelt so viele Neuronenverbindungen, also Synapsen, im Stirnlappen wie bei einem Zwanzigjährigen. Gleichzeitig hat das zweijährige Kind aber ein viel schlechteres Arbeitsgedächtnis. Von diesem Zeitpunkt an geht die Synapsendichte sukzessiv zurück, um sich schließlich im Alter von etwa zwölf Jahren auf dem späteren Erwachsenenniveau zu konsolidieren. Nach einer frühen Phase der Überproduktion verschwinden die Neuronen, ihre Verbindungen und Synapsen mit unglaublicher Geschwindigkeit. Allein in der Brücke zwischen den beiden Gehirnhälften verschwinden in den ersten drei Monaten 900 000 Axone pro Tag. Warum aber die Kapazität steigen soll, wenn Neuronen verschwinden, ist schwer zu erklären. Eventuell führt die Verstärkung wichtiger Verbindungen bei gleichzeitiger Schwächung unwichtiger zu einer insgesamt besseren Struktur des Netzwerks.

Ein weiterer wesentlicher Prozess während der Kindheit ist die sogenannte Myelinisierung. Die Neuronenverbindungen werden nach und nach von einer fettreichen Substanz umgeben, die als Myelin bezeichnet wird und dazu beiträgt, dass Signale schneller und effektiver weitergeleitet werden. Die Myelinschicht wird im Laufe der Entwicklung immer dicker; diesen Vorgang nennt man Myelinisierung. Auch wenn die Myelinisierung mit dem zweiten Lebensjahr im Wesentlichen abgeschlossen ist, wissen wir heute, dass im Gehirn noch bis etwa zum zwanzigsten Lebensjahr weiterhin Myelin gebildet wird. MR-Untersuchungen konnten darüber hinaus einen Zusammenhang zwischen der Myelinisierung der zwischen Stirn- und Scheitellappen verlaufenden Neuronenverbindungen und der Entwicklung des Arbeitsgedächtnisses erkennen. Warum genau dies aber zu einem besseren Arbeitsgedächtnis führen sollte, versteht sich keineswegs von selbst. Es könnte – so die eine Möglichkeit – aus einer größeren Verbindungsgeschwindigkeit resultieren. Oder aber die Übertragung wird durch das Myelin zuverlässiger, das heißt, die Wahrscheinlichkeit erhöht sich, dass etwa ein Impuls aus dem Scheitellappen auch tatsächlich im Stirnlappen ankommt.

Es gibt also eine Vielzahl unterschiedlicher Prozesse, die im kindlichen Gehirn ablaufen, während dessen Kapazität sich entwickelt: Verstärkung bestimmter Verbindungen, Schwächung anderer, ein umfassender Rückgang von Verbindungen zwischen den verschiedenen Teilen des Gehirns und die Myelinisierung der übrig bleibenden Verbindungen. Die uns heute für das Studium des menschlichen Gehirns zur Verfügung stehenden Techniken sind womöglich noch zu grob, um die Frage der Kapazitätsbeschränkungen zu beantworten. So könnte die Erklärung beispielsweise in einem bestimmten Verbindungsmuster zwischen einzelnen Neuronen liegen. Böse Zungen vergleichen die heutigen Abbildungstechniken des Gehirns wie PET und fMRI mitunter damit, die Temperatur von einem Computer zu messen: Zwar lassen sich zwischen dem an- und dem ausgeschalteten Computer wohl Temperaturunterschiede erkennen, vielleicht sogar noch Differenzen zwischen unterschiedlichen Teilen des Rechners, aber man ist auf diese Weise unendlich weit davon entfernt, die zugrunde liegenden Mechanismen zu verstehen.

Computersimulationen der Gehirnaktivität

Eine Hoffnung liegt darin, zukünftig makroskopische und mikroskopische Methoden miteinander kombinieren zu können, beispielsweise die Elektrophysiologie, die es erlaubt, mithilfe feiner Nadeln die Aktivität einzelner Neuronen zu verfolgen, und bildgebende Verfahren, mit denen sich die Aktivität in mehreren Hirnarealen gleichzeitig messen lässt. Eine andere Möglichkeit besteht darin, hinreichend viel über Neuronen und deren wechselseitige Verbindungen zu lernen, um endlich darauf aufbauend realistische Computermodelle vom Gehirn entwickeln zu können. Mithilfe dieser Modelle ließen sich dann verschiedene Hypothesen zum Verhalten der Neuronen testen. Meine

Forschungsgruppe beteiligt sich gerade an einem darauf abzielenden Gemeinschaftsprojekt, dem auch Jesper Tegnér, Fredrik Edin und Julian Macoveanu angehören, die Computermodelle des Arbeitsgedächtnisses entwickelt haben. Das Ziel ist, die neuronalen Veränderungen verstehen zu lernen, die während der Kindheit zu einem Anstieg der Kapazität und zu veränderten Mustern der Hirnaktivität führen.

Für unsere Forschungszwecke hatten wir ein Netzwerk von einigen hundert Neuronen zur Verfügung, was im Gehirn einer knapp einen Quadratmillimeter großen Fläche im Stirnlappen entspricht. Das Netzwerk wurde dann so eingestellt, dass das Muster seiner Aktivität der zuvor bei Affen gemessenen ähnelte, wenn sie sich gerade etwas im Arbeitsgedächtnis merkten. Nun kann also ein solches kleines Netzwerk Information im «Arbeitsgedächtnis» speichern. Genau so, wie man es bei Affen beobachtet hat, wird die Information dadurch gespeichert, dass die Zellen in der entsprechenden Delay-Phase kontinuierlich aktiv sind, während die Information präsent gehalten wird, und der Gedächtnisinhalt bleibt auf der Grundlage einer Aktivitätsrückkopplung bestehen.

Was sagt nun dieses Modell darüber aus, wie man zu einer besseren Kapazität gelangt? In einem Experiment haben wir unter anderem zwei grundlegende Hypothesen getestet: Hypothese 1 lautete, dass es die *stärkeren Verbindungen* zwischen den Nervenzellen sind, die unser Arbeitsgedächtnis besser werden lassen. Nach Hypothese 2 geht es vor allem um *schnellere Verbindungen*, das heißt, Impulse lassen sich schneller von einem Hirnareal zum anderen schicken, und das führt dann wiederum zu einer größeren Kapazität. Größere Verbindungsschnelligkeit könnte vom Grad der Myelinisierung abhängen, und nachdem frühere Untersuchungen mit der MR-Kamera ergeben hatten, dass die Myelinisierung bestimmter Areale mit der Entwicklung des Arbeitsgedächtnisses zusammenhing, habe ich diese Hypothese favorisiert.

Für jede der beiden Hypothesen wurde jeweils ein Netzwerkmodell «Kind» und ein Netzwerkmodell «Erwachsener» entwickelt. Dann starteten wir die Netzwerke und maßen ihre Aktivität, während sie Information im Arbeitsgedächtnis speicherten. Daneben maßen wir mithilfe des fMRI-Verfahrens auch die Gehirnaktivität bei wirklichen

Kindern und Erwachsenen, um durch Vergleiche zu sehen, welche Hypothese der Wirklichkeit am nächsten kam.

Dies war bei der Hypothese 1 der Fall. Ein Netzwerk mit stärkeren synaptischen Verbindungen war stabiler und konnte seine Gedächtnisaktivität auch dann noch aufrechterhalten, wenn es von außen gestört wurde. Außerdem stimmte die Netzwerkaktivität mit unseren fMRI-Versuchsreihen überein. Zu meiner Enttäuschung schien die von mir favorisierte Hypothese von den schnelleren Verbindungen die in den Experimenten beobachteten Veränderungen der Gehirnaktivität nicht erklären zu können.

Zu Beginn dieses Buches wurde die Frage aufgeworfen, welche mentalen Funktionen an ihre Grenzen stoßen, wenn das Steinzeithirn der Datenflut begegnet. Die Kapazität des Arbeitsgedächtnisses erwies sich als eine der wichtigsten Engstellen. Als wir dann danach suchten, wo im Gehirn diese Beschränkung verortet ist, erkannten wir die Arbeitsgedächtniskapazität als eine Eigenschaft, die nicht diffus über das ganze Gehirn verteilt, sondern mit einer kleinen Zahl von Schlüsselregionen im Stirn- und Scheitellappen verbunden ist. Als wir noch einen Schritt weitergingen und nach den Mechanismen fragten, die die Kapazität in diesen Regionen begrenzten, haben wir schließlich zur aktuellen Speerspitze der Forschung aufgeschlossen. Fertige Antworten können wir hier noch nicht erwarten. Nach den Computersimulationen zu urteilen, könnte es möglicherweise mit der größeren Verbindungsstärke zwischen bestimmten Neuronen zu tun haben.

Im folgenden Kapitel werden wir auf die Informationsflut und einige der mental anspruchsvollen Situationen des Alltagslebens zurückkommen, durch die unsere Fähigkeit zum Umgang mit Informationen auf die Probe gestellt wird; wenn wir beispielsweise eine Aufgabe trotz Ablenkungen ausführen sollen oder wenn wir versuchen, zwei Dinge gleichzeitig zu erledigen. Wie wir zuvor gesehen haben, ist die Arbeitsgedächtniskapazität für eine Reihe mentaler Aufgaben von zentraler Bedeutung. Sind es nun aber dieselbe Kapazität und dieselben Schlüsselregionen im Gehirn, die über unsere Fähigkeit entscheiden, mit Ablenkungen und mit Multitasking-Situationen umzugehen? Warum genau ist es für unser Gehirn mitunter so schwierig, zwei Dinge gleichzeitig zu tun?

Multitasking und mentale Bandbreite

Für übereifrige und ungeduldige Menschen ist Multitasking seit langem eine wohlvertraute Strategie, um in kürzerer Zeit mehr zu schaffen. Hier am Karolinska Institut kreisen zahlreiche Anekdoten um meinen älteren Kollegen Georg Klein, einen in Schweden sehr prominenten Neurowissenschaftler. Georg Klein ist dafür bekannt, immerfort zu versuchen, Zeit zu gewinnen, indem er seine Griechisch-vokabeln beim Rasieren lernt, stets einen Assistenten am Beckenrand entlanggehen lässt, um das Diktat aufzunehmen, während der Herr Professor seine Runden schwimmt, und indem er E-Mails im Auto diktiert und Texte nebenher beim Mittagessen liest.

Manche Multitasking-Aufgaben, wie sich beim Frühstück zu rasieren, sind allein schon aus motorischen Gründen problematisch. Andere Aufgaben, wie das Lesen der Karte während der Autofahrt, sind schwierig auszuführen, weil wir Informationen immer nur von einer Stelle zur gleichen Zeit aufnehmen und unsere Augen immer nur auf eine bestimmte Sache richten können. Noch andere Aufgaben lassen sich deshalb nur schwer gleichzeitig erledigen, weil sie – irgendwo auf dem Weg zwischen Input und Output, zwischen Stimulus und Response – gleichartige Verarbeitungsprozesse erfordern. In vielen Fällen betrifft dies das Arbeitsgedächtnis, welches beide Vorgänge für sich in Anspruch nehmen wollen. Die Ergebnisse vieler Untersuchungen hierzu lassen sich, Michael Posner zufolge, in sehr vereinfachter Form durch den Graphen in Abbildung 12 beschreiben.

Nach diesem Modell liegt die Leistung immer irgendwo auf der gekrümmten Linie. Wenn Aufgabe A ist, die Zeitung zu lesen, und Aufgabe B, sich mit dem Partner bzw. der besseren Hälfte am Frühstückstisch zu unterhalten, dann kann man sich beispielsweise entscheiden, sich ganz auf das Zeitungslesen zu konzentrieren und den Partner vollkommen unbeachtet zu lassen (nicht zur Nachahmung empfohlen!).

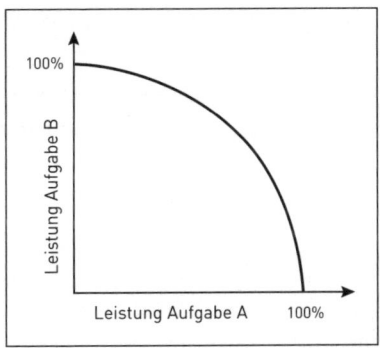

Abbildung 12 Leistungskurve beim Multitasking

Die für Aufgabe A aufgewendete Leistung läge dann bei 100 Prozent (per definitionem) und bei null Prozent für B. Schenken Sie Ihrem Partner dann doch ein wenig Gehör und geben wenigstens ein paar einsilbige Antworten, dann bewegen Sie sich auf der Linie in der Abbildung ein kleines bisschen nach oben. Die für B aufgewendete Leistung steigt schnell über null hinaus, gleichzeitig geht es mit dem Zeitungslesen schon etwas langsamer, und Sie müssen die komplizierteren Sätze zweimal lesen: Die für A aufgewendete Leistung beginnt abzufallen. Legen Sie endlich die Zeitung beiseite und schenken Ihrem Partner die volle Aufmerksamkeit, so erbringen Sie hundertprozentige Leistung bei Aufgabe B, nunmehr aber null Prozent bei Aufgabe A.

Nach dem Kurvenverlauf würden wir, wenn wir Aufgabe A auf einem Niveau von 90 Prozent ausführen, gleichzeitig der Aufgabe B mit etwa 44 Prozent des Maximalniveaus nachgehen können. Verglichen mit der Leistung, als wir nur eine Aufgabe auf einmal verfolgten, haben wir unsere Gesamtkapazität plötzlich auf 134 Prozent gesteigert! Zum Teil lässt sich das dadurch erklären, dass wir schnell zwischen den verschiedenen Tätigkeiten hin und her wechseln können – wofür der Preis in der insgesamt längeren Zeit besteht, die das Ganze dann kostet. Der zweite Faktor, der zu berücksichtigen ist, sind die Einbußen, die entstehen, wenn wir uns einer Sache statt mit 100 nur mit 90 Prozent unserer Kapazität widmen. Wenn Sie auf die Frage, ob Sie Milch in den Kaffee haben möchten, falsch antworten oder einen Satz zweimal lesen müssen, ist der Schaden nicht so groß. Aber vielleicht sollten Sie besser nicht die künftigen Anlageformen Ihrer Altersvorsorge besprechen, während Sie gerade eifrig die Leitartikel der Zeitung studieren.

Geht es um Multitasking, bekommt man immer ziemlich schnell zwei Behauptungen zu hören: Frauen seien darin besser als Männer, und das liege daran, dass bei ihnen die Verbindung zwischen der rechten und der linken Gehirnhälfte einen größeren Querschnitt aufweist. «Frauen haben DSL im Kopf» ist so eine Phrase, die dann immer gleich schnell bei der Hand ist. Es scheint sich dabei allerdings eher um ein Gerücht zu handeln. Beim Durchforsten der Literatur bin ich jedenfalls nie auf etwas gestoßen, das die Annahme stützen würde, es gebe zwischen Männern und Frauen einen grundlegenden Unterschied hinsichtlich ihrer Multitasking-Fähigkeit. Darüber hinaus habe ich mich mit einer Vielzahl von Forschern auf diesem Gebiet ausgetauscht, ohne irgendeinen Beleg für diese These zu erhalten oder auch nur herauszufinden, woher das Gerücht stammt. Richtig ist zwar, dass es geschlechtsspezifische Unterschiede in Form und Größe der Verbindung *(corpus callosum)* zwischen den Gehirnhälften gibt. Welche funktionelle Bedeutung dem aber zukommt, weiß bis heute niemand.

Mit dem Handy am Steuer

Studien über Alltagsaktivitäten wie Hausarbeit, Unterhaltungen oder Autofahren sind schwer durchführbar, weil die betreffenden Handlungen starken Schwankungen von einem Augenblick zum nächsten unterliegen. Auf einer schnurgeraden Landstraße in Nordschweden mit dem Auto unterwegs zu sein, stellt beispielsweise weitaus geringere Anforderungen an das Entscheidungsvermögen, als seinen Weg mitten durch Stockholms Innenstadt zu finden. Und das Spektrum einer Unterhaltung reicht von eher passivem Zuhören bis hin zu kognitiv anspruchsvollen Diskussionen. Eine gute Möglichkeit zur Erforschung von Multitasking-Handlungen während des Autofahrens bietet sich hingegen im Labor, wo man eine Autofahrt simulieren und Testpersonen spezifische kognitive Aufgaben erteilen kann, die von ihnen gleichzeitig ausgeführt werden sollen.

Eine amerikanische Studie zu diesem Thema konnte nachweisen, dass sich die Fähigkeit Auto zu fahren durch gleichzeitiges Radiohören oder ein Hörbuch nicht verschlechterte. Kognitiv anspruchsvollere Aufgaben hingegen, beispielsweise eine Diskussion zu führen, beeinträchtigten das Fahren und führten dazu, dass man doppelt so viele von den simulierten Verkehrszeichen übersah und die Reaktionszeit sich verlangsamte.

Multitasking ebenfalls wissenschaftlich unter die Lupe genommen haben Håkon Alm und Lena Nilsson in Linköping (Schweden). Besonderes Augenmerk haben sie dabei auf die Beziehung zum Arbeitsgedächtnis gelegt. Bei einem Versuch verwendeten sie einen Fahrzeugsimulator in Form eines halben Saab 900. Ein Bildschirm vor der Windschutzscheibe simulierte eine Fahrt auf der Autobahn. Die einzige Aufgabe der Versuchsteilnehmer bestand darin, den richtigen Abstand zu dem Fahrzeug vor sich zu halten und gegebenenfalls abzubremsen. Diese Aufgabe wurde zuerst allein, ohne weitere simultane Aufgaben, gestellt. Danach untersuchte man, wie gut sich mehrere Aufgaben parallel bewältigen lassen: Die Versuchsteilnehmer sollten während des Autofahrens vorgelesene Worte im Gedächtnis behalten und wiederholen. Dadurch verlängerte sich ihre Reaktionszeit um eine halbe Sekunde gegenüber dem ersten Versuch, als sie sich nur auf das Fahren konzentrieren mussten. Bei über Sechzigjährigen, deren Arbeitsgedächtniskapazität vermindert ist, beobachtete man einen noch dramatischeren Effekt; ihre Reaktionszeit, wenn das Arbeitsgedächtnis unter Belastung stand, war um etwa eineinhalb Sekunden verlangsamt.

Demnach hätten also einige Einschränkungen beim Multitasking mit dem Arbeitsgedächtnis zu tun. Wir werden später in diesem Kapitel noch genauer darauf eingehen, welche Mechanismen im Gehirn dafür verantwortlich sind. Vorher wollen wir aber noch eine Situation in den Blick nehmen, die dem Multitasking sehr ähnlich ist; wenn nämlich die Erledigung einer Aufgabe durch Ablenkungen gestört wird.

Der Cocktailparty-Effekt und andere Ablenkungen

Wenn Lotta in ihrem offenen Großraumbüro sitzt, einen Bericht liest und dabei gleichzeitig versucht, das Telefongespräch des Kollegen am Nachbarschreibtisch mitzuverfolgen, so steht sie vor einer Multitasking-Aufgabe. Wenn sie sich hingegen entschließt, den Fokus ausschließlich auf das Lesen zu richten, und das Telefonat wie alle anderen Störungen in der Umgebung von sich fernhält, liegt stattdessen eine Ablenkungsaufgabe vor. Alle nicht relevanten Informationen, wie das Gespräch des Kollegen am Telefon, gelten nun als ablenkende Reize, die sie versuchen muss zu ignorieren.

Das Kopplungsverhältnis zwischen Belastung des Arbeitsgedächtnisses und Ablenkbarkeit haben unter anderem die Londoner Psychologen Nilli Lavie und Jan de Fockert in einer Reihe von Arbeiten erforscht. Danach ist man umso leichter ablenkbar, je stärker eine Aufgabe oder Handlung das Arbeitsgedächtnis beansprucht und folglich besonders hohe Anforderungen an die Gehirnkapazität stellt. Wie sie außerdem zeigen konnten, entspricht dem subjektiv erlebten Ablenkungsgrad die Aktivität in dem Teil des Gehirns, der Störreize verarbeitet.

Zu ähnlichen Schlüssen gelangt auch das Forscherteam von Edward Vogel an der University of Oregon. In einem Aufsatz in der Zeitschrift *Nature* aus dem Jahr 2005 wiesen sie nach, dass Personen mit höherer Arbeitsgedächtniskapazität auch besser in der Lage sind, störende Einflüsse auszublenden. Die Wissenschaftler verfügten dabei über eine Messmethode, um die Schwankungen der elektrischen Potentiale im Scheitellappen zu verfolgen und mit der aktuell im Arbeitsgedächtnis gespeicherten Informationsmenge zu vergleichen. Mithilfe dieser Technik konnten sie anhand der Vorgänge bei Personen mit geringerer Arbeitsgedächtniskapazität zeigen, dass diese nicht zwischen relevanter und irrelevanter Information unterscheiden. Es hat demnach den Anschein, dass sie auch unnütze Daten, die aus Störquellen stammen, im Scheitellappen speichern. Auf diese Weise nimmt die irrelevante Information Platz im Gehirn ein, der eigentlich für Relevantes hätte reserviert bleiben sollen.

Am Karolinska Institut hier in Stockholm haben Jens Gisselgård, Martin Ingvar und Mitarbeiter untersucht, was eigentlich genau passiert, wenn Personen, die sich gerade etwas merken sollen, verbaler Ablenkung ausgesetzt werden. Wie sich ergab, stieg die Aktivität in bestimmten Arealen an, was sich als kompensatorische Arbeitsgedächtnisaktivität erklären lässt; in anderen Arealen ging sie hingegen zurück, was dort auf eine gezielte Blockade hindeutet.

Ein wohlbekanntes Beispiel für Ablenkbarkeit ist der sogenannte *Cocktailparty-Effekt*. Auch wenn Sie inmitten einer Gruppe von Leuten, die sich miteinander unterhalten, stehen, sind Sie dennoch in der Lage, sich auf ihren jeweiligen Gesprächspartner zu konzentrieren, indem Sie ihn in den Lichtkegel Ihrer Aufmerksamkeit rücken. Auf diese Weise können Sie aus all den anderen Gesprächen, die um Sie herum stattfinden, die richtige Stimme herausfiltern. Mitunter jedoch, wenn beispielsweise hinter Ihnen jemand Ihren Namen nennt, können Sie es nicht vermeiden, abgelenkt zu werden; dann wird Ihre Aufmerksamkeit von Ihrem Gegenüber, mit dem Sie sich eigentlich unterhalten, abgezogen und zu der anderen Person, die soeben Ihren Namen erwähnt hat, hingelenkt.

Die geschilderte Szene ist ein gutes Beispiel für die Frage der Balance zwischen kontrolliertem und reizbedingtem Aufmerksamkeitssystem. Das kontrollierte System lenkt die Aufmerksamkeit gezielt auf den Gesprächspartner, wohingegen das reizbedingte System sie in Richtung auf andere Sinnesreize der näheren Umgebung ablenkt.

Kürzlich erst haben Psychologen entdeckt, dass es individuelle Unterschiede darin gibt, wie gut Menschen mit der Cocktailparty-Situation zurechtkommen: Die Mehrzahl hält ihre Aufmerksamkeit auf das relevante Gespräch gerichtet, selbst wenn ganz in der Nähe der eigene Name fällt, während etwa ein Drittel davon abgelenkt wird. Den weiteren Ergebnissen zufolge ist es das Arbeitsgedächtnis, das diese beiden Personengruppen voneinander unterscheidet; diejenigen mit der geringsten Kapazität sind auch am leichtesten ablenkbar. Das stimmt mit dem überein, was weiter oben bereits beschrieben wurde: Zur Kontrolle der Aufmerksamkeit benötigt man das Arbeitsgedächtnis. Wenn das Arbeitsgedächtnis nicht mehr nachkommt, brechen die Ablenkungen über einen herein und das allein von Umweltreizen gesteuerte System übernimmt.

Wie gut es Lotta gelingt, die Umgebungsreize außen vor zu halten, wird also von zwei Faktoren bestimmt: zum einen, wie anspruchsvoll die Aufgabe ist, und zum anderen, wie viel Ablenkung um sie herum herrscht. Ersteres hängt wiederum sowohl davon ab, wie viel Information sie tatsächlich im Arbeitsgedächtnis behalten muss, als auch davon, wie gut ihr Arbeitsgedächtnis funktioniert.

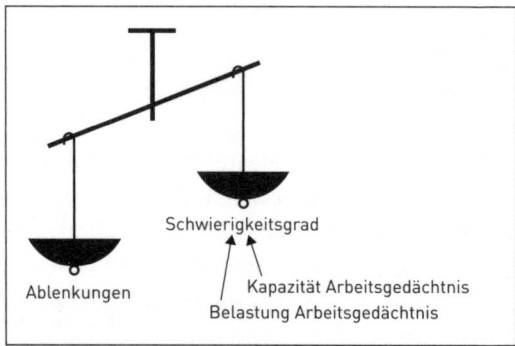

Abbildung 13 Veranschaulichung des Zusammenwirkens von Ablenkungen einerseits, Kapazität und Auslastung des Arbeitsgedächtnisses andererseits

Lottas Arbeitsgedächtniskapaziät hängt zum Beispiel immer auch von der Tagesform ab. Hält ihr kleines Kind sie die ganze Nacht wach, werden durch den Schlafmangel auch ihre intellektuellen Fähigkeiten zeitweilig in Mitleidenschaft gezogen. Die Aufgaben erscheinen dann relativ gesehen schwieriger und Lotta wird anfälliger für Ablenkungen. Der objektive Belastungsgrad hängt zudem von der Schwierigkeit einer Aufgabe, beispielsweise eines Textes ab: Lange Sätze und seltene Worte lassen die Anforderungen an das Arbeitsgedächtnis wachsen.

In Situationen wie den beschriebenen werden die Leistungsfähigkeit des Arbeitsgedächtnisses und die Ablenkungen gleichsam in zwei Waagschalen geworfen und bestimmen auf diese Weise die Wahrscheinlichkeit, mit der wir eine Aufgabe, die hohe Ansprüche an das Arbeitsgedächtnis stellt, erfolgreich bewältigen: Ist die Ablenkung um einen herum sehr groß, bedarf es eines guten Arbeitsgedächtnisses, um die Arbeit unbeirrt weiter fortführen zu können. Je stärker ausgelastet das Arbeitsgedächtnis ist, desto leichter fühlt man sich gestört. Ein hoher Grad an Ablenkungen stellt demnach auch höhere Anforderungen an unser Arbeitsgedächtnis.

Offene Großraumbüros lassen zwar die Kommunikation zwischen den Kollegen ansteigen, gleichzeitig bedeutet die Zunahme der störenden Einflüsse aber auch eine größere Herausforderung für unser Arbeitsgedächtnis.

Was passiert im Gehirn,
wenn man zwei Dinge gleichzeitig tut?

Was im Aufbau des Gehirns bewirkt, dass wir zwei simultane Aufgaben mitunter fast ohne Probleme und manchmal überhaupt nicht bewältigen können? In der psychologischen Forschungsliteratur trifft man auf die Vermutung, wonach Multitasking eine Zusatzfunktion im Gehirn erfordern würde. Diese wird zuweilen «the central executive» genannt und auf diese Weise dem Modul gleichgesetzt, das der Psychologe Alan Baddeley als den «koordinierenden Faktor» im Arbeitsgedächtnis ins Spiel gebracht hat. Aber lässt sich eine derartige «zentrale Exekutive» irgendwo im Gehirn aufspüren? Manche Forscher behaupten genau dies. Mark D'Eposito hat mit seiner Arbeitsgruppe die Hirnaktivität bei Personen gemessen, die Aufgaben teils nacheinander, teils simultan ausführten. Dabei stieß man auf einige Areale, unter anderem im Stirnlappen, die nur dann aktiviert wurden, wenn zwei Aufgaben gleichzeitig ausgeführt wurden. Es hieß, dies sei nun die neuronale Entsprechung zur «zentralen Exekutive»; ein gesondertes Modul, das die Aktivität in anderen Teilen des Gehirns koordiniert und überwacht.

Indessen ist an dem Begriff der «zentralen Exekutive» auch Kritik laut geworden, weil er die Vorstellung von einem kleinen Männchen hervorruft, einem Homunculus, der im Kopf sitzt und Regie führt. Die Frage ist dann nur, wer oder was im Kopf des kleinen Männchens die Fäden in der Hand hält, wenn dieses zum Beispiel selbst gerade zwei Sachen gleichzeitig machen will – etwa ein weiteres kleines Männchen im Kopf des ersten?

Eine alternative Hypothese, warum sich zwei Aufgaben nicht immer simultan verfolgen lassen, geht davon aus, dass beide Zugang zum selben Hirnareal beanspruchen. Die Ausführung einer Handlung ist fast nie an nur ein einziges Areal im Gehirn gebunden, sondern immer an ein Netzwerk aus mehreren Arealen. Wenn wir uns nun zwei Netzwerke vorstellen, A und B, die beide gleichzeitig auf dasselbe Areal zugreifen wollen, entsteht eine Konkurrenzsituation: Entweder wird die Aktivität zwischen Netzwerk A und Netzwerk B hin und her wechseln, was dazu führt, dass keines der beiden vollen Zugang zu dem fraglichen Areal bekommt; oder aber insofern beide Netzwerke gleichzeitig aktiv sind, können sie nicht mehr beide volle Leistung erbringen, weil sie sich im Überlappungsbereich wechselseitig stören. Wenn man so will, ließe sich das als ein Überschreiten der Kapazitätsgrenzen in diesem Bereich beschreiben.

Es gibt also zwei unterschiedliche Hypothesen darüber, wie Multitasking und Arbeitsgedächtnis zusammenhängen. Nach Hypothese 1 benötigt man für simultane Abläufe ein zusätzliches, übergeordnetes Zentrum, das die Aktivität der beiden beteiligten Netzwerke koordiniert. Um zu erklären, warum man mit zwei Aufgaben schlechter zurechtkommt als mit einer einzigen, muss man darüber hinaus noch voraussetzen, dass diese Steuerungszentrale X nur unvollkommen arbeitet. Hypothese 2, die Überlappungstheorie, besagt, dass zwei Aufgaben sich wechselseitig störend in die Quere kommen, weil sie beide darauf angewiesen sind, ein und dasselbe Hirnareal gleichzeitig zu nutzen. Die Ursache der Beeinträchtigung würde demnach im selben System zu suchen sein, das auch für das Arbeitsgedächtnis verantwortlich ist.

Um diese Hypothesen zu testen, ließen meine Kollegen und ich Versuchspersonen in einer Studie entweder eine visuelle Arbeitsgedächtnisaufgabe ausführen, oder eine auditive, oder beide gleichzeitig. Wir maßen die Blutströme im Gehirn und suchten nach Anhaltspunkten, die einen der beiden alternativen Erklärungsansätze unterstützen würden. Ein eigenes Areal X, das ausschließlich dann aktiviert wurde, wenn beide Aufgaben zugleich ausgeführt wurden, fand sich hierbei nicht. Dafür zeigte sich aber eine Überlappung zwischen den jeweiligen Netzwerken, was gut zur Hypothese 2 passt. In einem anderen Experiment konnten wir außerdem feststellen, dass die beiden Auf-

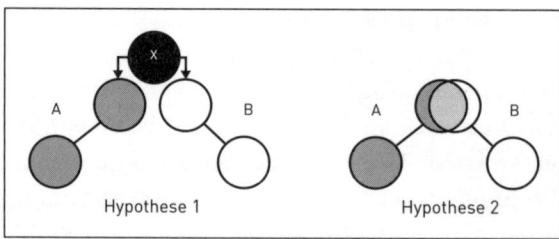

Abbildung 14 Zwei Hypothesen, wie das Gehirn simultane Aufgaben verarbeitet

gaben sich gegenseitig um so mehr störten, je größer der Überlappungsbereich ihrer jeweiligen Hirnaktivitäten war.

Es gibt eine komplizierte Multitasking-Aufgabe, die man oft in der psychologischen Forschung einsetzt und bei der die Leistung äußerst eng damit korreliert ist, wie gut man bei Tests zum Leseverständnis abschneidet. Bei dieser Aufgabe bekommt man eine Reihe von Behauptungen zu hören, die man mit Ja oder Nein beantworten soll. Außerdem soll man sich das jeweils letzte Wort der Sätze merken und diese Worte anschließend in umgekehrter Reihenfolge wiederholen. Wenn Ihnen zum Beispiel folgende Aussagen vorgetragen werden:

«Hunde können schwimmen»
«Frösche haben Ohren»
«Flugzeuge sind leichter als Luft»
«Arme haben Knie»
«Vögel können fliegen»

sollen Sie beim ersten Satz «ja» antworten und das Wort «schwimmen» im Arbeitsgedächtnis behalten, dann «nein» beim zweiten Satz und sich die beiden Worte «schwimmen» und «Ohren» merken, und so weiter. Hat man schließlich fünf Worte im Arbeitsgedächtnis und versucht, gleichzeitig noch weitere Aussagen auf ihre Richtigkeit zu überprüfen, bekommt man die Belastung des Arbeitsgedächtnisses regelrecht zu spüren.

In einer an der Stanford Universität in Kalifornien von mir zusammen mit Silvia Bunge durchgeführten Testreihe untersuchten wir die Hirnaktivität während dieser Multitasking-Aufgabe. Auch hier zeigte sich kein speziell aktiviertes Zusatz-Areal im Vergleich zu der Situation, in der man lediglich eine der beiden Aufgaben erledigte: entweder nur die Aussagen überprüfte oder sich nur die Worte merkte. Zwar wurde der Stirnlappen beim Multitasking stärker aktiviert, aber wir konnten keinen Bereich im Gehirn ausmachen, der nicht auch bei einer der Einzelaufgaben aktiviert worden wäre.

Unser Multitasking-Experiment sprach also gegen Hypothese 1. Eine Gruppe von der Yale Universität wiederholte den Versuch von Mark D'Esposito, konnte dessen Ergebnisse aber nicht reproduzieren. Ein spezielles «Multitasking-Areal» war wieder nicht zu finden. Untersuchungen aus jüngster Zeit haben allerdings dem Ansatz neues Leben eingehaucht, doch noch einen speziellen, für Multitasking zuständigen Bereich im Gehirn zu identifizieren, der insbesondere bei komplizierten Aufgaben zum Einsatz käme, die ein schnelles Wechseln zwischen Aufgabe A und Aufgabe B erforderlich machen, während man gleichzeitig Informationen aus beiden Aufgaben im Arbeitsgedächtnis speichert. Die Frage ist somit noch nicht ganz entschieden. Aber die Tatsache, dass es einander überlappende Areale gibt, stellt bereits für sich genommen eine ausreichende Erklärung dar, warum zwei gleichzeitig ausgeführte Aufgaben sich gegenseitig beeinträchtigen, ungeachtet dessen, ob es diese speziellen Zusatzareale nun gibt oder nicht.

Wie erfolgreich wir beim Multitasking sind, hängt also in vielen Fällen mit dem Belastungsgrad des Arbeitsgedächtnisses zusammen. Oft kommen wir dann gut mit simultanen Aufgaben zurecht, wenn eine davon zu einem Automatismus geworden ist, wie zum Beispiel Spazierengehen, das wir für gewöhnlich auch dann noch ganz gut hinbekommen, wenn wir gleichzeitig noch etwas anderes machen, für das wir das Arbeitsgedächtnis in Anspruch nehmen. Zu einem Automatismus wird eine Handlung den geläufigen Annahmen zufolge dann, wenn sie nicht länger von einer Aktivierung des Stirnlappens abhängt. Die Erledigung einer Arbeitsgedächtnisaufgabe lässt sich allerdings niemals automatisieren, sondern setzt immer voraus, dass die Informationen durch kontinuierliche Aktivität von Stirn- und Scheitellappen verarbeitet werden, und das kann der Grund dafür sein, warum es so schwierig ist, zwei Aufgaben, die beide das Arbeitsgedächtnis in Anspruch nehmen, gleichzeitig zu verfolgen.

Die Hypothese von der einen gemeinsamen Kapazität

Wenn es also stimmt, dass einander überlappende Gehirnareale zu einer Art Engpass für die Informationsverarbeitung werden, dann sollten sich die Beschränkungen beim Multitasking mit der limitierten Kapazität einer kleinen Anzahl von Arealen erklären lassen. Wirklich interessant wird die Sache nun dadurch, dass die Überlappungsareale, die bei dem Multitasking-Experiment im Stirn- und im Scheitellappen zu beobachten waren, teilweise identisch sind mit den

Schlüsselarealen, die auch die Kapazität des Arbeitsgedächtnisses bestimmen!

In psychologischen Experimenten haben wir erkannt, welch entscheidende Bedeutung der Arbeitsgedächtniskapazität sowohl für unsere Multitasking-Fähigkeit als auch dafür zukommt, wie gut wir in der Lage sind, ablenkende Reize auszublenden. In früheren Kapiteln haben wir gesehen, wie sich diese Kapazität im Laufe der Kindheit entwickelt und inwieweit Erwachsene sich darin von Kindern unterscheiden. Darüber hinaus konnten wir eine Anzahl von Schlüsselregionen – in der intraparietalen Furche und im Stirnlappen – identifizieren, die offenbar von entscheidender Bedeutung für die Spanne des Arbeitsgedächtnisses sind. Und nun weisen die Forschungen zu Simultanhandlungen abermals auf dieselben Areale als die entscheidenden Engstellen, die unserer Fähigkeit zum Multitasking Grenzen setzen.

Es gibt natürlich eine Menge unterschiedlicher Multitasking-Situationen, die in diesem Kapitel nicht aufgegriffen und thematisiert worden sind, etwa unsere Unfähigkeit, auf zwei fast gleichzeitig eintreffende Reize entsprechend zu reagieren oder zwei komplizierte motorische Bewegungsabläufe miteinander zu verbinden, und bei denen unsere Beschränkungen nichts mit dem Arbeitsgedächtnis zu tun haben. Aber viele unserer alltäglichen, mental anspruchsvollen Multitasking-Handlungen beziehen das Arbeitsgedächtnis mit ein. Für diese Aufgaben scheint also zu gelten, dass sich zwei Phänomene – die Beschränkungen des Arbeitsgedächtnisses und die unseres Multitaskingvermögens – auf ein und denselben Mechanismus zurückführen lassen: die Kapazitätsgrenzen in den sich überlappenden Arealen, also den besagten Schlüsselregionen im Stirn- und im Scheitellappen. Sowohl die Simultankapazität beim Multitasking als auch die Fähigkeit, mit Ablenkungen umzugehen, haben allem Anschein nach in vielen Fällen mit der Kapazität des Arbeitsgedächtnisses zu tun. Wir haben somit einige der Engpässe im Steinzeithirn ausmachen können – Hirnregionen, die darüber entscheiden, wie gut wir mit der Datenflut zurechtkommen werden.

Anstatt uns nun weiter in Neuronen und fMRI-Studien zu vertiefen, werden wir im folgenden Kapitel die Problematik des Steinzeithirns in der Datenflut von einer anderen Seite her beleuchten, indem wir verschiedene Theorien darüber, wie diese Kapazität einmal entstanden ist, in den Blick nehmen. Wenn man über die Beschränkungen des Gehirns und seine Potentiale redet, liegt es nahe, auf die Anfangsbedingungen zu sehen, unter denen sich seine Kapazität entwickelt hat. Die Frage, die einem dabei vielleicht am ehesten in den Sinn kommt, ist gar nicht einmal, warum es eine obere Begrenzung für die Informationsverarbeitung gibt, sondern vielmehr, warum sich diese Fähigkeit überhaupt so weit hat ausbilden können. Das computerisierte Informationszeitalter, in dem wir uns befinden, scheint bereits alle unsere Ressourcen – wenn nicht sogar noch mehr – voll in Anspruch zu nehmen. Doch das Gehirn, mit dem wir geboren werden, ist genetisch gesehen mehr oder weniger das gleiche, mit dem schon die Cro-Magnon-Menschen vor 40000 Jahren auf die Welt kamen. Wie soll das funktionieren?

7

Das Paradox von Wallace

Im Jahr 1858 bekam Charles Darwin einen Brief von einem jungen Entdeckungsreisenden namens Alfred R. Wallace. In dem Brief beschreibt Wallace seine Ideen zur Entstehung der Arten, wozu er ganz unabhängig von Darwin gelangt war, während er auf einer kleinen Insel des Malaiischen Archipels an Malaria erkrankt war. Darwin war über die Ähnlichkeit mit seiner eigenen, bis dahin noch unveröffentlichten Theorie schockiert, und der Brief brachte ihn dazu, seine eigenen Aufzeichnungen so schnell wie möglich zu publizieren, was dann auch bereits im Jahr darauf geschah.

Wallace und Darwin sollten ihre Gedanken über die Evolution noch etliche Jahre lang miteinander austauschen. In vielerlei Hinsicht waren sie gleicher Auffassung, in manchen Punkten aber unterschieden sich ihre Sichtweisen auch voneinander. Am deutlichsten darin, dass Wallace nie ein anderes Prinzip als das der Adaptivität zu akzeptieren bereit war, demzufolge die Evolution dadurch angetrieben wurde, dass die Arten sich, um zu überleben, ihrer jeweiligen Umgebung optimal anpassten.

Darwin zog auch Alternativen, wie die sexuelle Selektion, in Betracht. Diese besagt, dass gewisse Eigenschaften sich bei den Arten bloß deshalb ausprägen können, weil sie einen Vorteil bei der Gewinnung eines Partners des anderen Geschlechts verleihen, nicht weil sie einen direkten Überlebensvorteil bieten. Die Schwanzfedern des Pfaus sind dafür ein Musterbeispiel. Sie haben sich im Laufe der Evolution entwickelt, ohne in irgendeiner Form eine Anpassung an die Umwelt, in der Pfauen leben, darzustellen. Die Federn haben beispielsweise keinen Vorteil, wenn es darum geht, zu fliegen oder Nahrung zu beschaffen. Der einzige Vorteil, den sie bieten, ist der, dass die Weibchen Pfauenmännchen mit prächtigen Schwanzfedern bevorzugen. Diese vermehren sich daher stärker als ihre Rivalen, und die Evolution wird weitergetrieben in Richtung auf große Schwanzfedern.

Wallaces größtes Problem im Zusammenhang mit der besonders hohen Adaptivität des Menschen bestand in der Erklärung dessen, wie sich das Gehirn unter diesen Umständen überhaupt entwickeln konnte. Mit seiner für die damalige Zeit ungewöhnlichen Auffassung, der zufolge die Eingeborenen primitiver Gesellschaften über ein Gehirn verfügten, das dem der zeitgleich lebenden europäischen Philosophen und Mathematiker in keiner Weise unterlegen war, stand Wallace ziemlich allein. Er gründete seine Auffassung unter anderem auf Größenvergleiche der Gehirne. Doch konnte er diese Auffassung nicht mit der einfachen Daseinsweise, in der die Eingeborenen lebten, zusammenbringen. Wie konnte die Evolution den Menschen der Frühzeit diesen außerordentlichen Überschuss an Intelligenz und Gehirnkapazität verleihen? Mit Wallaces eigenen Worten:

«Ein Gehirn, anderthalb mal größer als das eines Gorillas ... wäre mehr als ausreichend für den begrenzten geistigen Entwicklungszustand der Wilden; und wir müssen daher zugeben, dass diese großen Gehirne, die sie nun einmal in der Tat besitzen, sich keinesfalls gemäß den Gesetzen der Evolution haben entwickeln können, deren Hauptzug eben ist, das Organisationsniveau exakt im Verhältnis zu den Bedürfnissen der jeweiligen Art einzurichten, niemals über diese Bedürfnisse hinaus.»

Wallace konnte dieses Paradox nie auflösen, sondern nahm stattdessen Zuflucht zu der Hypothese eines göttlichen Eingreifens. Er war der Meinung, dass sich alles auf unserer Erde durch natürliche Auslese und Anpassung entwickelt habe – mit Ausnahme des menschlichen Gehirns. Das konnte nur von einem Gott geschaffen sein. Forscher haben seither allerdings noch einige alternative Erklärungen anzubieten, die man erst einmal in Erwägung ziehen sollte, ehe man religiös wird.

Die Evolution des Arbeitsgedächtnisses

Auch wenn immer wieder minimale genetische Veränderungen eintreten, sind die Ähnlichkeiten zwischen dem Cro-Magnon-Gehirn und dem modernen Gehirn sehr viel größer als die Unterschiede. Die Größe des Gehirns hat sich seit 40000 Jahren nicht mehr verändert,

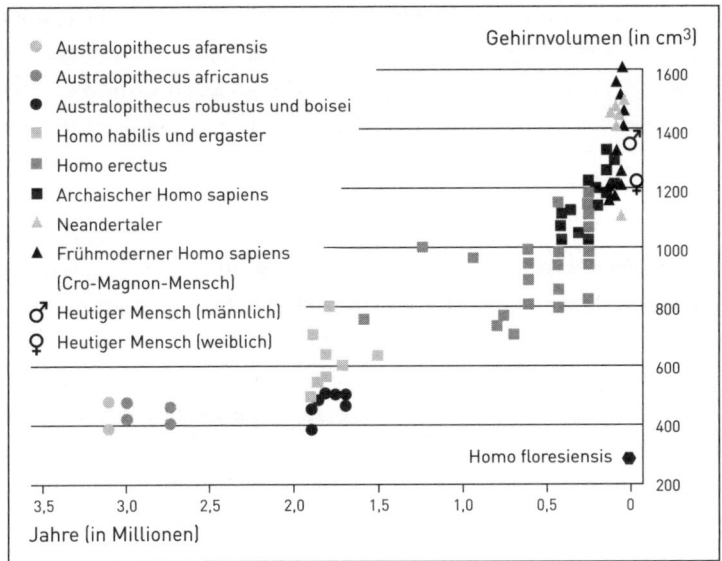

Abbildung 15 Gehirnvolumen früher Hominiden und des heutigen Menschen im Vergleich
(aus: McHenry, 1994)

und die genetischen Differenzen taugen nicht, um die technologische und kulturelle Entwicklung der jüngeren Geschichte zu erklären. Wollten wir also angeborene Fähigkeiten als Anpassung an eine bestimmte Umwelt erklären, müssten wir in der Geschichte schon ziemlich weit zurückschauen.

Beim Spekulieren darüber, was vor 40 000 Jahren passiert ist, büßen die Darstellungen unvermeidlicherweise an Genauigkeit ein. Auch die Fachliteratur, besonders die zur Evolution des Arbeitsgedächtnisses, gibt hierzu nicht viel her. Ich werde darum die Darlegungen etwas breiter angehen und eher allgemein über Theorien der Intelligenz-Entwicklung sprechen, um dann zu sehen, inwieweit sich das Gesagte auf das Arbeitsgedächtnis übertragen lässt.

Eine qualifizierte Vermutung, weshalb sich unser kognitives Vermögen entwickelt haben könnte, zielt darauf ab, dass es zum Zwecke sozialer Interaktion erforderlich wurde. Schon Darwin regte an, die Intelligenzentwicklung des Menschen als Anpassung an das Leben in Gruppen zu verstehen. Wie der Evolutionspsychologe Robin Dunbar von der Universität Liverpool gezeigt hat, ist bei Primaten das Verhältnis der Größe der Hirnrinde zur Gesamtgröße des Gehirns proportional zur Größe der Gruppe, der die Tiere natürlicherweise angehören. Je größer die Hirnrinde, desto größer die sozialen Gruppen. Wenn dieses Gesetz auch auf Menschen Anwendung findet, würde es auf eine natürliche Gruppengröße von etwa 150 Individuen hindeuten. Das scheint auch mit anderen Schätzungen zur Größe der Gruppen oder «Klans» in der Jäger-und-Sammlerzeit übereinzustimmen, wobei die meiste Zeit vermutlich in kleineren Gruppen zugebracht wurde.

Doch in welcher Weise genau käme das Arbeitsgedächtnis bei sozialen Interaktionen zum Einsatz? Womöglich kann es von Nutzen sein, um die Beziehungen zwischen anderen Menschen und deren jeweilige Interessen zu verstehen, oder auch ganz schlicht, um anderen in der Gruppe Nahrung oder einen Partner abzuluchsen: «Wenn er glaubt, dass ich glaube, dass sie glaubt … usw.» – ein Spiel, das ziemlich komplex werden kann. Die Psychologen Richard Byrne und Andrew Whiten von der St Andrews University haben eine Theorie über die Rolle des sozialen Spiels bei der Hirnentwicklung aufgestellt und dafür den Begriff *Machiavellistische Intelligenz* geprägt. Der Ausdruck bezieht sich auf den italienischen Autor und Politiker Niccolò Machiavelli, der die Kunst lehrte, durch Manipulation der eigenen Umgebung zu herrschen. Eine in dieser Weise handelnde Person, so darf man sich vorstellen, erblickt in ihrer sozialen Umgebung eine Art Schachspiel, bei dem es darauf ankommt, das Verhalten verschiedener Akteure einzuplanen und vorherzusagen.

Eine andere mögliche Ursache für die Entwicklung von Intelligenz und Arbeitsgedächtnis ist das Aufkommen der Sprache. Sprache erfordert eine symbolische Repräsentation dessen, was wir ausdrücken wollen. Außerdem müssen wir die verschiedenen Teile eines Satzes im Kopf behalten, um ihn zu verstehen. Es ist daher nicht besonders verwunderlich, dass die Kapazität des Arbeitsgedächtnisses in enger Korrelation zum Leseverständnis steht. Vielleicht war es die Sprachentwicklung, die vor etwa 40 000 Jahren zu einer technologischen Revolution führte. Gegen Ende dieses Entwicklungssprunges finden wir in der Höhle von Cro-Magnon in Südwest-Frankreich einige der ältesten Malereien, fortschrittlichere Gerätschaften wie Krüge oder mit Widerhaken versehene Speerspitzen und später auch Kunstgegenstände.

Sprache erlaubte Planung, Zusammenarbeit und Übertragung von Wissen in einer Weise, wie sie bis dahin nicht möglich gewesen war. Die komplexere Umgebung, die der Mensch um sich herum schuf, machte wiederum die Ausformung einer komplexeren Sprache erforderlich. Einer These zufolge, die Terrence Deacon in seinem Buch *The Symbolic Species* vertritt, hat die Entwicklung der Sprache sich auf diese Weise in Rückkopplung mit den Entwicklungen Technologie und Kultur vollzogen.

Robert Dunbar möchte hingegen den Schwerpunkt mehr darauf ausrichten, wie sprachliche Entwicklung Hand in Hand mit der Entwicklung der sozialen Umwelt und der Großgruppe vor sich ging. In einer Gruppe zu leben macht es erforderlich, Freundschaftsbeziehungen aufrechtzuerhalten. In einer Herde Schimpansen kann das geschehen, indem die Mitglieder sich gegenseitig nach Flöhen absuchen. Wenn die Gruppengröße über ein bestimmtes Maß hinauswächst, ist so etwas praktisch nicht länger möglich. Dunbars These ist nun, dass die Sprache, oder genauer gesagt «Klatsch und Tratsch», an die Stelle des Flöhesuchens getreten ist. Die primäre Aufgabe der Sprache wäre demnach ihre soziale Funktion. Dazu bedarf es schon recht großer Gruppen, um die Masse der Individuen zusammenzubekommen, die eine Sprache entwickeln und bewahren können. Sprache war so gesehen sowohl Konsequenz wie auch Voraussetzung dieser breit angelegten Großgruppenspiele.

Eine eher abgelegene Erklärung für die Entwicklung der Intelligenz bietet die sexuelle Selektion, derzufolge Intelligenz nicht in erster Linie einem Überlebenszweck diente, sondern darauf abzielte, Eindruck beim anderen Geschlecht zu erregen und zur Schau zu stellen, was für gute Gene das Individuum habe; in etwa so wie die schönen, aber funktionslosen Schwanzfedern des Pfaus. Diese Theorie wurde von dem Entwicklungspsychologen Geoffrey Miller vorgebracht, der meint, dass die Entwicklung von Aktivitäten ohne ersichtlichen Überlebensvorteil, wie Tanz, Musik und Kunst, eben genau den Zweck habe, dem anderen Geschlecht unsere Intelligenz und unsere überlegenen Gene zu präsentieren. Das gibt uns vielleicht, schlägt Miller vor, eine Erklärung, warum so viele junge Menschen davon träumen, Rockmusiker zu werden.

Intelligenz als Nebeneffekt

Unsere mentalen Potentiale ausgehend von Hypothesen über die Lebensbedingungen in den frühen Anfängen der Menschheit zu verstehen, ist ein verlockender Versuch, der die Phantasie anregt. Zudem ist die Evolutionspsychologie, unter anderem durch den Autor Steven Pinker, in den letzten Jahren zu großer Popularität gelangt. Das Problem mit derartigen Theorien ist, dass sie so gut wie unmöglich zu beweisen oder aber zu widerlegen sind. Die Kenntnisse, die wir über die frühen Gesellschaften haben, stammen aus Knochen und Steinen. Wie die damaligen Menschen sprachen, dachten und wie ihr soziales Leben aussah, wissen wir nicht. Mit einer Reihe von Annahmen lässt sich freilich alles Mögliche erklären, und doch bleiben es nichts als bloße Mutmaßungen. So kann man zwar das soziale Spiel als eine Herausforderung für das Arbeitsgedächtnis darstellen. Doch wie sollen wir die soziale Komplexität vor 200 000 oder vor 40 000 Jahren quantitativ beurteilen? Zwar erfordert sprachliche Kommunikation ein Arbeitsgedächtnis, doch wie kompliziert waren die Sätze vor 40 000 Jahren?

Zu den schärfsten Kritikern der Evolutionspsychologie gehört der Paläontologe und Evolutionstheoretiker Stephen Jay Gould. Wie er betonte, vermag eine evolutionspsychologische Theorie zwar alles Mögliche zu erklären, tut dies aber mittels einer Anzahl willkürlicher Annahmen. Seiner Ansicht nach liegt das Hauptproblem der Evolutionspsychologie in ihrem rigiden Glauben an Anpassung. Danach wären alle Eigenschaften, mit denen wir geboren werden, als ein Satz von Werkzeugen anzusehen, die als optimale Anpassung an irgendein spezielles Erfordernis in der Frühgeschichte des Menschen entstanden sind. Genau dies hatte Wallace ja zu seinem Paradox gebracht. Nach Gould handelt es sich indes um einen logischen Fehlschluss, und nicht einmal Darwin wollte in der Anpassung den einzigen Mechanismus sehen, der die Entwicklung der Arten bestimmte.

Eine Alternative zur Evolution ausschließlich durch Anpassung war die Evolution durch sexuelle Selektion. Wie Gould darüber hinaus betont, kommt es mitunter vor, dass ein Organ zwar für eine gewisse Zeit während der Entwicklung eine bestimmte Aufgabe erfüllt, dann aber im späteren Verlauf für einen anderen, neuen Zweck eingesetzt wird. Auch der menschliche Körper ist voller Nebeneffekte aufgrund von einzelnen Entwicklungen, die vielleicht nicht einmal funktionell waren, als sie auftraten, deren Preis aber auch nicht allzu hoch war. Oftmals ruft beispielsweise eine genetische Mutation nicht nur eine einzelne, sondern gleich eine ganze Reihe von Veränderungen hervor. Wenn von diesen auch nur eine einzige einen Überlebensvorteil mit sich bringt und sich die anderen in Bezug auf den Überlebensvorteil neutral verhalten, kann es dazu kommen, dass sämtliche veränderten Merkmale bestehen bleiben, insofern sie alle an dieselbe genetische Mutation geknüpft sind.

Gould hat viele Beispiele für entwicklungsbedingte und evolutionäre Nebeneffekte, allen voran die männlichen Brustwarzen bis hin zum Daumen des Pandabären. Letzteres Beispiel bezieht sich auf einen kleinen Knochen in der Hand, der Sesambein genannt wird. Dieses ist beim Menschen kleiner als eine Erbse. Beim Panda jedoch hat es sich weiterentwickelt, so dass es einem zusätzlichen Daumen ähnelt, den der Panda benutzt, wenn er Blätter und Sprossen vom Bambus abschält. Doch der Panda hat noch einen weiteren ähnlichen Auswuchs, wenn auch nicht ganz so lang, an den jeweiligen Sesambeinen der Füße. Dieser Auswuchs ist nun gewiss ohne jede Funktion. Vermutlich ist aber die Entwicklung beider Auswüchse in der Weise aneinandergekoppelt, dass dieselben genetischen Mutationen die Verlängerung der Sesambeine sowohl an den Händen wie auch an den Füßen bewirkt haben. Eine dieser Veränderungen – die an der Hand – erwies sich als funktionell, was dazu führte, dass beide Veränderungen bestehen blieben. Die andere Veränderung – die am Fuß – ist eine evolutionäre Veränderung, die keinerlei Funktion hat, ein Nebeneffekt. Es ist daher ein Irrtum, vorauszusetzen, dass ein jedes Organ sich passgenau auf eine bestimmte Funktion hin entwickelt habe, um dann in unserer früheren Entwicklungsgeschichte nach dieser Funktion zu suchen. So ist nach Goulds Auffassung der Körper voller nicht anpassungsbedingter Phänomene, und womöglich ist kein einzelnes Organ mehr davon betroffen als das Gehirn. Ein Musterbeispiel ist die hoch spezialisierte Hirnregion, die wir zum Lesen benutzen und die sicherlich nicht als eine optimale Anpassung an Texte in unserer Umgebung entstanden ist.

Bezüglich des Gehirns könnte beispielsweise die Ursache für die Größenzunahme einer Vielzahl von Hirnrindenarealen in einer einzelnen genetischen Veränderung liegen. Dafür, dass diese Mutation sich durchsetzte, hätte bereits ausgereicht, dass eine dieser Regionen in einer Funktion zum Tragen kam, die uns während einer bestimmten kritischen Periode in der Evolution einen höheren Überlebensvorteil verschaffte. Die übrigen, von derselben genetischen Veränderung betroffenen Areale werden womöglich erst viele Jahrzehntausende später erstmals zur Anwendung gekommen sein.

Goulds Kritik an der Evolutionspsychologie ist für den wissenschaftlichen Skeptizismus vieler, einschließlich meiner selbst, sehr ansprechend. Wenn das Gehirn tatsächlich voller solcher Nebeneffekte wäre, würde das auch bedeuten, dass es noch voller ungeahnter Möglichkeiten steckte – ein Gedanke, der die Phantasie anspornt.

Die evolutionspsychologischen Theorien wollen die Entwicklung der Intelligenz, und damit eventuell auch des Arbeitsgedächtnisses, in der sozialen Umwelt, der Sprache und der Entwicklung einer komplexen Kultur begründet sehen. Sexuelle Selektion und zufällige Nebeneffekte stellen alternative Erklärungsmodelle dar. Auch Kombinationen verschiedener Erklärungsansätze sind natürlich denkbar.

Es könnte sich demnach so verhalten haben, dass die Evolution uns mit einer Region im Gehirn ausgestattet hat, die in der Lage war, symbolische Repräsentationen im Arbeitsgedächtnis zu speichern und zu manipulieren. Eine solche Hirnregion stellte einst einen Überlebensvorteil dar, weil sie uns die Möglichkeit gab, Sprache zu erlernen und soziale Situationen zu meistern. Wenn aber diese Region multimodal ist, das heißt, wenn sie symbolische Repräsentationen speichern kann, unabhängig davon, ob diese mit Sprache oder mit visuellen Gestalten verbunden sind, dann sollten wir dieselbe Region auch dazu benutzen können, um beispielsweise neue Fallen zu ersinnen und Tiere darin zu fangen oder aber – ein paar zehntausend Jahre später – über Differentialgleichungen nachzudenken und Raven-Matrizen zu lösen.

Würden wir hingegen eine streng anpassungsevolutionäre Sichtweise vertreten, wonach das Arbeitsgedächtnis ein Werkzeug wäre, das genetisch an die besonderen Erfordernisse in unserer Umgebung, wie sie vor 40 000 Jahren herrschten, angepasst war, dann würde daraus folgen, dass wir nun ein echtes Problem hätten, weil die Umwelt, in der wir uns behaupten müssen, bereits weitaus komplexer und anspruchsvoller ist – und dieser Trend wird sich in Zukunft weiter verstärken. Das ist das Paradox von Wallace, angewendet auf die Frage, was passiert, wenn man mit dem Steinzeithirn in der Datenflut unterwegs ist. Ein Weg, diesem Paradox zu entkommen, liegt in der Annahme, dass unsere mentalen Fähigkeiten sich als Nebeneffekte oder durch sexuelle Selektion herausbildeten und uns auf diese Weise schon frühzeitig mit einer Überkapazität versorgt haben.

Eine weitere, darüber hinausgehende Möglichkeit, gewissermaßen als Joker im Spiel der Evolution, liegt in der Formbarkeit des Gehirns. Zwar ist es richtig, dass wir genetisch gesehen im Großen und Ganzen identisch mit dem Cro-Magnon-Menschen sind. Aber in welchem Maße ist die Kapazität angeboren und inwieweit lässt sie sich gezielt beeinflussen? In welchem Ausmaß werden wir mit bereits fertigen Werkzeugen geboren, und inwieweit werden diese auch nach der Geburt noch geformt?

8

Die Formbarkeit des Gehirns

In früheren Kapiteln haben wir eine Reihe potentieller Schlüsselregionen, die für unser kognitives Vermögen von Bedeutung sind, identifiziert und sie auf der Gehirnkarte lokalisiert. Die kognitive Neurowissenschaft, die mit der Entwicklung der bildgebenden Verfahren im Laufe der 1990er Jahre einen rasanten Aufstieg erfuhr, hat sich in weiten Teilen dieser Kartographierung des Gehirns gewidmet. Diese basiert darauf, dass unterschiedliche Regionen auf unterschiedliche Funktionen spezialisiert sind. Mitunter wird über diese Kartographierung gespottet; Kritiker bezeichnen sie als eine moderne Form der Phrenologie. Die Phrenologen des 19. Jahrhunderts waren Scharlatane, die sich über die Eigenschaften und Anlagen der Menschen ausließen, indem sie die Unebenheiten des Schädels abtasteten. Die Phrenologen gingen aber nicht nur unwissenschaftlich vor, ihre Vermessung der Kopfform stand darüber hinaus in Verbindung mit rassenbiologischen Annahmen zu Beginn des 20. Jahrhunderts.

Aber der abschätzige Vergleich mit der Phrenologie macht sich die Sache vielleicht doch ein bisschen zu einfach. Vernon Mountcastle, einer der bedeutenden neurowissenschaftlichen Forscher des 20. Jahrhunderts, der sich selbst allerdings nicht mit den Abbildungstechniken des Gehirns beschäftigte, ging sogar teilweise zur Verteidigung der Phrenologen über. Seiner Ansicht nach gibt es vonseiten der Phrenologie zwei Annahmen. Erstens die, dass verschiedene Funktionen in verschiedenen Teilen des Gehirns lokalisiert sind; und zweitens, dass die Funktionen in diesen Teilen sich in der Form des Schädelknochens widerspiegeln. Letztere Annahme ist purer Unsinn, aber die erste ist tatsächlich korrekt und bezeichnet einen wichtigen theoretischen Punkt.

Eine der ersten Studien, die nachweisen konnten, wie Funktionen lokalisiert sind, stammt von dem französischen Neurologen Paul

Broca. Er war einem Patienten begegnet, der von einem Tag auf den anderen von der plötzlichen Unfähigkeit zu sprechen betroffen wurde. Nachdem der Patient gestorben war, untersuchte Broca das Gehirn und fand eine Blutung, die auf einen kleinen Bereich im unteren Teil des linken Stirnlappens begrenzt war. Die erste Verbindung zwischen einer bestimmten Funktion und einer Hirnregion war gefunden.

Zu Beginn des 20. Jahrhunderts untersuchte Korbinian Brodmann systematisch Unterschiede im Bau der Nervenzellen in verschiedenen Teilen des Gehirns und zeichnete eine der ersten Karten vom Gehirn, die er in 52 verschiedene Areale, die sogenannten Brodmann-Areale, einteilte; eine Nomenklatur, die bis heute verwendet wird.

Technische Hilfsmittel wie PET und fMRI haben bei der Kartierung der Hirnfunktionen große Fortschritte mit sich gebracht. Man ist dabei auch von der etwas zu vereinfachenden Vorstellung abgekommen, wonach eine Region genau einer Funktion entspräche. Stattdessen scheint jede Funktion sich auf ein Netzwerk von Regionen zu beziehen, und ein und dieselbe Region kann vielen verschiedenen Netzwerken angehören. Dennoch hält sich die Fixierung auf Karten. Und darin liegt implizit eine statische Denkweise. Karten beschreiben etwas Unveränderliches. Berge und Flüsse liegen nun einmal da, wo sie liegen. Erst in letzter Zeit hat die Forschung zunehmend zur Kenntnis genommen, in welch hohem Maße diese Karten sich verändern können.

Wie Hirnkarten umgezeichnet werden

Dass sich das Gehirn verändert, ist eigentlich keine Neuigkeit, sondern versteht sich von selbst. Wenn ein Schulkind seinen Stoff am Mittwoch noch nicht kann, ihn zu Hause aber nachholt, so dass es am Donnerstag weiß, was Phanerogame sind, dann hat sich zwischen Mittwoch und Donnerstag auch sein Gehirn verändert. Einen anderen Ort, die Information zu speichern, gibt es nicht (von Schummelzetteln einmal abgesehen). Von Interesse ist hingegen, zu sehen, wann, wo und wie das Gehirn sich verändert.

Wie bereits erwähnt, stammt viel von dem Wissen darüber, wie die funktionelle Karte umgezeichnet wird, aus Situationen, in denen das Gehirn von einem Informationszufluss abgeschnitten wurde. Wenn

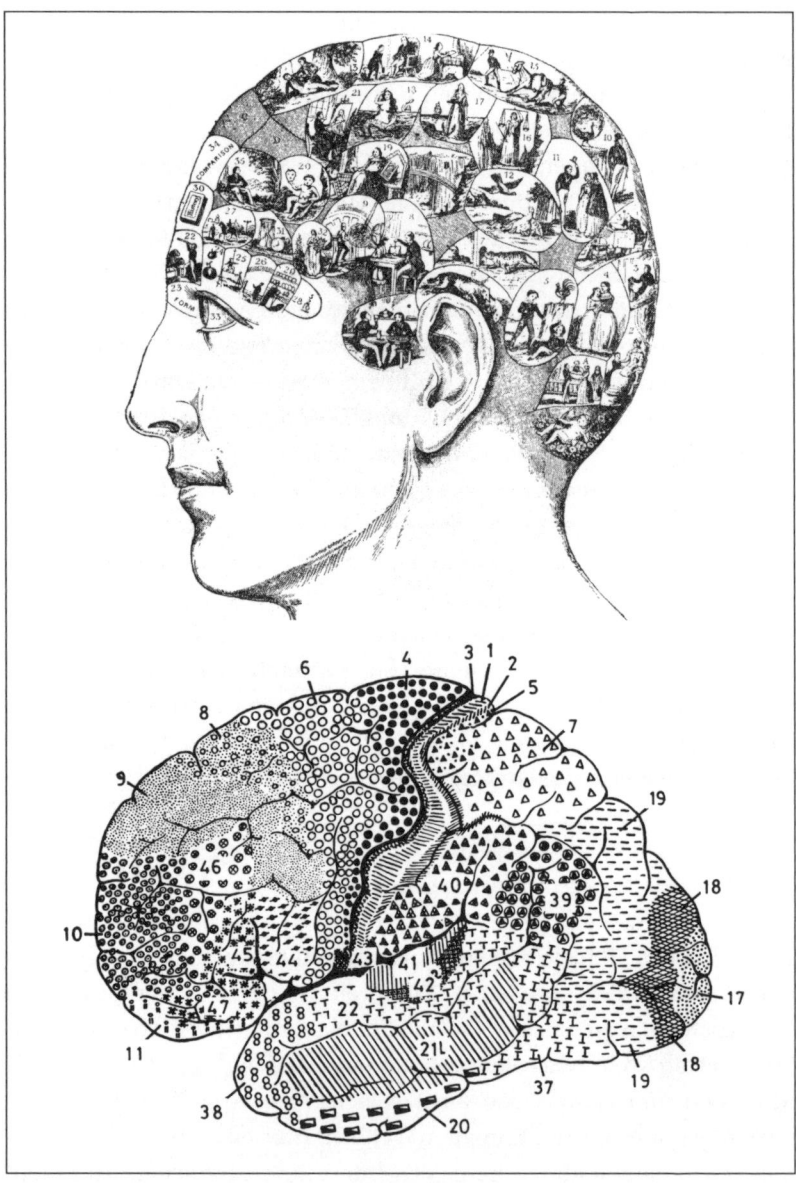

Abbildung 16 Oben: Phrenologische Einteilung der Schädelbereiche nach Funktionen.
Unten: Von Korbinian Brodmann zu Anfang des 20. Jahrhunderts
auf Grundlage des unterschiedlichen Aussehens der Nervenzellen
vorgenommene Einteilung des Gehirns in Areale, wie sie auch heute noch
(als Brodmann-Areale) zur Bezeichnung gebräuchlich sind.

eine Person einen Körperteil verloren hat und das betreffende sensorische Zentrum im Gehirn von dort keine Information mehr bekommt, kann man beobachten, wie die umliegenden Teile des Gehirns damit beginnen, dieses Areal für sich zu vereinnahmen. Wenn keine Signale mehr vom Zeigefinger zu dem Zeigefinger-Areal im Gehirn kommen, wird dieses Areal schrumpfen. Das Areal daneben, das Signale vom Mittelfinger entgegennimmt, wird sich stattdessen ausbreiten.

Beim Vorgang des Umzeichnens der Gehirnkarte handelt es sich nicht etwa darum, dass die Neuronen selbst ihren Ort verändern würden. Zwar können in manchen Teilen des Gehirns auch Neubildungen von Nervenzellen vorkommen, aber bislang hat noch niemand gezeigt, dass diese imstande sind, irgendeine Funktion in den fraglichen Arealen der Hirnrinde zu übernehmen. Was dabei in erster Linie geschieht, sind Veränderungen in der Struktur der Nervenzelle durch Bildung neuer kleiner Fortsätze, während andere, alte verschwinden. An den Enden dieser Fortsätze sitzen Synapsen, die den Kontakt zu anderen Neuronen vermitteln. Die Veränderung der Fortsätze und Synapsen führt dann wiederum zu einer Funktionsänderung der Nervenzelle. Nimmt man gegenüber dem Gehirn die Vogelperspektive ein, sieht man, dass Teile der Region, die zuerst Sinneseindrücke vom Zeigefinger entgegengenommen hatten, später durch Sinneseindrücke vom Mittelfinger aktiviert werden konnten. Die Karte ist umgezeichnet worden.

Möglicherweise sind es dieselben Mechanismen, die auch dazu führen, dass die Sehzentren bei blinden Menschen aktiviert werden können, wenn sie Blindenschrift lesen. Aber dass die Sehzentren bei diesem Lesen aktiviert werden, bedeutet ja noch nicht notwendigerweise, dass diese Areale zur Analyse von Tastinformation genutzt werden. Was aber da genau geschieht, ist noch unklar. Vielleicht leisten blinde Menschen ja unbewusst eine Art von Visualisierung, die zur Aktivierung der Sehzentren führt?

Von grundlegender Bedeutung ist die Frage nach der Wandelbarkeit der verschiedenen Teile des Gehirns. Sind sie von Geburt an fest vorprogrammiert, um eine spezielle Aufgabe zu erfüllen, oder können sie durch die Stimulierung, die sie bekommen, in ihrer funktionellen Entwicklung bestimmt werden: Vererbung oder Umwelt, *nature* oder *nurture*? Ein Beitrag zu dieser Debatte kommt vonseiten einer von Mriganka Sur geleiteten Forschergruppe in den USA. In Tierversuchen transplantierte man Nerven, die Sinneseindrücke zum Sehzentrum geleitet hatten, so dass sie stattdessen Impulse an das Hörzentrum weitergaben. Der Eingriff führte zu einer Umstrukturierung des Hörzentrums mit dem Ergebnis, dass es stärker der Organisationsform in den Sehzentren glich. Es zeigte sich darüber hinaus, dass die eingehenden Signale tatsächlich verarbeitet werden konnten. Tiere konnten also, wenn sie sich fortbewegten, ihr Hörzentrum zum Sehen benutzen. Kein Forscher glaubt an ein Entweder-Oder von *nature* oder *nurture*. Aber die Ergebnisse von Mriganka Sur zeigen die wichtige Rolle der Stimuli und die Bedeutung der Umwelt bei der Frage, wie sich das Gehirn organisiert.

Stimulierungseffekte

Wir haben gerade gesehen, wie die Gehirnkarte umgezeichnet wird, wenn eine Funktion wegfällt, mit der Folge, dass dem Gehirn Informationen entzogen werden. Eine andere Art der Veränderung kommt durch zusätzliche Stimulierung zustande, wenn beispielsweise eine bestimmte Funktion trainiert wird. Das Wissen über diesen Typ von Formbarkeit bzw. Plastizität ist erst relativ neuen Datums und entstand hauptsächlich im Laufe der 1990er Jahre.

Ein gutes Beispiel dafür ist, dass sich die Fähigkeit, Unterschiede in der Tonhöhe wahrzunehmen, trainieren lässt. So kann man Affen beibringen, die folgende Aufgabe auszuführen: Sie hören nacheinander zwei Töne und sollen herausfinden, ob beide dieselbe Tonhöhe haben oder nicht. Als Antwort drücken sie einen Knopf. Anfangs sind die Affen darin nur erfolgreich, wenn sich die Töne deutlich voneinander unterscheiden. Nach Hunderten von Versuchen während eines mehrwöchigen Trainings lässt sich hingegen beobachten, wie das Unterscheidungsvermögen der Affen zunehmend besser wird und sie schließlich auch Töne auseinanderhalten können, die in der Tonhöhe sehr dicht beieinander liegen. Die Forscher untersuchten darüber hinaus, welche Nervenzellen im Hörzentrum der Affen jeweils aktiviert wurden, wenn sie diese Aufgabe ausführten, und stellten fest, dass die Anzahl der aktivierten Zellen nach mehrwöchigem Training deutlich höher lag als zuvor. Das Areal, das durch den Test aktiviert wurde, war also infolge des Trainings größer geworden.

Ähnliche Experimente sind auch mit Affen durchgeführt worden, die die Ausführung einer bestimmten Bewegung trainierten. Es zeigte sich, dass die sensorische Stimulierung eines bestimmten Fingers über mehrere Wochen dazu führte, dass die Region, in der die von diesem Finger stammenden Informationen verarbeitet wurden, sich vergrößert hatte. Die Ergebnisse dieser Experimente belegen, dass die Karte, die den Ort verschiedener Funktionen anzeigt, in hohem Grade wandelbar ist.

Musizieren und Jonglieren

Mehrere vergleichende Studien haben nachgewiesen, dass das Gehirn durch das langfristige Üben eines Musikinstruments beeinflusst wird. Insbesondere wurden Veränderungen beobachtet, die auf motorisches Training zurückzuführen waren. So ist bei Streichmusikern die Region, die Tasteindrücke von der linken Hand aufnimmt, vergrößert. Sara Bengtsson und Fredrik Ullén vom Karolinska Institut haben auch gezeigt, dass das Leitungssystem in der weißen Hirnsubstanz, das die motorischen Signale transportiert, bei Klaviermusikern stärker entwickelt ist. Je länger die untersuchte Person geübt hatte, desto größer war auch das Ausmaß der Veränderung.

Beim Erlernen eines Musikinstruments handelt es sich um eine langfristige Veränderung des Gehirns. Wie verhält es sich aber mit den Effekten kürzeren Trainings? Für eine Studie trainierten Versuchspersonen, ihre Finger in einer festgelegten Reihenfolge zu bewegen: Mittelfinger – kleiner Finger – Ringfinger – Mittelfinger – Zeigefinger usw. Zu Beginn ging es nur langsam voran und es wurden viele Fehler gemacht. Nach zehn Tagen des Übens ging es schnell und fehlerfrei. Gleichzeitig beobachtete man eine Aktivitätszunahme im primären Motorcortex, also dem Bereich, der die Muskeln steuert.

Eine andere Studie, auf die man sich oft als Beispiel für Veränderungen im Gehirn des Menschen zu berufen pflegt, befasst sich (wie schon in der Einleitung erwähnt) mit dem Jonglieren. In dieser Untersuchung veränderte sich das Volumen in einem Bereich des Hinterhauptslappens nach nur drei Monaten Training. Bereits eine relativ kurze Trainingsphase kann sich demnach in Veränderungen bemerkbar machen, die so groß sind, dass sie sich mit der relativ groben Skala, die eine MR-Kamera bietet, erfassen lassen. Die Tatsache, dass die betreffenden Veränderungen sich zum Teil wieder zurückbildeten, verdeutlicht aber auch, dass Formbarkeit etwas Zwiespältiges ist: Auch Passivität hat einen Effekt auf das Gehirn.

Was heißt «use» und was heißt «it»?

Die Erforschung der trainingsbedingten Veränderungen im Gehirn scheint die in den Ohren von Hirnforschern und Psychologen längst abgedroschen klingende Weisheit «Use it or lose it» zu bestätigen. Auch wenn es stimmt, dass sich das Gehirn, je nachdem, wie man es gebraucht, verändert, darf man dies doch nicht zu allgemein auffassen. Wenn man derartige Behauptungen hört, sollte man sich als Erstes fragen, was «use» eigentlich genau bedeuten soll. Ist jede Art von Aktivität gleich viel wert? Ziehen wir die Parallele zum Körper, so wissen wir, dass Aktivität ganz allgemein gesehen etwas Gutes ist. Die Beinmuskulatur verkümmert, wenn das Bein nach einem Bruch in Gips liegt. Gleichzeitig besteht aber ein Unterschied zwischen der Verwendung der Beine im Alltag, etwa im Laufe des Tages bei der Arbeit, und dem, was wir unserer Oberschenkelmuskulatur bei einer Trainingseinheit an der Beinpresse im Fitness-Studio abverlangen. Welche Art, Intensität und Dauer wäre von einem mentalen Training zu fordern, damit wir eine Wirkung erzielen?

Auch nicht vergessen sollte man, dass «it» nicht das Gehirn als Ganzes meint. «It» bezieht sich auf spezifische Funktionen und spezifische Areale im Gehirn. Übt man, auf Töne zu hören, so verändert sich eben das Hörzentrum, und nicht Bereiche des Stirn- oder Hinterhauptslappens. Wiederum lässt sich eine Parallele zu körperlichem Training erkennen. Streckt und beugt man den rechten Arm mit einer schweren Hantel in der Hand, so wird man seinen Bizeps im rechten Arm trainieren, vorausgesetzt, dass die Hantel das passende Gewicht hat, man genügend viele Wiederholungen macht und über einige Wochen hinweg aktiv bleibt. Aber zu sagen, dass die Hantelübung «den Körper trainiert» oder «gut für den Körper» ist, wäre eine ungenaue Angabe und damit irreführend.

Bei den Streichmusikern war das Tastzentrum, das die Signale der linken Hand verarbeitet, vergrößert, nicht aber das Tastzentrum für die rechte Hand. Übt man Jonglieren, so wird eine bestimmte Region, die mit der visuellen Auffassung von Bewegungen zu tun hat, beeinflusst.

Das landläufige Verständnis von *Use it or lose it* würde lauten: «Es ist gut fürs Gehirn zu …». Die Tatsache jedoch, dass das Trainieren einer bestimmten Aktivität eine Auswirkung auf das Gehirn hat, bedeutet noch nicht automatisch, dass es sich um eine Gymnastik für das Gehirn im Allgemeinen handelte oder die mentale Kapazität generell beeinflusste. Bestimmte Aktivitäten trainieren immer nur bestimmte Areale.

Im vorigen Kapitel wurde eine mögliche Lösung für das Paradox angeboten, wie das Steinzeithirn mit der Informationsflut zurechtkommen soll: nämlich dadurch, dass sich das Gehirn an seine Umwelt und die gewachsenen Ansprüche anpasst. Wie wir in diesem Kapitel nun gesehen haben, herrscht kein Mangel an Beispielen dafür, wie das Gehirn sich seiner Umwelt anpassen und durch Training beeinflusst werden kann. Und nichts spricht dagegen, dass eine solche Formbarkeit auch im Stirn- oder Scheitellappen möglich wäre, einschließlich der Schlüsselregionen, die mit der Kapazität des Arbeitsgedächtnisses verbunden sind. Es müsste also zumindest theoretisch möglich sein, sein Arbeitsgedächtnis zu trainieren. Eine solche Umformung könnte eventuell sogar passiv erfolgen, im Sinne einer Anpassung an die Umwelt, in der wir jeweils leben. Andererseits sollte sich die Plastizität doch auch durch bewusstes intensives Trainieren ganz bestimmter Funktionen aktiv nutzen lassen.

Wollen Sie Ihr Gehirn trainieren, so müssen Sie Funktion und Areal auswählen. Ein Areal zu trainieren, das mit Jonglieren befasst ist, hat im Alltag vielleicht keinen so großen Wert. Hingegen ein Areal mit genereller Funktion zu trainieren, hieße die Zeit schon deutlich besser nutzen. Wir haben früher gesehen, dass bestimmte Areale im Stirn- und Scheitellappen anscheinend multimodal sind, das soll heißen, dass sie nicht fest an einen bestimmten sensorischen Reiz gebunden sind, sondern im Zusammenhang mit dem Gebrauch sowohl des Gesichts- als auch des Hörsinns aktiviert werden. Diese Schlüsselregionen scheinen auch eine Rolle bei den Kapazitätsgrenzen zu spielen, wenn es darum geht, Informationen im Sinn zu behalten oder Probleme zu lösen.

Könnte man diesen Engpass durch Training verbessern und ausweiten, dann ließe sich das vermutlich auf viele mentale Funktionen übertragen. Aber geht das überhaupt? Und wenn man es versuchen würde: Bei welcher Personengruppe hätte man die besten Chancen, einen besonders großen Effekt zu beobachten? Wo zeigen sich die größten, durch die Begrenztheit des Arbeitsgedächtnisses verursachten Alltagsprobleme?

Gibt es ADHS überhaupt?

Die Anforderungen, die die Informationsgesellschaft mit all ihren Eindrücken und simultanen Abläufen, dem hohen Tempo und den ständigen Ablenkungen an uns stellt, erleben viele von uns so, als litten sie an Konzentrationsstörungen. Wie wir zuvor gesehen haben, lässt sich eine Vielzahl dieser seitens der Umwelt gestellten Ansprüche in direkten Zusammenhang mit Anforderungen an das Arbeitsgedächtnis bringen. Betrachten wir daher diejenigen Personen etwas eingehender, die am allerschlimmsten von Aufmerksamkeitsstörungen betroffen sind, um zu sehen, ob sich auch deren Probleme mit dem Arbeitsgedächtnis in Verbindung bringen lassen.

Lisa kommt nur selten pünktlich zu ihren Terminen. Zwar hat sie sich einen PDA angeschafft, einen *personal digital assistant*, einen elektronischen Taschenkalender, in dem sie alles, was zu tun ist, notiert. Mit einem kleinen Alarmton erinnert sie ihr PDA daran, was als Nächstes ansteht und wann. Dennoch verliert sie sich immer wieder in einer Flut von winzigen Details, spontanen Impulsen und sonstigen Kleinigkeiten, die dazwischenkommen – anstatt also rechtzeitig loszugehen, um den Bus zu erreichen, fällt ihr plötzlich ein Anruf ein, den sie unbedingt noch erledigen muss. Einem spontanen Impuls folgend gießt sie eine Blume, die vertrocknet aussieht, oder geht mit ihrer Kaffeetasse in den Pausenraum, wo sie dann nicht mehr weiß, was sie eigentlich wollte, mit der Folge, dass sie stattdessen eine Kollegin in ein Gespräch über etwas verwickelt, das ihr gerade in den Sinn kommt. So bleibt ihr nur selten genügend Zeit bis zum nächsten Termin, weshalb sie schon ein halbes Vermögen für Taxifahrten in letzter Minute ausgegeben hat. Auch hat sie schon öfter vergessen, ihre Kinder von der Tagesstätte abzuholen. Sie selbst beschreibt ihre Lage so, dass ihr alles in der Welt zu schnell geht. Oder sind es vielleicht eher die Gedanken in ihrem Kopf, die zu schnell ablaufen? Die

Welt erscheint übervoll an Details und Reizen, die sie nicht richtig einordnen und nach Priorität gewichten kann, und sie vermag keinen einzelnen Gedanken hinreichend lange im Sinn zu behalten. Lisa bekommt nun diverse Hilfen, etwa in Gestalt einer Assistentin, die ihr einmal im Monat hilft, den Haushalt zu organisieren und Rechnungen pünktlich zu bezahlen. Außerdem nimmt sie Medikamente, die ihr das Gefühl geben, die Welt drehe sich wieder etwas langsamer, mentale Scheuklappen, die etwas von der Überfülle an ablenkenden Kleinigkeiten und Impulsen aussortieren, wozu sie selbst nicht imstande ist.

Die meisten von uns kennen Konzentrationsstörungen, in mehr oder weniger hohem Grad, aus eigener Erfahrung. Die Fähigkeit, sich zu konzentrieren, hängt von der Tageszeit, von Schlafmangel und Stress, von Krankheiten und vom Alterungsprozess ab. Doch es gibt auch ein Krankheitsbild, das Aufmerksamkeitsstörungen schon in seinem Namen trägt: die *Aufmerksamkeitsdefizit-/Hyperaktivitätsstörung*, abgekürzt ADHS, welches die Diagnose bei Lisa in dem erfundenen obigen Beispiel wäre. ADHS wird durch achtzehn Kriterien festgelegt, von denen neun der Konzentrationsfähigkeit gelten und weitere neun die Impulsivität und Hyperaktivität erfassen. Treffen auf jemanden mindestens sechs der neun Kriterien für eine Aufmerksamkeitsstörung zu, gelangt man zu der Diagnose «ADHS vom vorwiegend unaufmerksamen Typus» bzw. *Aufmerksamkeitsdefizitstörung* (ADS), wie es auch genannt wird. Treffen auch noch wenigstens sechs der neun Kriterien für Hyperaktivität/Impulsivität zu, so gelangt man zur Diagnose «ADHS vom kombinierten Typus». Lassen wir hier die Hyperaktivität einmal beiseite und blicken dafür genauer auf die Aufmerksamkeitsproblematik. Nachfolgend die Kriterien aus dem Handbuch, das Ärzte benutzen, um zur Diagnose zu gelangen:

1. Macht Flüchtigkeitsfehler oder übersieht Details bei Schularbeiten oder anderen Aktivitäten.
2. Hat Mühe, bei Aufgaben oder spielerischer Betätigung die Aufmerksamkeit aufrechtzuerhalten.
3. Scheint nicht zuzuhören, wenn ihm oder ihr etwas gesagt wird.
4. Hat Mühe, Anweisungen zu erfassen, und kann Hausaufgaben, alltägliche Beschäftigungen oder aufgetragene Tätigkeiten nur selten erfolgreich zum Abschluss bringen (und zwar unabhängig von Trotzverhalten oder davon, dass das Kind die Anweisung nicht verstanden hat).
5. Hat Mühe, die eigene Arbeit oder andere Aktivitäten zu organisieren.

6. Vermeidet Aufgaben, die länger anhaltende geistige Anstrengung erfordern, wie zum Beispiel Schularbeiten.
7. Verliert häufig Gegenstände oder vergisst, die für eine Aktivität nötigen Sachen wie Stifte, Bücher oder bestimmte Kleidungsstücke mitzunehmen.
8. Wird leicht von dem, was in der Umgebung geschieht, abgelenkt.
9. Ist bei alltäglichen Tätigkeiten vergesslich.

Wie aus diesen Kriterien ersichtlich, ist die ADHS-Diagnostik hauptsächlich auf Kinder zugeschnitten, bei mindestens der Hälfte der Betroffenen bestehen die Symptome jedoch fort bis ins Erwachsenenalter. In erster Linie sind es wohl die Aufmerksamkeitsproblematik und die Ablenkbarkeit, die bestehen bleiben, wohingegen die Hyperaktivität sich legt. Eine ganze Reihe von Forschern ist der Auffassung, dass für ADHS von dem Typ, der lediglich Aufmerksamkeitsstörungen umfasst, also ADS, ein eigenes Krankheitsbild geschaffen werden müsste, das nicht mit dem anderen ADHS-Typ vermengt werden dürfte.

ADHS bzw. ADS bei Erwachsenen hat in den letzten Jahren zunehmende Beachtung gefunden und eine Flut von populärwissenschaftlichen Büchern, Websites und Newsgroups im Internet mit sich gebracht. Eine etwas weniger ernst zu nehmende Definition von ADS findet man im *CompuServe ADD Forum,* einer Newsgroup im Internet für Menschen mit ADS, unter der Rubrik «Du leidest mit Sicherheit an ADS, wenn …»:

- Du sollst dein Kind bei Freunden abholen, merkst, dass du an der Adresse vorbeigefahren bist, fährst zurück und kommst schließlich nach Hause, aber immer noch ohne Kind.
- Du bemerkst den Geruch von Essen, das gerade auf dem Herd anbrennt. Du füllst Wasser nach, aber nach dreißig Minuten ist da wieder der gleiche Geruch.
- Du rufst eine Freundin an, um etwas zu fragen. Kaum, dass sie (nach einmal Klingeln) den Hörer abgenommen hat, hast du schon vergessen, was du von ihr wolltest.
- Du willst etwas aus dem Schlafzimmer holen, und kaum bist du dort, hast du vergessen, weswegen du hingegangen bist.
- Du findest morgens Essen in der Mikrowelle, das du gestern dort vergessen hast, als du plötzlich abgelenkt wurdest.
- Pünktlich bei einem Termin warst du das letzte Mal, als du vergessen hattest, die Uhr auf Winterzeit umzustellen.
- Du wirst jemandem vorgestellt und zwei Sekunden später hast du den Namen schon wieder vergessen.

- Du kürzt bei der Arbeit eine Präsentation ab, weil dir bewusst wird, dass du vergessen hast, den Rasensprenger abzustellen. Aber als du dann nach Hause kommst, wird dir klar, dass du vielmehr vergessen hattest, ihn überhaupt anzustellen.
- Du entsinnst dich endlich doch noch der Aufgabe, die du erledigen musstest. Kaum dass du dann alle Gerätschaften, die du dafür brauchst, beisammen hast und dich schon beglückwünschen willst, merkst du auf einmal, dass du nur eines vergessen hattest: Die Aufgabe ist längst erledigt.
- Du sollst deine Medikamente einnehmen, hast diese in der einen Hand und das Glas Wasser in der anderen. Du trinkst ganz aus und bemerkst dann zu deiner Verwunderung, dass du in der einen Hand immer noch die Tabletten hältst.

Was ist ADHS wirklich?

Eine medizinische Diagnose auf etwas so Willkürliches zu gründen wie die Antwort auf neun unklar definierte Fragen mag absurd erscheinen, und derartige Einwände haben ihre Berechtigung. Es liegt in der Tat ein Zug von Beliebigkeit darin, eine Reihe von Kriterien in dieser Weise zu verwenden. Doch auf der anderen Seite entspricht das dem Vorgehen bei allen psychiatrischen Diagnosen: Depression, Schizophrenie oder manisch-depressive Erkrankungen werden allesamt dadurch definiert, dass man einer gewissen Anzahl von Kriterien genügt. Ein wichtiges Zusatzkriterium, das bei den meisten psychiatrischen Diagnosen zum Tragen kommt, besteht darin, dass die Probleme so gravierend sein müssen, dass sie zu einem Hindernis im täglichen Leben werden. Von Zeit zu Zeit fühlen wir uns alle mal ein wenig niedergeschlagen; etwas anderes ist es aber, sich so deprimiert zu fühlen, dass man gar nicht mehr aus dem Bett herauskommt, oder wenn man versucht, sich das Leben zu nehmen. Menschen in dieser Lage benötigen medizinische und therapeutische Hilfe. Um zu bestimmen, welche Personen so schwerwiegende Störungen haben, dass sie auf professionelle Hilfe angewiesen sind, greift man auf eine Liste von Kriterien zurück. Zwar stellt das noch keinen objektiven Maßstab dar, aber es ist das Beste, was wir bislang haben.

Und wie verhält es sich mit der genauen Anzahl der Symptome? Ist man, wenn man fünf Krankheitsanzeichen aufweist, noch gesund, aber krank bei sechs? Gerade der Begriff Diagnose verleitet das Denken zu einer Schwarz-Weiß-Einteilung in krank und gesund. Wenn ein Arzt entscheiden soll, ob ein Patient Medikamente bekommen soll oder nicht, muss man die Frage zu einer kategorischen Entscheidung bringen: ja oder nein. Die meisten Forscher gehen jedoch, was den Grad und die Verbreitung der Symptome betrifft, davon aus, dass diese unter der Bevölkerung normalverteilt auftreten. Das bedeutet, es gibt nicht eine kleine abgetrennte Gruppe mit Aufmerksamkeitsstörungen, während der Rest der Bevölkerung kein solches Problem kennt. Es liegen vielmehr nur graduelle Unterschiede vor. Vergleichen lässt sich das mit dem Blutdruck, der ebenfalls normalverteilt ist. Es gibt nicht eine Gruppe mit hohem und eine mit niedrigem Blutdruck. Gleichzeitig weiß man, dass hoher Blutdruck mit einem erhöhten Risiko für Krankheiten der Herzkranzgefäße einhergeht und dass bestimmten Menschen Hilfe in Form einer medikamentösen Behandlung zuteil werden sollte. Um diese Gruppe zu bestimmen, bedarf es einer Grenze. Liegt der Blutdruck darüber, leidet man eben an «Hypertonie». Begriffen wie krank und gesund kommt, sobald es sich um eine statistisch normalverteilte Symptomatik handelt, nicht länger dieselbe übliche Bedeutung zu.

Welche Risiken sind es nun, die in Verbindung mit ADHS auftreten? Kinder mit ADHS bekommen Probleme in der Schule. Sie können schlecht still sitzen und tun sich schwer damit, ihre Hausaufgaben zu erledigen und den nötigen Stoff zu lernen. Die Schwierigkeiten halten an bis ins Erwachsenenalter und sorgen für fortgesetzte Probleme bei der Berufsausbildung. Die Betroffenen erleiden häufiger berufliche Misserfolge und haben ein größeres Risiko, arbeitslos zu werden. Langfristig besteht für sie sogar eine höhere Wahrscheinlichkeit, drogensüchtig zu werden.

Im Zusammenhang mit ADHS lassen sich viele interessante Fragen aufwerfen und diskutieren. Eine betrifft die Heterogenität; das soll heißen, dass innerhalb einer Gruppe von Menschen mit der einheitlichen Diagnose ADHS in Wahrheit mehrere verschiedene Ursachen mit im Spiel sein können, wie auch die Symptome auf unterschiedliche Weise zum Ausdruck kommen. Fast alle Forscher sind sich einig, dass hinter ADHS nicht nur eine einzige Ursache steht; es ist nicht einfach nur ein Gen, eine Transmittersubstanz oder ein Gehirnareal allein verantwortlich. Gibt es dann aber drei, fünfzehn oder fünfhundert Ursachen?

Kritiker der ADHS-Diagnostik heben zur Erklärung der Aufmerksamkeitsstörungen üblicherweise die Rolle der Umgebung hervor. Eine Diagnose zu stellen, zumal wenn dies durch einen Arzt geschieht, setzt implizit voraus, dass es etwas Krankes, etwas Biologisches im Gehirn gibt, wogegen man selbst nichts machen kann und es deshalb auch keinen Zweck hat, die Umweltbedingungen zu verändern. Aber muss es wirklich zu dieser Entgegensetzung von Biologie und Umwelt kommen? Ohne Frage ist ADHS eine Problematik, deren Gründe und Ursachen sowohl in den Anlagen eines Subjekts als auch in den Anforderungen der Umgebung liegen. Dass die Anlagen im Gehirn sitzen, versteht sich von selbst, wo sollten sie auch sonst sitzen. Dass die Sache eine biologische Komponente hat, muss jedoch, wie wir im vorigen Kapitel über die Formbarkeit des Gehirns gesehen haben, nicht automatisch heißen, dass man nichts daran machen kann.

Die amerikanische Scientology-Sekte läuft gegen die Diagnose ADHS Sturm und wendet sich mit beinahe schon religiösem Eifer gegen die Behandlung mit Medikamenten. In Anbetracht solcher Tendenzen, die Augen vor der ADHS-Problematik zu verschließen, treten Ärzte und Forscher in geschlossener Front sowohl für die Existenzberechtigung des Krankheitsbildes ADHS wie auch für das Recht auf medizinische Behandlung ein. Und will man Aufsätze zu dem Thema veröffentlichen, sind in der Regel strikte diagnostische Kriterien einzuhalten. Spricht man jedoch privat mit Vertretern der Forscherriege, so gestehen sie mitunter ein, dass ADHS seine Rolle in der Diagnostik ausgespielt habe und man exaktere Maßstäbe finden müsse. Das Krankheitsbild hatte eine wichtige Funktion, um die Forschung voranzubringen, und ist im klinischen Alltag nach wie vor von Bedeutung. Möglicherweise ist jedoch die Diagnosegruppe zu heterogen, und es kann daher sein, dass in der derzeitigen Situation das Krankheitsbild der Forschung bei der Ermittlung der zugrunde liegenden Ursachen eher hinderlich wird. Ein alternativer und weiterführender Weg bestünde darin, die Forschungsbemühungen, anstatt auf Krankheitsdiagnosen, stärker auf die einzelnen Funktionsweisen auszurichten, also beispielsweise die unterschiedlichen Gehirnfunktionen je für sich zu messen und, wenn möglich, ihr Auftreten und ihre Behandelbarkeit zu verstehen. Das soll nicht heißen, dass die

ADHS-Diagnose falsch ist. Damit soll nur gesagt sein, dass die Forscher zur Erzielung weiterer Fortschritte hier noch exakter werden müssen – wie es ja in vielen anderen Bereichen der Wissenschaft auch der Fall ist.

Auf die Ausgangsfrage «Gibt es ADHS überhaupt?» kann die Antwort nur lauten, dass die Frage falsch gestellt ist: Es gibt Kinder und Erwachsene mit Aufmerksamkeitsstörungen. Die Probleme stehen in Zusammenhang mit unterschiedlichen biologischen Anlagen und sind in hohem Maße erblich. Durch Vergleiche der ADHS-Symptomatik bei ein- und zweieiigen Zwillingen kann man erkennen, dass die Symptome zu immerhin 70 Prozent genetisch bedingt sind, was ein sehr hoher Wert ist. Hingegen besagt die Tatsache, dass etwas in das Reich der Biologie fällt, noch keineswegs, dass es sich nach Kategorien wie krank oder gesund einteilen lässt. Graduelle Skalen sind möglich, genau wie bei Blutdruck, Lesefertigkeit, Körperkraft oder Temperament. Und nur weil etwas biologisch ist, heißt das noch lange nicht, dass es auch unveränderlich ist, und muss daher auch nicht zu einer deterministischen Sichtweise des Problems führen.

Die Hypothese vom Arbeitsgedächtnis

Russel Barkley, ein führender Psychologe auf dem Gebiet von ADHS, schlug 1997 in einem Aufsatz vor, viele der mit ADHS verbundenen Defizite ließen sich als Folge eines mangelhaften Arbeitsgedächtnisses erklären. Das war größtenteils eine Vermutung, für die er kaum Belege in Form von Untersuchungen anführen konnte, in denen die Kapazität des Arbeitsgedächtnisses tatsächlich gemessen worden wäre. Blickt man aber auf die Symptome, durch die Aufmerksamkeitsstörungen bei ADHS definiert werden, so fallen gleich in mehreren Fällen direkte Verbindungen zum Arbeitsgedächtnis und zur Kontrolle der Aufmerksamkeit ins Auge.

Kriterium Nummer 2: «Hat Mühe, bei Aufgaben die Aufmerksamkeit aufrechtzuerhalten», ist nahezu identisch mit der Definition der Konzentrationsfähigkeit, deren Schnittmenge mit dem Arbeitsgedächtnis wir in einem früheren Kapitel gesehen haben. Hat man also Probleme, die Kontrolle der Aufmerksamkeit aufrechtzuerhalten, könnte das daran liegen, dass man Probleme hat, das im Kopf zu behalten, worauf man sich gerade konzentrieren soll.

Die Kriterien 4, 5 und 6 lassen sich durch die Schwierigkeit erklären, sich eine Anweisung zu merken bzw. eine interne Anweisung im Arbeitsgedächtnis zu behalten, die regelt, was man als Nächstes tun soll. Natürlich fällt es einem dann schwer, seine Arbeit zu organisieren. Kriterium 8 betrifft die Ablenkbarkeit, deren Beziehung zur Kapazität des Arbeitsgedächtnisses wir ebenfalls bereits gesehen haben. Kriterium 9: «Ist bei alltäglichen Tätigkeiten vergesslich», ist wiederum viel zu unspezifisch formuliert, als dass man daraus ablesen könnte, ob das Langzeitgedächtnis betroffen ist oder etwas anderes, aber es könnte durchaus wieder eine Art von Zerstreutheit gemeint sein. Freilich ist das Arbeitsgedächtnis dabei nicht alles. Nicht selten haben Kinder mit ADHS noch mit anderen Problemen zu kämpfen, die nicht auf eine Störung des Arbeitsgedächtnisses zurückzuführen sind. Und doch scheinen Defizite im Arbeitsgedächtnis recht viele der Probleme erklären zu können, die sonst üblicherweise zu den Aufmerksamkeitsstörungen gerechnet werden.

Barkleys Aufsatz gab den Anstoß für ein deutlich gesteigertes Interesse an dem Verhältnis von Arbeitsgedächtnis und ADHS, und inzwischen existiert eine Vielzahl von Untersuchungen, die auf Defizite im Arbeitsgedächtnis bei Kindern und Erwachsenen mit ADHS hindeuten. In einer Untersuchung, die von unserer Forschungsgruppe am Stockholmer Karolinska Institut durchgeführt wurde, zeigte sich nicht nur, dass Kinder mit ADHS weniger Informationen im Arbeitsgedächtnis behalten konnten. Mit zunehmendem Alter der Kinder schienen diese Schwierigkeiten auch noch weiter zu wachsen, das heißt, der Abstand zwischen der Kontrollgruppe und den Kindern mit ADHS wurde größer. Wie diese interessante Beobachtung zu erklären ist, können wir derzeit noch nicht mit Sicherheit sagen.

Mit Blick auf die in früheren Kapiteln beschriebene Überlappung von Aufmerksamkeitskontrolle und Arbeitsgedächtnis ist es vielleicht gar nicht so verwunderlich, dass ADHS-Betroffene sich mit Aufgaben, die das Arbeitsgedächtnis fordern, besonders schwer tun. Zudem gibt es noch weitere biologische Indizien, die eine Verbindung zwischen ADHS und dem Arbeitsgedächtnis nahelegen: Die Stirnlappenareale, die für Letzteres relevant sind, sind – statistisch gesehen –

bei ADHS-Patienten weniger entwickelt. Außerdem scheint bei ihnen das Dopaminsystem, aus dem eine für das Arbeitsgedächtnis wichtige Transmittersubstanz hervorgeht, etwas anders zu funktionieren. So konnte man unter anderem feststellen, dass gewisse, für die Kodierung der Dopaminrezeptoren verantwortliche Genvarianten (Allele) bei Betroffenen häufiger vorkommen. Wiederum handelt es sich nicht einfach um einen strikten Unterschied zwischen Personen mit bzw. ohne diese Variante. Die Differenzen können etwa darin bestehen, dass eine bestimmte Genvariante sich bei 40 Prozent der ADHS-Patienten findet, aber nur bei 20 Prozent der übrigen Bevölkerung.

Pillen und Pädagogik

In vielen amerikanischen Schulen sollen sich in der Mittagspause regelmäßig kleine Schlangen vor der Krankenstation bilden. Und dort stehen dann nicht etwa Kinder, die sich noch eben schnell vor der Sportstunde krankschreiben lassen wollen. Stattdessen warten sie darauf, die tägliche Mittagsdosis ihrer ADHS-Medizin verabreicht zu bekommen.

Die mit Abstand häufigste Behandlungsart bei ADHS besteht in Form von Medikamenten, durch welche die an den Synapsen verfügbare Dopaminmenge erhöht wird. Die Wirkungsweise dieser Medikamente entspricht der von Amphetamin, weshalb sie auch zentrale Stimulantien genannt werden. Ihr Erfolg ist umwerfend, und man hat sie schon als die effektivsten Psychopharmaka der Welt bezeichnet. Binnen einer halben Stunde werden die Kinder ruhiger, weniger hyperaktiv und konzentrierter. Langzeitstudien zeigen keine schädigenden Nebenwirkungen bei dieser Behandlung. Weder führt sie zu einem höheren Risiko, drogenabhängig zu werden, noch beeinträchtigt sie die normale Entwicklung des Gehirns. Kritiker führen dagegen an, dass es bei diesen Langzeitstudien nie richtige Kontrollgruppen gegeben hat und dass sie auf der Grundlage der Dosierungen von vor 10 bis 15 Jahren geführt wurden. Heutzutage aber ist die Dosierung oft weitaus stärker.

Ein interessanter Aspekt dieser Behandlung ist jedenfalls, dass sie das Arbeitsgedächtnis leistungsstärker macht. Man schlucke eine solche Pille, und schon legt das Arbeitsgedächtnis um etwa zehn Prozent zu (bzw. um eine halbe Standardabweichung bezogen auf die Gesamtbevölkerung, wenn man es statistisch sehen möchte). Diese Steigerung ist gleichermaßen bei Personen mit und ohne ADHS zu beobachten und entspricht der Wirkung einer sehr geringen Dosis Amphetamin. Die Erklärung liegt anscheinend in der Wirkung auf das Dopaminsystem. Arzneien, die die Dopaminrezeptoren blockieren, verschlechtern das Arbeitsgedächtnis; solche, die stimulierend auf die Rezeptoren wirken, verbessern es.

Die Alternative zur medikamentösen Behandlung liegt vor allem in der Schulung von Eltern und Lehrern, damit sie das Verhalten ADHS-betroffener Kinder besser verstehen und sich besser darauf einstellen können. COPE heißt ein bekanntes Fortbildungsprogramm, das der Arzt und Forscher Charles Cunningham entwickelt hat. Darin geht es in erster Linie um das Belohnen von erstrebenswertem Verhalten wie im Klassenraum still sitzen, seine Hausaufgaben machen oder Konfliktsituationen meistern. Ebenfalls im Vordergrund steht der richtige Umgang mit dem Trotzverhalten der Kinder. Dem Programm geht es also nicht primär darum, die zugrunde liegende Problematik zu erfassen oder die Anforderungen, denen ein Kind ausgesetzt ist, einer Analyse hinsichtlich der Beanspruchung des Arbeitsgedächtnisses zu unterziehen.

Würde man die Schwierigkeiten hingegen als eine Frage der Balance zwischen äußerer Anforderung und eigener Fähigkeit betrachten, so wären im Falle von Kindern, die Probleme mit dem Arbeitsgedächtnis haben, Maßnahmen zu treffen, die darauf abzielen, die Belastung des Arbeitsgedächtnisses in der Schule zu senken. Derartige Konzepte sind fast überall ins allgemeine Bewusstsein eingedrungen; eine Initiative in Kanada, die sich *TeachADHD* nennt, hat sie zusammengestellt. Sie gibt beispielsweise Ratschläge, wie Arbeitsanweisungen zu erteilen sind:

- Immer nur eine Anweisung auf einmal geben.
- Die Anweisungen müssen kurz, klar und bestimmt sein.
- Die wichtigen Teile der Anweisungen sind zu wiederholen.
- Visuelle Eindrücke zur Unterstützung geben, zum Beispiel Listen.

Es gibt Richtungen in der modernen Pädagogik, die davon ausgehen, dass Kinder wie kleine Forscher ihre Probleme selber formulieren, analysieren und passende Lösungen finden sollen. Das klingt alles ganz ausgezeichnet, besonders für mich, der ich selbst Forscher bin. Hat das Kind allerdings ein unzureichendes Arbeitsgedächtnis, kann dieser Ansatz zu katastrophalen Folgen führen. Die eigene Tätigkeit selbst zu organisieren setzt voraus, dass man in der Lage sein muss, einen Plan im Arbeitsgedächtnis zu behalten. Und das ist viel anstrengender, als wenn der Lehrer den Kindern vorgibt, was sie tun sollen. Sind viele Kinder gleichzeitig im Klassenzimmer mit ihren eigenen Projekten beschäftigt, wachsen die Störungen im Hintergrund noch weiter an. Im Ergebnis werden mit solcher Pädagogik die Anforderungen an das Arbeitsgedächtnis sogar noch erhöht, was bedeutet, dass die Kinder, die damit ohnehin schon Probleme haben, noch weiter zurückfallen.

Die Ratschläge, die für den Unterricht von Kindern mit ADHS gegeben werden, gelten mit Abwandlungen auch für aufmerksamkeitsgestörte Erwachsene. Steht man vor einer großen, komplexen Aufgabe, ist es mitunter schwierig, den Plan, wie man das Ganze angehen soll, im Kopf zu behalten. Dann kann es helfen, den Plan in viele kleine konkrete Teilschritte zu untergliedern und diese aufzuschreiben. Bei dem Problem, organisierte Strukturen um sich herum zu schaffen, benötigt diese Personengruppe ebenfalls Hilfe. Ist man leicht ablenkbar, dann stellt ein vollgepackter Schreibtisch ein riesiges Problem dar. Die Unfähigkeit, auch nur die Aufräumarbeit mit allem, was dazu gehört, zu planen, lässt den Schreibtisch weiterhin unordentlich aussehen, und das ausgerechnet bei denjenigen, die am allermeisten auf eine freigeräumte Arbeitsfläche angewiesen wären. Mit anderen Worten ein Teufelskreis.

In ihrem Buch *ADD in the Workplace* gibt Kathleen Nadeau folgende Tipps, wie man bei bestehenden Aufmerksamkeitsstörungen mit einem chaotischen Büroumfeld zurechtkommt:

- Arbeiten Sie Teilzeit von zu Hause aus (in ruhigerer Umgebung).
- Benutzen Sie Kopfhörer mit weißem Rauschen oder leiser Musik, um störende Einflüsse fernzuhalten.
- Stellen Sie Ihren Schreibtisch so, dass Sie von Leuten, die daran vorbei gehen, nicht gestört werden.

- Benutzen Sie einen Tagesplaner (z. B. einen PDA) und führen Sie To-do-Listen.
- Lassen Sie sich durch einen Timer an Aufgaben und Termine erinnern.
- Tun Sie immer nur eine Sache auf einmal. Vermeiden Sie Multitasking.

Zusammenfassend lässt sich sagen, dass ADHS bzw. ADS möglicherweise nur eine Extremvariante der Konzentrationsschwierigkeiten darstellen, wie sie viele von uns am Arbeitsplatz erleben, wenn an die Kapazität unseres Arbeitsgedächtnisses höhere Ansprüche gestellt werden, als es bewältigen kann, und das Gehirn vor lauter Informationen überläuft. *Attention Defizit Trait* (ADT) ist als Terminus zur Beschreibung dieses Zustandes geprägt worden. Die zentrale Botschaft für alle, die darunter leiden, lautet daher: Verminderung der Ablenkungen – unter Zuhilfenahme einer äußeren Struktur; sowie Verminderung der Anforderungen, die dadurch entstehen, dass man Pläne und Absichten andauernd im Kopf behalten muss. Beiden Ratschlägen gemeinsam ist, dass sie auf eine verringerte Belastung des Arbeitsgedächtnisses abzielen. Aber könnte man nicht auch in die andere Richtung wirken? Ist es möglich, unsere Kapazität zu erhöhen und damit auch etwas in die andere Waagschale zu werfen?

10

Ein mentales Fitness-Studio

Übung macht den Meister – und der Grund dafür liegt in der Formbarkeit des Gehirns. Das Erlernen eines Instrumentes zum Beispiel führt zu Veränderungen sowohl in den Arealen, die die Feinmotorik steuern, als auch in jenen, die Töne akustisch verarbeiten. Es gibt kein Argument dagegen, warum sich nicht auch jene Hirnareale durch Übung positiv beeinflussen lassen sollten, die mit der Kapazität des Arbeitsgedächtnisses zu tun haben. Trotzdem betrachten Psychologen das Arbeitsgedächtnis gewohnheitsmäßig als etwas seiner Kapazität nach Statisches, eine feste, unveränderliche Größe.

Die wenigen vereinzelten Experimente, die es hierzu gibt, stammen hauptsächlich aus den 1970er Jahren, als man versuchte, das Arbeitsgedächtnis bei minderbegabten Kindern positiv zu beeinflussen. In einer Studie versuchte E. C. Butterfield, Kindern Strategien beizubringen, mit deren Hilfe sie Arbeitsgedächtnisaufgaben leichter bewältigen würden. Wenn es etwa darum ging, sich Ziffernfolgen zu merken, wurde ihnen die Anweisung gegeben, nur die ersten Ziffern vor sich hin zu murmeln, um sich für die letzten Ziffern der Sequenz mehr auf eine Art von passivem Gedächtnis zu verlassen. Und es funktionierte – für Zahlen. Bei anderen mentalen Prozessen brachte diese Methode den Kindern jedoch keinen Nutzen. Eine bestimmte, einzelne Strategie zu erlernen schien also keine weiter reichenden Vorteile mit sich zu bringen.

In einem anderen, geradezu heldenhaften Unterfangen trainierte ein Collegestudent drei- bis fünfmal pro Woche jeweils eine Stunde, vorgelesene Ziffernfolgen zu wiederholen, und das Ganze über 20 Monate hinweg! Die Leistung stieg die gesamte Zeitspanne über langsam, aber sicher an, und am Ende der 20 Monate konnte er Folgen von 79 Ziffern wiedergeben. Zu der magischen Zahl Sieben scheint das schlecht zu passen. Aber das Geheimnis war ganz

114 ──────────────────────── 10. Ein mentales Fitness-Studio ──────────────────

schlicht: Der Student hatte eine Strategie entwickelt, die Ziffern in Gruppen zusammenzufassen und sie dann assoziativ mit Informationen in Verbindung zu setzen, die er im Langzeitgedächtnis gespeichert hatte, hauptsächlich sein enzyklopädisches Wissen über Laufsportrekorde. Aus 3492 wurde auf diese Weise «3 Minuten und 49,2 Sekunden, annähernd der Weltrekord über eine englische Meile» (der ab 1975 für vier Jahre bei 3:49,4 lag), und so fort. Im Anschluss an eine Trainingseinheit war er auch später am Tag noch in der Lage, die meisten der vorgelesenen Zahlen zu erinnern, was beweist, dass er das Langzeitgedächtnis benutzt hatte. Testete man seine Fähigkeit jedoch, nach der gesamten Trainingszeit von 20 Monaten, mit Buchstabensequenzen, so war seine Merkfähigkeit auf sechs Elemente in Folge begrenzt. Sein Arbeitsgedächtnis hatte sich also gar nicht verbessert.

Der Erwerb bestimmter Strategien lässt sich demnach für keine anderen Informationstypen als diejenigen nutzbar machen, auf die eine Strategie jeweils exakt zugeschnitten ist. Im Gegensatz dazu basierte die Methode, die in den Studien zur Formbarkeit des Gehirns, speziell bei Affen, zur Anwendung kam, auf repetitivem Training. Denn eine Grundlage dafür, einen Effekt auf das Gehirn beobachten zu können, ist die hinreichende Intensität des Trainings, sowohl was das tägliche Pensum als auch die Gesamtdauer anbelangt. Darüber hinaus muss das Training täglich und wiederholt ausgeführt werden und die Aufgaben müssen hinreichend schwierig sein. (Der Schwierigkeitsgrad lässt sich über automatische Anpassungsmechanismen regulieren, die die Aufgaben schwerer machen, sobald man sich verbessert hat.) Womöglich wären dies auch die geeigneten Grundlagen für ein Training des Arbeitsgedächtnisses.

Training wirkt immer nur spezifisch auf ein bestimmtes funktionelles Leistungsmerkmal und damit nur genau auf die Hirnregionen, deren Aktivierung von dieser Funktion abhängt. Wenn es nun aber multimodale Arbeitsgedächtnisregionen gibt (also Areale, die bei unterschiedlichen Arbeitsgedächtnisaufgaben aktiviert werden, unabhängig davon, welcher Art die Gedächtnisinhalte sind) und diese sich durch gezieltes Üben verbessern lassen, so folgt daraus, dass ein solches Training zumindest im Bereich der verschiedenen Arbeitsgedächtnisaufgaben weitere positive Effekte mit sich bringen würde.

Denn wie wir in früheren Kapiteln gesehen haben, werden auch bei anderen Aufgaben, etwa dem Lösen von Raven-Matrizen, ein und dieselben Schlüsselregionen aktiviert. Aus einer verbesserten Arbeitsgedächtniskapazität müssten sich folglich auch positive Auswirkungen für die Leistungen im Bereich des Problemlösens ergeben, insofern diese ja vom Arbeitsgedächtnis abhängen.

RoboMemo

Ich selbst begann Ende 1999, mich für die Idee zu interessieren, das Arbeitsgedächtnis durch Training zu verbessern. Wäre dies möglich, würde das vermutlich von größtem Nutzen für diejenigen sein, die damit Probleme haben. Und bei ihnen sollte man auch, so die weitere Vermutung, am ehesten Veränderungen feststellen können. Wie wir im vorangegangenen Kapitel gesehen haben, stellen Kinder mit ADHS eine solche Gruppe dar.

Nun waren die Arbeitsgedächtnisaufgaben, die ich für meine Forschung einsetzte, zunächst extrem langweilige Übungen, wie etwa das Erinnern von Kreispositionen in einem Gitternetz. Ein erstes Problem bestand somit darin, wie man zehnjährige Jungen und Mädchen, die große Schwierigkeiten mit dem Stillsitzen hatten, dazu bringen sollte, über Wochen hinweg die immer gleichen monotonen Übungen zum Arbeitsgedächtnis zu wiederholen, zumal sie ja gerade mit diesem ganz besondere Probleme hatten. Ein Teil der Lösung bestand darin, sich die große Anziehungskraft, die Computerspiele auf Kinder ausüben, zunutze zu machen und in gewisser Weise die Übungen so nett verpackt zu verabreichen, dass die Medizin leichter zu schlucken sein würde. Zwei Spiele-Programmierer, Jonas Beckeman und David Skoglund, die bereits eine Reihe von Spiel- und Lernprogrammen für Zehn- bis Zwölfjährige entwickelt hatten, halfen mir dabei, den Übungen ein ansprechendes Design zu geben. Die in den verschiedenen Übungen zu betätigenden Knöpfe wurden auf einem Roboter platziert und das Spiel wurde RoboMemo getauft.

Im Prinzip enthielt das Trainingsprogramm die gleichen Arbeitsgedächtnisaufgaben, die ich, wie auch andere, schon früher innerhalb der Forschung benutzt hatte und bei denen man sich eine gewisse Anzahl von Positionen, Zahlen oder Buchstaben merken soll. Die Kinder führten diese Aufgaben für etwa 40 Minuten am Tag wieder und wieder aus, dabei aber mit jedes Mal wechselnden Reizkombinationen. Sobald sie sich verbessert hatten, stieg der Schwierigkeitsgrad, so dass sie die ganze Zeit über genau am Limit der Zahl von Informationseinheiten lagen, die sie gerade noch erinnern konnten, mit dem Ziel, diese Grenze immer weiter nach oben zu verschieben. Um die Motivation noch weiter zu erhöhen, führten wir ein Punktesystem ein, das es den Kindern ermöglichte, in einen Wettstreit mit sich selbst einzutreten und zu versuchen, ihre eigenen Rekorde zu brechen. Darüber hinaus schlossen wir am Ende noch ein vergnüglicheres Spiel an, bei dem sie ihre im Laufe des Tages verdienten Punkte einsetzen konnten, was als eine Art von Belohnung nach einem harten Stück Arbeit gedacht war.

Nach einigen Pilotstudien war endlich die Zeit für den ersten richtigen Test des Trainingsprogramms gekommen, an dem 14 Kinder mit ADHS teilnahmen. Was die Auswertung solcher Untersuchungen betrifft, sieht man sich üblicherweise vor eine Reihe von Schwierigkeiten gestellt. So benötigt man zum Beispiel eine geeignete Vergleichsgruppe. Misst man eine bestimmte Leistung vor und nach der Behandlung nur bei den Mitgliedern der Testgruppe, um dann zu konstatieren, dass sie sich verbessert haben, so berücksichtigt man nicht, in welchem Maße die Verbesserung lediglich darauf zurückzuführen ist, dass eine Aufgabe einfach zum wiederholten Male ausgeführt wird (der sogenannte Test-Retest-Effekt). Ohne Kontrollgruppe geht es also nicht. Optimal ist es, wenn eine solche Kontrollgruppe einer alternativen Form der Behandlung unterzogen wird, um auch durch Erwartungshaltung entstandene Effekte (Placebo-Effekte) auszuschließen.

Als Placebo-Version entschieden wir uns für ein Programm, das dem Trainingsprogramm zu großen Teilen glich und ebenfalls Arbeitsgedächtnisaufgaben enthielt, die jedoch sehr viel leichter waren. In der Testgruppe wurde der Schwierigkeitsgrad ja die ganze Zeit über an die Fähigkeiten des Kindes angepasst. Die Kinder dieser Gruppe mussten sich daher fünf, sechs oder sieben Ziffern merken, die Kinder der Kontrollgruppe hingegen nur zwei. Der Trainingseffekt sollte unserer Erwartung nach bei der Kontrollgruppe viel geringer ausfallen, so als würde man das Heben von 200-Gramm-Hanteln mit Gewichten vergleichen, die am eigenen Leistungslimit liegen.

Die Kinder beider Gruppen absolvierten ein 25-tägiges Training innerhalb eines Zeitraums von fünf Wochen. Als wir die Daten analysierten, stellte sich heraus, dass die Kinder der Testgruppe, die das intensivere Training absolviert hatten, sich nicht nur bei den von ihnen geübten Aufgaben stärker als die Kinder der Kontrollgruppe verbessert hatten, sondern auch bei solchen Arbeitsgedächtnisaufgaben, die nicht Teil des Programms gewesen waren. Es hatte also den Anschein, als könnte man das Arbeitsgedächtnis erfolgreich trainieren und als würde dieses Training auch weitere positive Effekte in der Folge mit sich bringen.

Ein Nachteil unserer Untersuchung lag in der geringen Zahl der Probanden. Und außerdem gilt, wie erfahrene Forscher immer wieder betonen: «*Eine* Studie ist keine Studie.» Mit diesem Dilemma dürften die meisten Forscher irgendwann Bekanntschaft gemacht haben; der Psychologe William James hat es treffend so formuliert: «Wenn etwas neu ist, sagen die Leute: ‹Das kann nicht wahr sein.› Später, wenn die Wahrheit eine anerkannte Tatsache ist, sagen die Leute: ‹Das ist ohne Belang.› Am Ende, wenn die Bedeutung nicht

Abbildung 17 Ein Kind trainiert mithilfe des von uns zu Forschungszwecken entwickelten Übungsprogramms sein Arbeitsgedächtnis.

mehr geleugnet werden kann, heißt es: ‹Ja gut, aber das ist doch nichts Neues.›»

Unser nächster Schritt musste also sein, diese Resultate in einer größer angelegten Studie zu bestätigen. An dieser Studie waren vier Universitätskliniken und darüber hinaus weitere 20 Mitarbeiter beteiligt. Etwa 50 Kinder mit ADHS saßen zu Hause oder in der Schule vor ihren Computern und übten fünf Wochen lang die Arbeitsgedächtnisaufgaben. Über ein speziell für diesen Zweck entwickeltes System schickten die Kinder ihre Trainingsresultate via Internet an einen Server im Klinikum, wodurch wir kontrollieren konnten, dass sie ihr Training wirklich planmäßig einhielten. Nach knapp zwei Jahren der Planung, Durchführung und Auswertung hatten wir die Ergebnisse in der Hand. Sie bestätigten das Resultat der Pilotstudie: Das Arbeitsgedächtnis hatte sich in der Trainingsgruppe stärker verbessert als in der Kontrollgruppe. Ganz konkret hieß das, dass Kinder, die eine bestimmte Art von Arbeitsgedächtnisaufgaben am Computer trainiert hatten (etwa sich Positionen auf einem Vier-mal-vier-Gitternetz zu merken und diese dann mit der Maus anzuklicken), auch bei Aufgaben besser geworden waren, die nicht an einem Computer auszuführen waren: beispielsweise sich zu merken, in welcher Reihenfolge ein Psychologe auf kleine Holzklötze zeigt, die nach einem Zufallsmuster auf einem Brett befestigt sind.

Die Steigerungsrate lag bei 18 Prozent und war auch drei Monate nach Ende des Trainings noch in Messungen stabil nachweisbar. Eine Person, die zuvor sieben Positionen im Arbeitsgedächtnis behalten konnte, war nun in der Lage, acht Positionen zu erinnern. Statt auf sieben nun auf acht Klötze zeigen zu können – das klingt vielleicht nicht gerade nach einer weltbewegenden Entdeckung. Die Verbesserungsfähigkeit des Arbeitsgedächtnisses durch Training wurde aber in jedem Fall deutlich. Damit hatten wir bewiesen, dass die Systeme nicht statisch sind und dass es möglich ist, die Grenzen der Arbeitsgedächtniskapazität auszuweiten.

Hatte man aber sein Arbeitsgedächtnis durch Üben erst einmal verbessert, durfte man dann nicht auch eine Leistungssteigerung beim Problemlösen erwarten? Um das festzustellen, griffen wir wieder auf die Raven-Matrizen zurück (vgl. S. 46). Wie schon aus einer ersten Studie zu erkennen war, hatten die Kinder der Testgruppe sich bei Raven-Matrizen signifikant verbessert. Auch dieses Resultat wurde von einer zweiten, größeren Untersuchung bestätigt: Bei einem im Anschluss an das Training durchgeführten Test wies die Testgruppe eine Leistungssteigerung von zehn Prozent gegenüber zwei Prozent bei der Kontrollgruppe auf, was eben einen signifikanten Unterschied bedeutete.

Darüber hinaus baten wir die Eltern, das Verhalten ihrer Kinder im Alltag zu bewerten, wozu wir uns genau der Fragen bedienten, durch die ADHS definiert wird. Die Eltern erlebten ihre Kinder durchweg als konzentrierter. Dieses Ergebnis wiederum bestätigte unsere Hypothese eines Zusammenhangs von ADHS-Symptomatik und Arbeitsgedächtnis, wodurch unsere Forschungsarbeit ja ursprünglich inspiriert worden war.

Unlängst hat auch eine Gruppe amerikanischer Wissenschaftler von der University of Notre Dame die von uns entwickelte Computermethode zum Training von ADHS-Kindern zum Einsatz gebracht. Sie konnten unsere Ergebnisse reproduzieren und stießen, sowohl bei Arbeitsgedächtnis- und Problemlösungsaufgaben als auch im Rückgang der Konzentrationsschwierigkeiten, ebenfalls auf signifikante Verbesserungen von gleicher Größenordnung. Weitere Bestätigung fanden diese Resultate in einer Untersuchung von Karin Dahlin und Mats Myrberg an der Pädagogischen Hochschule Stockholm, bei der Kinder das Programm in der Schule absolvierten. Mittlerweile kommt die Methode an mehreren Orten in Schweden, Norwegen, der Schweiz und den USA auch klinisch zum Einsatz, um Kindern mit ADHS bei der Verbesserung ihres Arbeitsgedächtnisses – und damit auch der Konzentrationsfähigkeit – zu helfen.

In einer weiteren Studie wollten wir erkunden, wie das Training bei erwachsenen Schlaganfall-Patienten wirkt. Oftmals führen nämlich Gehirnschäden, wie sie beim Schlaganfall auftreten, zu Problemen mit dem Arbeitsgedächtnis; allerdings war unklar, ob sie sich durch ein Training abmildern lassen könnten. Helena Westerberg leitete den Versuch, bei dem neun ältere Schlaganfall-Patienten das fünfwöchige Training durchliefen, während neun weitere die Kontrollgruppe bildeten. Vor und nach dem Versuch wurde die Zahl der Klötze notiert, die sich die Patienten merken konnten, und wiederum ergab sich, dass die Testgruppe durch die Behandlung signifikante Verbesserungen im Vergleich zur Kontrollgruppe erzielt hatte. Anscheinend lässt sich demnach auch das Arbeitsgedächtnis von älteren Menschen, die einen Schlaganfall erlitten haben, durch Training in seiner Leistung verbessern.

Schließlich fragten wir die Teilnehmer, wie sich ihrer Meinung nach ihr Alltagsleben verändert habe. Zu unserer Freude durften wir auch hier eine Verbesserung verzeichnen. Am deutlichsten war der Effekt bei Fragen, die unmittelbar das Arbeitsgedächtnis betrafen, zum Beispiel: «Passiert es Ihnen oft, dass Sie in ein anderes Zimmer gehen und dann nicht mehr wissen, was Sie dort wollten?» Die Patienten konnten sich besser an das erinnern, was sie als Nächstes tun wollten, das heißt, sie konnten die betreffende Anweisung an sich selbst besser im Arbeitsgedächtnis behalten.

Auswirkungen von Training auf die Gehirnaktivität

Wir stellten uns nun die Frage, ob sich als Folge des Arbeitsgedächtnistrainings auch Veränderungen bei der Hirnaktivität beobachten ließen. Kann die Landkarte im Kopf schon durch ein fünfwöchiges kognitives Training umgezeichnet werden, und wo findet in diesem Fall die Veränderung genau statt? Um dies zu untersuchen, organisierten wir ein Experiment mit jungen Erwachsenen ohne ADHS, die dasselbe fünfwöchige Trainingsprogramm durchlaufen sollten wie zuvor die Kinder mit ADHS. Statt mit Kindern arbeiteten wir dieses Mal mit Erwachsenen, aus dem einfachen Grund, weil wir mit so geringen Veränderungen in der Hirnaktivität rechneten, dass es schwer fiele, sie anders als in lang dauernden und häufig wiederholten Messungen zu registrieren. Und wir glaubten nicht, dass Kinder hiermit gut zurechtkämen, zumal wenn sie Probleme damit hätten, still zu liegen, was eine notwendige Voraussetzung für MR-Untersuchungen ist.

Zur Beobachtung der Hirnaktivität benutzten wir wieder das fMRI-Verfahren und führten die Messungen durch, während die Versuchspersonen mit einer Arbeitsgedächtnisaufgabe nebst einer Kontrollaufgabe beschäftigt waren. Insgesamt wurde die Hirnaktivität bei elf Personen gemessen. Acht davon wurden an fünf verschiedenen Tagen während der fünfwöchigen Trainingsperiode näher mit der

MR-Kamera untersucht, woraus sich ungefähr 40 Stunden Messdaten ergaben.

Als nach einigen Monaten endlich die ersten Karten vorlagen, die beschrieben, welche der Veränderungen statistisch signifikant waren, konstatierten wir einen trainingsbedingten Anstieg der Aktivität im Stirn- und im Scheitellappen. Das war aus zwei Gründen bemerkenswert. Zum einen wurde deutlich, dass langes und intensives Trainieren einer kognitiven Aufgabe zu vergleichbaren Veränderungen bei der Hirnaktivität führen konnte, wie sie zuvor schon für sensorisches und motorisches Training nachgewiesen worden waren. In früheren Experimenten hatte man beispielsweise beobachtet, dass ein Training im genauen Hören die Zahl der mit dieser Aufgabe beschäftigten Neuronen wachsen lässt (vgl. S. 96). Sollte das gleiche Prinzip – eine steigende Zahl von an der Aufgabe aktiv beteiligten Gehirnzellen – auch für das Training des Arbeitsgedächtnisses gelten, so läge darin eine mögliche Erklärung des mit der MR-Kamera beobachteten stärkeren Signals.

Ein zweiter interessanter Punkt war, in welchen Arealen sich die Veränderungen beobachten ließen. Betroffen waren nämlich nicht etwa die Seh- und Hör- oder die motorischen Zentren, vielmehr die multimodalen oder «Überlappungsareale». Die stärksten Veränderungen waren in der Gegend rund um die Intraparietalfurche im Scheitellappen zu erkennen – genau jene Regionen, die wir mit der Kapazitätsbeschränkung des Arbeitsgedächtnisses in Verbindung gebracht hatten.

Wirft man einen näheren Blick auf die Forschungsliteratur, findet man eine Reihe weiterer Studien, die in der gleichen Weise gedeutet werden können wie unsere, dass sich nämlich das Arbeitsgedächtnis und die Kontrolle der Aufmerksamkeit durch gezieltes Training verbessern lassen. Eine Studie arbeitete mit einer Methode, die «Attentional Process Training» genannt wird. Sie besteht in einer Reihe von Übungen, die zusammen mit einem Psychologen durchgeführt werden und beispielsweise darauf abzielen, Worte in alphabetischer Reihenfolge zu sortieren, bestimmte Objekte inmitten von störenden Reizen aufzuspüren oder Begriffe nach Kategorien einzuordnen. Die Effekte einer solchen zehnwöchigen Übungseinheit bei Patienten mit unterschiedlichen Hirnschädigungen wurden ausgewertet und erbrachten auf der Ebene der psychologischen Leistungsmerkmale eine signifikante Verbesserung des visuell-räumlichen Arbeitsgedächtnisses (um sieben Prozent). Signifikant war die Verbesserung auch im Fall einer Arbeitsgedächtnisaufgabe, bei der man Zahlen, die einem angesagt wurden, im Kopf addieren sollte. Bei Tests, die die reizbedingte Aufmerksamkeit maßen, ließ sich jedoch interessanterweise kein derartiger Effekt beobachten.

Eine von Wajima und Sawaguchi kürzlich durchgeführte japanische Studie untersuchte die Trainingseffekte auf das Arbeitsgedächtnis bei über hundert Kindern im Alter von sechs bis acht Jahren. Über zwei Monate hinweg erhielten die Kinder täglich Arbeitsgedächtnisaufgaben, deren Schwierigkeitsgrad sukzessive ihrer jeweiligen Leistung angepasst wurde. Das Training verbesserte, wie sich zeigte, nicht nur die Leistung bei den speziell trainierten Aufgaben, sondern hatte darüber hinaus auch weitere positive Auswirkungen bei anderen Aufgabenstellungen, bei denen das Arbeitsgedächtnis eine Rolle spielte. So steigerten sich die Kinder zum Beispiel auch bei Problemlösungsaufgaben, die den Raven-Matrizen glichen.

Auch wenn es zu der Problematik bislang nur eine Handvoll Untersuchungen gibt, weisen alle in Richtung auf eine Optimierbarkeit des Arbeitsgedächtnisses durch Training. Das Arbeitsgedächtnis ähnelt in dieser Hinsicht anderen motorischen und sensorischen Fertigkeiten, bei denen gezieltes Üben ebenfalls zu messbaren Veränderungen der jeweils aktivierten Hirnareale führte. Die Areale, die dafür zuständig sind, Informationen im Arbeitsgedächtnis zu speichern, dürften also genauso formbar sein wie andere Bereiche des Gehirns. Wir reden dabei freilich nicht von riesengroßen Veränderungen: Bei der Kapazität des Arbeitsgedächtnisses beträgt die Spanne 18 und im Falle der Problemlösungskompetenz acht Prozent. Doch immerhin scheint es eine Tatsache zu sein, dass sich die Grenzen des Gehirns hinsichtlich seiner Kapazität im Umgang mit Informationen überhaupt ausweiten lassen. Wenn aber das Arbeitsgedächtnis für eine ganze Reihe von alltäglichen Handlungen so bedeutsam ist und es sich zudem auch noch optimieren lässt, müssten wir dann nicht andauernd mit dem Training unseres Arbeitsgedächtnisses beschäftigt sein? Gibt es Kandidaten für Tätigkeiten, die eine signifikante Verbesserung hervorrufen?

11

Mentales Muskeltraining im Alltag

Wenn Sie morgens aufwachen und überlegen, wie Sie Ihren Tag mit seinen Terminen, Mahlzeiten, Wegen und Besorgungen planen sollen, legen Sie ein mentales Puzzle, das es erforderlich macht, dass Sie die Puzzleteile im Arbeitsgedächtnis präsent halten. Wenn Sie dann Ihre Aktentasche packen, haben Sie eine Packliste im Kopf. Jede einzelne Sache, die Sie mitnehmen, muss während der Suche und des Einpackens im Arbeitsgedächtnis präsent sein.

Wenn Sie etwas später in der U-Bahn die Zeitung lesen, müssen Sie auch dort wieder das Arbeitsgedächtnis einsetzen, um die Informationen der einzelnen Sätze jeweils vom Anfang bis zum Ende im Sinn zu behalten. Das wird besonders dann schwierig, wenn zufällig einige Jugendliche direkt neben Ihnen lautstark über das gestrige Fußballspiel oder die Party vom Wochenende diskutieren. Das Arbeitsgedächtnis ist auf diese Weise den ganzen Tag über im Einsatz. Sollten wir es daher nicht regelmäßig trainieren, damit es mit jedem Tag besser wird?

Das menschliche Gehirn ist das komplexeste Organ, das es überhaupt gibt. Es mit einem Muskel zu vergleichen wäre geradezu frevelhaft, zumindest für einen Hirnforscher. Aber der Vergleich hilft möglicherweise, einige Prinzipien des Trainings zu verdeutlichen. Ein Muskel wie der Bizeps an der Vorderseite des Oberarms wird jedes Mal benutzt, wenn wir den Unterarm anheben. Ob wir ein Stück Papier aufnehmen, die Arme über der Tastatur halten oder einen Bissen vom Teller zum Mund führen – bei diesen wie auch bei tausend anderen kleinen Bewegungen wird dieser Muskel den ganzen Tag über immer wieder aktiviert. Der Gebrauch verhindert den Schwund, wie er im Zuge einer Lähmung eintritt. Jedoch wird der Muskel davon, Papier anzuheben, auch nicht stärker. Damit die Muskelkraft sich steigert, bedarf es höherer Gewichte. In jedem beliebigen Buch über

Muskelaufbautraining kann man erfahren, dass die Gewichte so zu wählen sind, dass man es noch gerade eben schafft, eine Übung zehnmal hintereinander zu wiederholen. Und diese Übung muss nun dreimal hintereinander am Stück, und zwar dreimal die Woche gemacht werden und man muss mit mehreren Wochen systematischen Trainings rechnen, ehe ein Ergebnis festzustellen ist.

Leider wissen wir erheblich weniger darüber, wie das Gehirn zu trainieren ist. Jedoch dürften bestimmte Prinzipien wie das Training nahe am eigenen Limit, und zwar mehrmals am Tag und mehrere Male pro Woche, sich in beiden Fällen gleichen. Als meine Forschungsgruppe Untersuchungen zu den Auswirkungen eines solchen Trainings bei Kindern mit ADHS vornahm, verglichen wir zwei Gruppen, die sich gerade in dem Punkt unterschieden, wie dicht an der eigenen Kapazitätsgrenze die Probanden jeweils trainierten. Nur dort, wo die Kinder ans Limit ihrer Fähigkeiten gingen, war auch ein wirklicher Effekt zu verzeichnen. Einfache Aufgaben führten hingegen nur zu minimalen Verbesserungen. Es genügte aber auch nicht, einfach nur schwierige Aufgaben zu bearbeiten, die Kinder mussten auch mindestens eine halbe Stunde am Tag üben, und das fünfmal in der Woche, über den Zeitraum von fünf Wochen.

Abgesehen davon, dass die verschiedenen Handlungen im Alltag ihren mentalen Anforderungen nach sehr stark variieren – wie oft am Tag kommt es denn vor, dass wir uns wirklich maximal anstrengen? Wie oft sind Sie mit der Lösung eines Problems beschäftigt, das Sie ans Limit Ihrer geistigen Möglichkeiten bringt?

The Einstein Aging Study

Wie Studien bestätigen, haben auch die ganz alltäglichen Aktivitäten Auswirkungen auf unsere kognitive Leistungsfähigkeit. Eine solche Untersuchungsreihe ist *The Einstein Aging Study* von Joe Verghese und Mitarbeitern in New York. Die Wissenschaftler begleiteten mehr als 400 Rentner über durchschnittlich fünf Jahre hinweg, um Auskunft darüber zu erhalten, welchen Einfluss ihre täglichen Beschäftigungen langfristig auf ihre geistigen Fähigkeiten hatten. In erster Linie war man dabei an der Frage der Demenzentwicklung interessiert, hat aber auch den IQ gemessen. Bei mehreren Gelegenheiten ließ man die Teilnehmer psychologische Tests absolvieren und detailliert ihre Freizeitbeschäftigungen beschreiben, worunter Lesen, Schreiben, Kreuzworträtsel, Schach (und andere Brettspiele), Teilnahme an Diskussionsgruppen, Musizieren, Tennis, Golf, Schwimmen, Radfahren, Tanzen, Gruppengymnastik, Bowling, Lauftraining, Treppensteigen über zwei Stockwerke, Hausarbeit und Babysitting fielen. Sie mussten auch berichten, wie häufig sie die Übungen wiederholten: ob täglich, einmal oder mehrmals pro Woche, einmal im Monat, gelegentlich oder niemals. Die Trainingsmenge wurde in eine Punktzahl übersetzt, wobei ein Punkt für jeweils eine bestimmte regelmäßige Aktivität pro Woche stand. Wenn man etwas täglich machte, ergab das folglich sieben Punkte.

Nach etwa fünf Jahren wurden die Teilnehmer der Studie wieder aufgesucht, um festzustellen, ob ihre Freizeitbeschäftigungen zu irgendwelchen Effekten geführt hatten. Faktoren wie Unterschiede im Ausbildungsgrad, Gesundheitszustand und in der Ausgangsleistung wurden bei der Analyse berücksichtigt und herausgerechnet. Das tat man, um sicherzustellen, dass nicht etwa die anfängliche Gesundheit die spätere Aktivität bestimmte, sondern dass es sich vielmehr umgekehrt verhielt.

Es ergab sich, dass Lesen, Schach, Musizieren und Tanzen mit einer späteren relativen Verbesserung der kognitiven Fähigkeiten und mit einem verminderten Demenzrisiko einhergingen. Das galt aber nur, wenn man die fraglichen Übungen mehrmals in der Woche wiederholte: Eine Partie Schach pro Woche reichte dafür nicht aus. Kam jemand bei den geistigen Beschäftigungen zusammengerechnet auf acht oder mehr Aktivitätspunkte (unternahm diese Übungen also achtmal die Woche), sank das Risiko, an Demenz zu erkranken, um die Hälfte. Entsprechende Quantitäten im Bereich der körperlichen Betätigungen (wie Radfahren, Golf, Walking usw.) zeigten hingegen überhaupt keinen Effekt in Bezug auf die geistige Gesundheit. Die Untersuchung belegt also, dass sich bei geistig anspruchsvollen Aktivitäten durchaus Trainingseffekte beobachten lassen, erinnert uns zugleich aber auch daran, dass eine gewisse Intensität erforderlich ist, wenn man eine Wirkung erzielen möchte. Ein Prinzip, das gleichermaßen für mentales wie für Muskeltraining gilt.

Durch die Brille des Kognitionswissenschaftlers betrachtet, ist leicht zu erkennen, dass viele der Übungen, die bei der *Einstein Aging Study* eine Wirkung erbracht haben, gerade solche sind, die einschlägig dafür bekannt sind, Arbeitsgedächtnis und Kontrolle der Aufmerksamkeit zu fordern. Schach ist darunter die Aktivität mit dem größten Trainingseffekt. Mehrere Schachzüge im Voraus zu denken gehört vermutlich zu den anspruchsvollsten Aufgaben für das Arbeitsgedächtnis. Und wer eine Stunde lang Schach spielt, verwendet den größten Teil der Zeit eben gerade darauf. Die effektive Zeit, in der man sein Arbeitsgedächtnis voll einsetzt, ist beim Schach sehr groß. Auch Lesen fordert das Arbeitsgedächtnis. Freilich dürfte dies auch von der Komplexität der gelesenen Texte abhängen, was die Studie aber nicht näher aufschlüsselte. Viele benutzen als eine Art des Hirnsports das Lösen von Kreuzworträtseln. Hier zeigte sich zwar ein gewisser positiver Effekt, der statistisch gesehen aber nicht wirklich signifikant war.

Laura Fratoglioni, Bengt Winblad und Mitarbeiter vom Karolinska Institut haben über mehrere Jahre hinweg die ältere Bevölkerung im Stockholmer Stadtteil Kungsholmen beobachtet und sind zu ähnlichen Ergebnissen gekommen – dass nämlich ein geistig reges Leben der Entstehung von Demenz vorbeugt. Hinsichtlich des Effekts körperlicher Aktivität sind ihre Ergebnisse nicht so pessimistisch wie die der *Einstein Aging Study,* sondern deuten vielmehr darauf hin, dass kognitive, physische und auch soziale Aktivität unabhängig voneinander jeweils eigene positive Auswirkungen auf die mentale Gesundheit haben.

Es hat folglich den Anschein, als hätten auch alltägliche Beschäftigungen mitunter eine Wirkung. Will man aber die genauen Auswirkungen eines Trainings erforschen, muss man mehr ins Detail gehen. Das Prinzip «*Use it or lose it*» zielt immer auf ganz bestimmte Funktionen und Areale im Gehirn. Bedauerlicherweise hat man in der *Einstein Aging Study* nicht das Arbeitsgedächtnis gemessen, sondern nur die Demenzentwicklung. Doch immerhin hatten sich bei jenen Teilnehmern, die nicht zu den Demenzerkrankten gehörten, die Leistungen in den IQ-Tests verbessert. In einem späteren Kapitel werde ich deshalb noch einmal auf etwas exaktere Studien über mentales Training und dessen Einfluss auf unsere Fähigkeiten zurückkommen.

Mentale Maßstäbe

Obwohl die positiven Effekte, die von anspruchsvollen Arbeitsgedächtnisaufgaben ausgehen, vermutlich auch andauernd in unserem Alltag auftreten, bemerken wir diese nicht immer, weil es natürlich nicht leicht ist, selbst sein eigenes Arbeitsgedächtnis oder Konzentrationsvermögen zu beobachten und zu messen. Halten wir körperliches und mentales Training nebeneinander, dann ist uns die Vorstellung, dass wir unseren Körper mittels Training in Form halten müssen, viel geläufiger. Im Fitness-Studio lassen sich die quantitativen Ergebnisse unseres Einsatzes bequem feststellen: Denn wir können ja sehen, wie schwer die Gewichte sind, die wir gerade noch heben können, oder die Laufzeit stoppen, und wir merken auch, wenn uns der Atem nicht mehr nach drei Treppen auszugehen droht. Muskeln kann man mit den Augen sehen, auch dass sie bei kräftigen Menschen größer sind, und beim Wiegen sehen wir, wie unser Gewicht abnimmt, wenn wir uns mehr bewegen. All das ist konkret anschaulich.

Schwieriger ist es hingegen, die Kapazität des Arbeitsgedächtnisses oder das Maß der Kontrolle über unsere Aufmerksamkeit zu erkennen. Selbst in Kontexten, in denen das Arbeitsgedächtnis von zentraler Bedeutung ist, wie etwa in der Schule, lässt es sich kaum direkt beobachten. Bessere Leistung lässt sich oftmals mit besserer Sachkenntnis erklären: Wer in Mathematik besser geworden ist, hat eben die Formeln gelernt; wer ein Instrument flüssiger spielt, hat wohl fleißig Tonleitern geübt. Zu welchen Anteilen die Leistung von der Konzentrationsfähigkeit abhängt, ist in der Regel schwer zu entscheiden. In Zukunft wird es vielleicht möglich sein, mithilfe genauer Maßstäbe für mentale Aktivität geistige Tätigkeiten genauso auf einer Punkteskala zu verorten und damit zu rechnen, wie wir es heute schon mit Kalorien oder mit Kilogramm bei den Gewichten im Fitnessraum tun.

Doch Training nützt, wie sich in etlichen Studien gezeigt hat, nur dann wirklich etwas, wenn es einen an die Grenzen der eigenen Kapazität führt. Wo im täglichen Leben die größten Herausforderungen für das Arbeitsgedächtnis liegen, ist von Person zu Person unterschiedlich. Für ein Schulkind mag die Mathematik und insbesondere das Kopfrechnen zum Schwierigsten zählen. Das Lesen komplizierter Texte, deren Materie einem nicht vertraut ist oder die viele Fachbegriffe enthalten, stellt hohe Anforderungen daran, die Informationen vom Anfang des Satzes im Kopf zu behalten, während man mitten im Satz vielleicht überlegen muss, was denn gerade gemeint ist, oder versucht, sich über einen schwierigen Begriff klar zu werden. Lange und mit vielen komplizierten Worten versehene Sätze zu lesen dauert außerdem auch einfach länger – was dem Arbeitsgedächtnis Zusätzliches abverlangt. Und selbst wenn wir als Erwachsene hoffentlich einen höheren Grad an Komplexität meistern, zählt das Leseverstehen doch in jedem Fall zu den großen mentalen Herausforderungen im Alltag – nicht nur für Kinder. Doch auch der häusliche Bereich hält immer wieder anspruchsvolle Aufgaben bereit. Ich selbst habe zum Beispiel ganz fürchterliche Probleme damit, auch nur zwei Zeilen eines Kochrezeptes so lange im Arbeitsgedächtnis zu behalten, bis ich die Anweisungen ausgeführt habe. Aber ich verwende auch nicht allzu viel Zeit in der Woche darauf, nach Rezept zu kochen, und kann Kochen nicht gerade zu meinen Trainingsschwerpunkten zählen.

Zen und die Kunst, sich zu konzentrieren

Für den Fall, dass sich die Leistung des Arbeitsgedächtnisses und die Kontrolle der Aufmerksamkeit durch gezieltes Üben optimieren lassen sollten, müssten sich dafür auch historische Belege finden. Bleiben wir also bei dem Thema Aufmerksamkeit und Training, gehen aber einige Jahrhunderte in der Zeit zurück. Dem Buch *Zensô Mondô* (Dialoge von Zen-Meistern) zufolge spielte sich folgende Szene vor etwa 700 Jahren ab:

Ein Zen-Laie sprach zu dem Meister Ikkyu: «Meister, könntest du mir nicht in Hinsicht auf die höchste Weisheit einige Lebensregeln aufschreiben?» Ikkyu nahm sogleich den Pinsel und malte das Zeichen für Aufmerksamkeit. «Ist das alles?», fragte der Jüngere. «Willst du nicht noch etwas hinzusetzen?» Ikkyu schrieb daraufhin zweimal hintereinander das Zeichen: Aufmerksamkeit, Aufmerksamkeit. «Aber», sagte der Jüngere leicht irritiert, «ich erkenne nichts Tiefes oder Feinsinniges in dem, was du da schreibst.» Daraufhin schrieb Ikkyu selbiges Wort dreimal hintereinander: Aufmerksamkeit, Aufmerksamkeit, Aufmerksamkeit. Der junge Mann, der nun allmählich unwillig zu werden begann, erwiderte: «Was soll denn das Wort überhaupt bedeuten: Aufmerksamkeit?» Ik-kyu antwortete milde: «Aufmerksamkeit bedeutet Aufmerksamkeit.»

Die Buddha-Gestalt ist in ihrer gesammelten Haltung und mit den halb geschlossenen Augen, versunken in Meditation, ein Sinnbild für Konzentration. Fernöstliche Meditation gilt oft als der reinste Ausdruck einer Aktivität, die höchste Konzentration erfordert. Doch inwiefern stimmt das eigentlich? Geht es dabei um Konzentrationsfähigkeit in dem Sinne, wie sie von experimenteller Psychologie und kognitiver Neurowissenschaft definiert wird, und führt hierüber ein Weg zur Verbesserung dieser Fähigkeiten?

Bonpu-Zen

Zen-Buddhismus ist ein Zweig des Buddhismus, dessen Schwerpunkt auf Meditation liegt, und nicht so sehr auf religiösen Aspekten. Manche sprechen daher lieber von einer Philosophie als von einer Religion. Seine Form erhielt er, als der Buddhismus von Indien über China nach Japan wanderte, wo sich die Zen-Richtung seit dem achten Jahrhundert entwickelt hat.

Bei der Zen-Meditation sitzt man mit halb geschlossenen Augen und versucht, sich auf seine Haltung und Atmung zu konzentrieren; es gibt keine Mantras, keine Anschauung des inneren Lichtes. Meist zählt man die Atemzüge, jedes Mal beim Ausatmen, bis man bei zehn angekommen ist, dann fängt man wieder von vorne an. Das Zählen dient dazu, zu verhindern, dass man anfängt, an anderes zu denken. Wenn die Gedanken abzuschweifen beginnen, kommt man aus dem Zählen oder vergisst, wieder neu anzufangen, wenn man bei zehn angekommen ist. Ist man also plötzlich bei Atemzug Nummer sechzehn, wird einem klar, dass man offenbar die Konzentration verloren hat – und beginnt wieder von vorne. Viele sind der Ansicht, dass Meditation sehr deutliche Züge eines Konzentrationstrainings aufweist.

Der Zenmeister Yasutani Roshi, der von 1885 bis 1973 in Japan lebte, teilte das zenbuddhistische Training in fünf Typen ein, deren erster *Bonpu-Zen* ist, das nicht mit irgendwelchen bestimmten philosophischen oder religiösen Inhalten verknüpft ist:

«Durch das Üben von Bonpu-Zen lernt man, seinen Geist zu fokussieren und bewusst zu steuern. Die meisten Menschen machen nie die Erfahrung, zu versuchen, ihren Geist zu lenken, und bedauerlicherweise findet sich ein solches Basistraining auch nicht im Rahmen der zeitgenössischen Bildungspläne, da es nicht zu dem zählt, was heute Wissenserwerb genannt wird. Jedoch lernen wir dann das, was wir lernen, auf unkundige Weise und haben daher Schwierigkeiten, es zu behalten, wodurch viel Energie auf dem Weg des Lernens verloren geht. In Wirklichkeit sind wir gewissermaßen alle so lange gefesselt, bis wir gelernt haben, unsere Gedanken zu zügeln und unseren Geist zu sammeln.»

Ausdrücke wie «den Geist bewusst steuern» oder «den Geist fokussieren» liegen in offensichtlicher Nähe zu dem Ausdruck «Lenkung der Aufmerksamkeit». Wenn Roshi darauf hinweist, dass diese Fähigkeit für so viele mentale Aktivitäten eine notwendige Voraussetzung ist, dass man sie gezielt entwickeln kann und dass sie dennoch in den Lehrplänen ignoriert wird – so ließe sich das alles genauso in Bezug auf Arbeitsgedächtnis und Aufmerksamkeit sagen. Die Tatsache, dass Arbeitsgedächtnis und Aufmerksamkeit von großer Bedeutung sind und sich auch fördern und entwickeln lassen, bedeutet also noch nicht automatisch, dass dieses Training auch Eingang in unseren Alltag, in Arbeit und Schule, gefunden hätte. Es bedarf wohl erst einer gezielten Bewusstwerdung, dass es so etwas wie die Befähigung zur Aufmerksamkeit gibt – und dann auch systematischen Trainings, um Verbesserungen zu erzielen.

Wissenschaft und Meditation

Mit Beginn des 21. Jahrhunderts findet sich innerhalb der Neurowissenschaften ein aufkeimendes Interesse für Fragestellungen, die bis dahin als zu nebulös galten, als dass man mit ihnen näher in Verbindung gebracht werden wollte. Mittlerweile hat der Versuch, sich Fragen des Bewusstseins und der korrespondierenden Hirnaktivität anzunähern, jedoch Anerkennung gefunden. In letzter Zeit ist ein Interesse für Meditation hinzugekommen. Ein Zeichen dafür war, dass der Dalai Lama 2005 eingeladen war, vor dem größten neurowissenschaftlichen Kongress, der *Society for Neuroscience*, mit gut 20 000 Teilnehmern, zu sprechen. In seinem Vortrag berichtete er von seinem Interesse für die Wissenschaft. Aber er mahnte die Wissenschaftler auch, stärker das Mitgefühl zu achten. Er artikulierte darüber hinaus seine Bereitschaft, buddhistische Grundansichten aufzugeben, sofern diese wissenschaftlich widerlegt werden könnten. Allerdings fiel ihm diese Zusage wohl leicht, da die Widerlegung vieler buddhistischer Glaubenssätze, zum Beispiel dem der Wiedergeburt, nur sehr schwer zu leisten sein dürfte.

Im Bereich der Meditation gibt es derzeit Forschungen an einer Reihe von Zentren in den USA, unter anderem in Davies, San Francisco, Princeton und Harvard. Und auf einer Tagung von Hirnforschern und Buddhisten brachte Nancy Kanwisher, eine führende Forscherin auf dem Gebiet der kognitiven Neurowissenschaft, das Thema der Aufmerksamkeit immerhin einmal zur Sprache: «Das gezielte Trainieren der Aufmerksamkeit ist bislang kaum in den Blickpunkt der kognitiven Neurowissenschaften gerückt.»

Noch immer gibt es nicht viele Untersuchungen, die zu diesem Thema veröffentlicht sind. Eine Suche in diversen medizinischen und psychologischen Datenbanken von Fachpublikationen ergibt zwar etliche Treffer zu Entspannung und Meditation, ferner zu ihren Wirkungen auf das Immunsystem, der elektrischen Leitfähigkeit der Haut sowie der Melatoninausschüttung. Doch nach wie vor keine harten Fakten zu ihrer Rolle, die Konzentrationsfähigkeit zu verbessern.

Eine wissenschaftliche Studie über das Verhältnis von Gehirn und Meditation wurde von Richard Davidson durchgeführt, der im Übrigen selbst Buddhist und ein persönlicher Freund des Dalai Lama ist. Mithilfe der Elektroenzephalographie (EEG) wurden die in Verbindung mit Neuronenaktivität auftretenden elektrischen Ströme gemessen. Acht tibetanische Mönche mit zwischen 10 000 und 50 000 Stunden Meditationserfahrung wurden, neben einer Kontrollgruppe von zehn Collegestudenten, untersucht. Man ließ sie zu dem Thema «bedingungslose Liebe» meditieren, während man das elektrische Feld an ihrer Kopfhaut maß.

Die Mönche brachten ein erheblich stärkeres Signal bei einer bestimmten Schwingungsart zustande, den sogenannten Gammafrequenzen. Diese tragen dazu bei, so wird angenommen, die Aktivität in den verschiedenen Hirnarealen miteinander zu vernetzen. Wie man aber den Unterschied zwischen den Mönchen und den Studenten genau deuten soll, ist noch unklar. Der Meditationstyp, dem sie sich widmeten, stand auch immer noch in keinem direkten Bezug zum eigentlichen Aufmerksamkeitstraining.

Bei einer von Julie Brefczynski-Lewis und Richard Davidson durchgeführten fMRI-Untersuchung der Hirnaktivität bei buddhistischen Mönchen sollten diese sich auf einen Punkt auf einem Bildschirm konzentrieren. Die Mönche zeigten dabei höhere Aktivitätsniveaus als eine Kontrollgruppe, und zwar zum Teil in jenen Bereichen des Stirnlappens und der intraparietalen Furche, deren Zusammenhang mit der Kontrolle der Aufmerksamkeit und dem Training des Arbeitsgedächtnisses wir bereits ausführlich behandelt haben. Hier scheint also eine zumindest indirekte Verbindung zwischen der Steuerung der Aufmerksamkeit und der Konzentration, wie sie in der Meditation geübt wird, vorzuliegen.

Gegenwärtige und zukünftige Herausforderungen

Kehren wir in unsere Gegenwart zurück und vor allem zu der Frage, welche Auswirkungen die Veränderungen in unserer Umgebung auf die mentalen Anforderungen haben. Viele Situationen, die das Arbeitsgedächtnis stark fordern, sind mit neuen Technologien verknüpft, etwa wenn man den Umgang mit neuen Geräten erlernen oder sich in ein neues Computerprogramm einarbeiten muss. Nehmen wir einmal an, Sie arbeiten mit einem Textverarbeitungsprogramm und sollen das Textdokument auf Silbentrennung hin durchgehen. Unterstellen wir weiter, Sie hätten keine Ahnung, wie man das macht, und rufen darum die Hilfefunktion auf. Dort erhalten Sie dann folgende Anleitung: «1. Klicken Sie auf *Sprache* im Menü *Extras* und dort dann auf *Silbentrennung*. 2. Setzen Sie ein Häkchen im Kästchen *Automatische Silbentrennung*. 3. Tragen Sie im Feld *Silbentrennzone* ein, wieviel Platz zwischen dem letzten Wort auf einer Zeile und dem rechten Bildschirmrand gelassen werden soll.» Denen, die das auf Anhieb im Arbeitsgedächtnis behalten können, kann man nur gratulieren.

Die Veränderungen innerhalb unserer Gesellschaft – etwa die wachsende Menge komplizierter Texte und Bedienungsanleitungen, immer komplexere technische Apparaturen, Multitasking-Situationen und ständig erneuerte Computersoftware – dürften den Alltag immer belastender für unser Arbeitsgedächtnis gestalten. Im Schlussteil dieses Buches wollen wir deshalb die Forschungslabors verlassen und Beispiele für Trainingseffekte in verschiedenen Umgebungen herausgreifen. Eine Aktivität, die dafür infrage kommt, sind die Video- und Computerspiele, deren Verbreitung in den letzten Jahren erheblich zugenommen hat. Welche Auswirkungen sind mit ihnen verbunden? Bekommen die Computerkids, wie manche befürchten, Konzentrationsstörungen, oder hat das Spielen gerade im Gegenteil einen positiven Effekt auf die Konzentration?

12

Computerspiele

Ihre frühere Arbeit bei einer Möbelfirma hat Jennifer Grinnell, US-Amerikanerin aus Michigan, aufgegeben und widmet sich nunmehr ganztags dem Computerspiel *Second Life*. Das Spiel ist ein sogenanntes *massively multiplayer online game* (MMO), bei dem die Spieler sich über das Internet in einer gemeinsamen virtuellen Welt bewegen, in der man Grundstücke und Häuser kaufen und eigene Gegenstände kreieren kann, wie beispielsweise Möbel, Kleidung oder auch das Aussehen der eigenen Spielfigur, des *Avatars*.

Jennifers Spezialität ist das Design von Kleidung und «Aussehen»; sie verkauft ihre Kreationen an andere Spieler, die damit ihre Avatare ausstatten. Nach einem Monat in *Second Life* verdiente sie so spielenderweise bereits mehr als zuvor in der Möbelfirma. Nach drei Monaten kündigte sie ihren bisherigen Job und spielte nun Vollzeit in einer Welt, die sie mit Hunderttausenden teilt. Einige spielen hier nur um des Vergnügens willen, andere verdienen richtiges Geld. Die Gesellschaft, die auf diese Weise neu entstand, ist an den Universitäten bereits zum Forschungsgegenstand von wirtschaftswissenschaftlichen Seminaren geworden. Im Umkreis von *Second Life* haben sich auch sozialpädagogische Projekte angesiedelt, die zum Beispiel versuchen, behinderten Kindern Möglichkeiten zur Interaktion anzubieten, die sie im wirklichen Leben nicht hätten.

Jennifer Grinnell ist ein Extrembeispiel dafür, wie Computerspiele eine alternative Realität schaffen, in die immer mehr Menschen zunehmend mehr Zeit investieren. Das Spiel *Second Life* ist auch ein Beispiel dafür, wie breit gefächert das Spektrum digitaler Unterhaltungsangebote mittlerweile geworden ist. Auf der Suche nach Freizeitbeschäftigungen, die in der Lage sind, unsere Konzentrationsfähigkeit nachhaltig zu beeinflussen, stoßen wir heute nicht mehr primär auf Schach oder Kreuzworträtsel (wie noch in der *Einstein*

Aging Study), sondern auf Computerspiele. Unter den Spielern sind alle Altersgruppen vertreten, wenn auch Kinder und Jugendliche weiterhin überwiegen. In Schweden spielen beispielsweise 60 Prozent aller Jungen zwischen 11 und 16 Jahren öfter als viermal in der Woche. Die beträchtliche Zeit, die viele Kinder dem Spielen widmen, bringt es mit sich, dass hier ein echtes Potential liegt, das Gehirn und die kognitiven Fähigkeiten zu beeinflussen. Die Frage ist nur, wie.

Unter Eltern herrscht Verunsicherung und Sorge bezüglich der Auswirkungen des Spielens. In der Hauptsache gibt es drei Befürchtungen: dass die Kinder durch Gewaltspiele aggressiver werden, dass sie aufgrund mangelnder Bewegung dicker werden und dass sich Konzentrationsstörungen mit ADHS-ähnlicher Symptomatik einstellen können. Die Debatte um Gewalt in Computerspielen erinnert an die über Jahrzehnte hinweg anhaltende Diskussion um Gewalt in Filmen. Sie berührt ein ernst zu nehmendes Problem, gehört aber nicht hierher. Das Gleiche gilt für die schädlichen Folgen mangelnder Bewegung, die ich gerne den Ernährungs- und Gesundheitsfachleuten überlasse, die darüber zu entscheiden haben, wie viel Sportunterricht die Kinder in der Schule erhalten. Wir wollen uns hier stattdessen auf die Frage konzentrieren, ob und inwieweit Computerspiele einen Einfluss auf die Konzentrationsfähigkeit haben.

Alarmierende Berichte

Im Jahr 2001 schrieb die britische Zeitung *The Observer* folgendes:

Computerspiele hemmen die Gehirnentwicklung bei Jugendlichen
Mit fortschrittlicher Technik gewonnene Karten des Gehirns zeigen, dass Computerspiele die Entwicklung des Gehirns ernsthaft beeinträchtigen und dazu führen können, dass Kinder nicht mehr imstande sind, gewaltsames Verhalten richtig zu steuern. Computerspiele erzeugen eine sprachlich verarmte Generation, die in weitaus höherem Maße als ihre Elterngeneration zu Gewalt tendiert, so das Ergebnis einer kontroversen neuen Studie. Die Tendenz zum Kontrollverlust kommt nicht daher, dass die Kinder die Gewalt nachahmen, die sie im Spiel sehen, wie Wissenschaftler früher vermuteten, sondern weil Entwicklung und Wachstum des Gehirns gehemmt werden.

Die Studie, auf die in diesem Artikel Bezug genommen wird, wurde von Ryuta Kawashima durchgeführt, einem japanischen Forscher von der Tohoku-Universität. Sie geisterte über mehrere Jahre hinweg als Gerücht durch die Medien und erzeugte ein weites Echo, auch in der schwedischen Presse, ist aber bis heute, im Jahr 2006, immer noch nicht veröffentlicht worden!

Worauf gründet sich also diese düstere Einschätzung? Soweit ich durch persönliche Kontakte herausbekommen konnte, maßen Kawashima und Mitarbeiter die Blutströme im Gehirn von Kindern bei drei verschiedenen Situationen: während sie am Computer spielten, während sie sich ausruhten und während sie Mathematikaufgaben lösten (Zahlen addieren). Bei dem Computerspiel handelte es sich um eine Art Sportspiel auf einem Nintendo *Gameboy*, also ein ganz simples Spiel auf einem kleinen tragbaren Gerät, wie es besonders unter jüngeren Kindern sehr beliebt ist.

Man fand heraus, dass diese Spiele in erster Linie das Seh- und das motorische Zentrum im Gehirn aktivierten. Die Mathematikaufgaben aktivierten hingegen den Stirnlappen. Der Unterschied bei den Aktivitätsmustern kann damit zusammenhängen, dass die Sportspiele vor allem die reizbedingte Aufmerksamkeit herausfordern, bei der es auf eine schnelle Verbindung zwischen Reiz und Reaktion ankommt, nicht aber so sehr auf das Arbeitsgedächtnis. Auf Letzteres kommt es hingegen beim Lösen von Mathematikaufgaben an, die aus diesem Grund den Stirnlappen aktivieren. Der einzige Schluss jedoch, der sich aus diesem Ergebnis berechtigterweise ziehen lässt, ist der, dass Sportspiele den Stirnlappenbereich eben nicht aktivieren. Allerdings ist es wohl auch eher unwahrscheinlich, dass sie dies tun sollten – ein Merkmal übrigens, das sie mit einer Vielzahl anderer Beschäftigungen teilen, etwa auch mit sportlichen Aktivitäten im wirklichen Leben. Nichts in der Studie besagt, dass die gemessenen Aktivitätsmuster nachhaltig bestehen bleiben. Und sie sagt auch nichts darüber aus, dass Computerspiele zu gewaltsamem Verhalten führen. Verhaltensänderungen wurden überhaupt nicht gemessen; die Aufmerksamkeit oder das Arbeitsgedächtnis waren kein Bestandteil der Studie. Der Kontrast zu der Darstellung im *Observer* springt ins Auge, und die Tatsache, dass den japanischen Forschern auch anderswo viel Platz eingeräumt wurde, zeigt nur, wie leicht sich Desinformation in den Medien verbreitet.

Der Nutzen von Computerspielen

Ein bestimmter Typ von Untersuchungen, sogenannte Querschnitt-studien, vergleicht Jugendliche, die viel am Computer spielen, mit wenig spielenden Altersgenossen. Einige dieser Studien kamen zu dem Ergebnis, dass Kinder, die viel spielen, in der Schule schlechtere Leistungen erbringen. Andere Untersuchungen haben hingegen fest-gestellt, dass diejenigen schlechter abschneiden, die am wenigsten spielen. Das Problem mit dieser Art von Studien ist, dass es sehr schwer ist, alle Hintergrundfaktoren zu berücksichtigen und sicher-zugehen, dass sich die Spielergruppe von den anderen Gruppen nicht auch in anderen Hinsichten unterscheidet als eben nur beim Compu-terspielen. (Und wiederum wurden auch bei diesen Studien weder Konzentrationsfähigkeit noch Arbeitsgedächtnis gemessen.) Am si-chersten ist es daher in solchen Fällen, die erzielten Ergebnisse er-neut einer Überprüfung zu unterziehen – und im besten Falle zu be-stätigen –, indem man die Testpersonen noch einmal ganz zufällig, durch Losen, auf zwei neue Gruppen aufteilt: eine Spielergruppe und eine wenig oder gar nicht spielende Kontrollgruppe, und diese bei-den dann erneut miteinander vergleicht.

Eine solcherart durchgeführte empirische Studie wertete die Ef-fekte des Computerspiels *Tetris* aus. Bei *Tetris* fallen Puzzleteile lang-sam vom oberen Bildschirmrand herab. Noch während sie fallen, kann man sie drehen und so seitwärts steuern, dass sie mit bereits unten liegenden Teilen zusammenpassen. Nach elf Tagen, so das Er-gebnis, hatten sich die Spieler von *Tetris* im Vergleich zur Kontroll-gruppe darin verbessert, visuell-räumliche Probleme zu lösen, etwa Einzelteile zu einem Muster zusammenzufügen – ein Test, der Aufga-ben zum räumlichen Vorstellungsvermögen ähnelt, wie sie in IQ-Tests verwendet werden.

Eine der wenigen Versuchsreihen, die in sorgfältiger Weise die Ef-fekte von Computer-Actionspielen auf die Aufmerksamkeit beschrie-ben haben, wurde 2003 von Shawn Green und Daphne Bavelier in der Zeitschrift *Nature* in dem Artikel *Action video game modifies vi-sual selective attention* («Action-Videospiele beeinflussen die selektive visuelle Aufmerksamkeit») beschrieben. Darin wurden zunächst Personen, die häufig am Computer spielten, solchen gegenübergestellt, die das eher selten oder nie taten. Bei beiden Gruppen war darauf geachtet worden, dass sie sich hinsichtlich Alter, Geschlecht und Ausbildung nicht zu stark voneinander unterschieden. Als nächstes verglich man die Leistung bei mehreren Aufgaben, die das räumliche Vorstellungsvermögen betrafen. Zum Beispiel wurde auf einem Bildschirm für einen sehr kurzen Augenblick eine Anzahl von Gegenständen gezeigt, und die Testpersonen mussten schätzen, wie viele es waren. Bei bis zu drei Gegenständen hat normalerweise niemand ein Problem damit. Bei vier Gegenständen wies die Kontrollgruppe bereits eine Fehlerquote von zehn Prozent auf. Die Gruppe der «Computerspieler» schnitt bei dieser Aufgabe insgesamt deutlich besser ab und konnte bis zu sechs Gegenstände richtig erkennen, ehe ihre Fehlerquote in vergleichbarer Weise anstieg.

In einer weiteren Aufgabe ging es um die Geschwindigkeit der Aufmerksamkeit. Den Probanden wurden, wieder auf einem Bildschirm, einzelne Buchstaben so schnell nacheinander präsentiert, dass sie sie nur gerade eben wahrnehmen konnten. Sobald sie ein «a» erkannten, sollten sie eine Taste betätigen. Nun ist es ein wohlbekannter psychologischer Mechanismus, dass die Fähigkeit zur Erfassung neuer, unmittelbar nachfolgender Zielobjekte nachlässt, wenn man kurz zuvor ein solches Objekt identifiziert hat. Für den Bruchteil einer Sekunde tritt dann so etwas wie ein Aufmerksamkeitsschatten bzw. *attentional blink* ein. Dieser «Schatten» fiel bei der Spielergruppe kürzer aus als bei der Kontrollgruppe, das heißt, die Probanden waren schneller wieder in der Lage, nach einem ersten gefundenen Objekt weitere zu erfassen.

Um auszuschließen, dass die Gruppenteilnehmer bei den Spielern sich nicht noch in anderen Hinsichten als den berücksichtigten (Alter, Geschlecht und Ausbildung) voneinander abhoben und dass darin eine verborgene Erklärung für den Leistungsunterschied der Gruppen liegen könnte, vervollständigte man die Versuchsreihe noch mit folgendem Experiment, an dem nur die Mitglieder der Kontrollgruppe teilnahmen. Diese wurden per Losverfahren in zwei Untergruppen aufgeteilt. Die eine ließ man das Actionspiel *Medal of Honor* spielen, die andere zum Vergleich wieder *Tetris*. Nach zehn Tagen mit täglichem einstündigem Üben wurden beide Teilgruppen wieder verglichen (und zwar mit den gleichen Testverfahren wie im ersten Teil der Studie). Und erneut schnitt die Gruppe mit dem Actionspiel besser ab, was die vorherigen Resultate bestätigte.

Nun mag man diskutieren, ob in den Tests, bei denen diese Verbesserungen auftraten, eigentlich die Wahrnehmungsfähigkeit oder -geschwindigkeit gemessen worden ist oder aber (wie die Autoren der Studie es sehen) die reizbedingte Aufmerksamkeit. Zweifellos gilt aber, dass Computerspiele in Hinblick auf bestimmte Funktionen zu Verbesserungen führen. Der Vergleich mit *Tetris* im zweiten Teil des Experiments ist wiederum deshalb interessant, weil daran deutlich wird, inwiefern unterschiedliche Spiele auch unterschiedliche Effekte haben. Es ist also nicht sinnvoll, von Computerspielen als einer Gruppe zu sprechen, ohne näher zu spezifizieren, um welches Spiel es sich konkret handelt und welche Fähigkeiten bei genauerem Hinsehen dadurch trainiert werden. Zwar erfahren Actionspiele in den Medien die größere Beachtung, weltweit am meisten verkauft ist aber das Spiel *Die Sims*, bei dem es darum geht, das soziale Leben und das Wohlergehen der virtuellen Hauptpersonen optimal zu gestalten, deren Haus einzurichten und dafür zu sorgen, dass sie pünktlich zur Arbeit kommen.

Die nationale schwedische Gesundheitsbehörde FHI hat vor kurzem einen Bericht herausgegeben, in den etwa 30 publizierte Fachstudien über die Auswirkungen von Computerspielen eingegangen sind. Immerhin sechs der Teilstudien verzeichneten einen positiven Effekt auf das räumliche Vorstellungsvermögen, wohingegen in keiner einzigen ein negativer Effekt im Hinblick auf die Konzentrationsfähigkeit erkennbar wurde.

Computerspiele und Zukunft

Es findet sich also kein Beleg dafür, dass das Spielen am Computer die Konzentration negativ beeinflussen würde. Ebenso wenig gibt es Hinweise darauf, dass Kinder durch Computerspiele an ADHS erkranken könnten. Da laufend neue Forschungsergebnisse auftauchen, lässt sich freilich nichts Abschließendes sagen. Ein Grund, skeptisch zu sein, wenn es um einen vermuteten Zusammenhang von

Konzentrationsstörungen und Computerspielen geht, besteht jedoch darin, dass es keinen Mechanismus gibt, der die Entstehung eines solchen Zusammenhanges erklären würde. Zu diesem Zweck bedürfte es einer oder besser mehrerer Studien, die beispielsweise beweisen würden, dass eine Verbesserung der reizbedingten Aufmerksamkeit nach irgendeinem allgemeinen Prinzip immer auch zu einer Verschlechterung der kontrollierten Aufmerksamkeit führt. Dafür gibt es aber keinerlei Anhaltspunkte. Vielmehr besteht zwischen der reizbedingten und der kontrollierten Aufmerksamkeit, gemessen bei einer großen Zahl von Menschen, kein statistischer Zusammenhang. Man wird nicht schlechter in Mathe, nur weil man Fußball spielt oder Französisch lernt.

Natürlich besteht aber eine Wechselwirkung zwischen allen Aktivitäten, die man ausübt, allein schon deshalb, weil der Tag nur 24 Stunden hat, und wenn ein Kind ausgesprochen viel am Computer spielt, bleibt nicht mehr genügend Zeit für die Mathehausaufgaben. Das gilt aber in vermutlich noch höherem Maße für den Fernsehkonsum, der überdies eine viel passivere Beschäftigung darstellt. Die negativen Auswirkungen des vielen Fernsehens würden darin liegen, unterdessen Möglichkeiten zu verpassen, das Arbeitsgedächtnis durch geistig anspruchsvollere Tätigkeiten zu fordern und zu trainieren. Sie sind aber nicht auf die schnellen Schnitte oder auf den Überfluss an Informationen im Fernsehprogramm zurückzuführen. Denselben Effekt wegen mangelnder mentaler Herausforderung würde man auch bei anderen Beschäftigungen erwarten können, die das Arbeitsgedächtnis zu wenig fordern. In der *Einstein Aging Study* verzeichnete man zum Beispiel einen, wenn auch schwachen (nicht signifikanten) negativen Effekt bei denjenigen, die viel Zeit mit Radfahren verbrachten.

Selbst wenn Computerspielen möglicherweise Zeitverschwendung ist, schließt das, wie die *Tetris*-Studie und die Studie von Daphne Bavelier zeigen, nicht unbedingt aus, dass es auch gewisse positive Effekte haben kann, etwa ein besseres visuell-räumliches Vorstellungsvermögen oder eine schnellere Auffassungsgabe. Jedes Computerspiel wirkt hier anders, je nachdem, welche Fähigkeiten in einem Spiel besonders belohnt werden.

Es gibt eine Menge von Programmen nach Art der «Spiel- und Lernprogramme», die Kindern zum Beispiel Rechtschreibung, Fremdsprachen oder Mathematik beibringen sollen. Bei den meisten davon geht es um Lerninhalte für das Langzeitgedächtnis bzw. um das Training einer ganz bestimmten Fertigkeit. Ein anderer Typ von PC-Programmen, der im Internet zunehmend ins Blickfeld rückt, ist speziell dafür entwickelt worden, gezielt einzelne grundlegende kognitive Funktionen zu trainieren, darunter das Arbeitsgedächtnis und die Aufmerksamkeit. Vom äußeren Erscheinungsbild her gleichen diese Programme eher neuropsychologischen Tests als Lern- und Übungsprogrammen, und sie enthalten unterschiedliche Aufgaben, beispielsweise das Wiederholen von Ziffernfolgen oder das Messen der Reaktionszeit. Es mag sein, dass einige dieser Programme brauchbar sind, aber unter ihnen finden sich auch Anwendungen, die vermutlich überhaupt keinen Nutzen haben. Insoweit sie nicht wissenschaftlich getestet sind, kann niemand sagen, welches Programm effektiv ist und welches nur vergeudete Zeit. Um Trainingseffekte zu erzielen, bedarf es aber nicht nur der richtigen Übungsarten, sondern auch einer Trainingsweise, die langfristig stabile Wirkungen garantiert, das heißt konkret, eines angemessenen Schwierigkeitsgrades bei hinreichender Intensität und Dauer des Trainings. Sich einmal in der Woche ins Internet einzuloggen und ein paar Spiele zu spielen wird keine langfristigen Effekte zeigen.

Seriousgames.org ist eine Initiative für verschiedene Projekte, deren gemeinsames Ziel es ist, Spieltechnologien zusammenzubringen, die Leistungen vornehmlich im Bereich der Gesundheitsberufe und Führungsaufgaben verbessern wollen, mit Spieltiteln wie *Laser Surgeon: The Microscopic Mission, Life and Death II* und *SimHealth*. Ein interessantes Spiel in diesem Bereich stammt von dem Unternehmen Applied Cognitive Engineering, das sich auf die schmale Nische spezialisiert hat, die kognitiven Leistungen von Basketballspielern zu optimieren. Das Trainingsprogramm, *Intelligym* genannt, soll das verbessern, was das Unternehmen mit *game intelligence* bezeichnet: eine Reihe grundlegender Fähigkeiten wie Aufmerksamkeit, Entscheidungsfindung und räumliches Vorstellungsvermögen. Ursprünglich war das Programm zur Leistungsoptimierung israelischer Kampfpiloten entwickelt worden. Jetzt wird es in modifizierter Form professionellen Basketballteams zum Kauf angeboten. Angeblich soll das Training die Mannschaftsleistung um 25 Prozent verbessern, jedoch liegen keine soliden Untersuchungen darüber vor, ob das wirklich funktioniert. Oder falls es solche gibt, sind sie als Militärgeheimnis bei der israelischen Armee in Verwahrung.

Für die Zukunft dürfen wir hoffentlich mit Spielen rechnen, die von dem Wissen über Trainingseffekte, das wir nun allmählich gewinnen, profitieren, indem sie die Attraktivität von Abenteuer- und Action-spielen mit Problemlösungsaufgaben und einer Spielweise kombinieren, die das Arbeitsgedächtnis beansprucht. Nintendo hat sich mit der Präsentation von *Brain Age: Train Your Brain* (deutsche Version: «Dr. Kawashimas Gehirn-Jogging») bereits auf diesen Sektor einge-lassen. In diesem Spiel soll das Gehirn dadurch trainiert werden, dass man etwa relativ leichte Mathematikaufgaben löst. Entwickelt wurde die Software für das neueste Modell einer mobilen Spielkonsole, rich-tet sich aber in erster Linie an ältere Erwachsene, die ihr Gehirn fit halten wollen. Am Ende eines Spieldurchgangs wird jeweils das aktu-elle «Gehirnalter» geschätzt: Hat man sich gut geschlagen, wird man mit einem jüngeren «Gehirnalter» belohnt, im anderen Fall sieht man sein Gehirn um einen weiteren Schritt näher an den Abgrund der De-menz gerückt. Mehrere Millionen Kopien des Spiels sind bereits ver-kauft worden.

Ich selbst glaube allerdings, dass die Aufgaben in diesem Spiel zu einfach sind, als dass sie einen wirklichen Trainingseffekt hervorru-fen könnten. Insofern verwundert es nicht, dass es bislang keine Stu-dien darüber gibt, ob das Spiel überhaupt irgendeinen Effekt auf das Gehirn oder eine kognitive Funktion hat. Außerdem sind die einzel-nen Übungen viel zu eintönig, als dass ein Benutzer sich so lange da-mit befassen würde, wie es nötig wäre, um überhaupt eine Wirkung zu erzielen (wenn es denn eine geben sollte). Dennoch ist das Spiel und mehr noch die Tatsache, dass Nintendo dahintersteht, ein Signal für einen neuen Trend; und neue Spiele in diesem Sektor befinden sich bereits in der Entwicklung.

Vor gut hundert Jahren bekamen viele Kinder zu hören, dass sie lieber nach draußen gehen und spielen oder auf dem Hof helfen soll-ten, anstatt sich einer so unnatürlichen Beschäftigung hinzugeben, wie stundenlang im Bett zu liegen und zu lesen. Man könne sich ja festlesen. Man würde schwach und kränklich werden oder sich die Augen verderben. Stattdessen erwies sich das Lesen als die ideale

Vorbereitung auf die kommende Wissensgesellschaft. Ist womöglich das Computerspielen in gleicher Weise eine Vorbereitung auf die informationsintensive und computerisierte Zukunft, die uns erwartet?

Wie sieht es also im Durchschnitt aus mit dem Arbeitsgedächtnis der Bevölkerung? Wie steht es mit dem Gesamteffekt der Veränderungen in unserer Umgebung, deren Zeuge wir sind? Nimmt die durchschnittliche Konzentrationsfähigkeit der Bevölkerung im Durchschnitt aufgrund der ständigen Ablenkungen ab, so dass wir schließlich alle noch an temporärer Aufmerksamkeitsstörung leiden werden? Oder aber führen die gestiegenen Ansprüche, darunter vielleicht auch das Spielen am Computer, eher dazu, dass wir unsere kognitiven Fähigkeiten permanent trainieren?

13

Der Flynn-Effekt

Der neuseeländische Wissenschaftler James Flynn konnte zeigen, dass die Leistung bei Intelligenztests im Laufe des 20. Jahrhunderts permanent und in einem beträchtlichen Ausmaß gestiegen ist. Wenn die mittlere Leistung im Jahr 1932 bei 100 lag, wäre sie (auf derselben Skala) bis 1990 auf 120 Punkte angestiegen. Wer 1990 genau im Durchschnitt lag, hätte ins Jahr 1932 zurückversetzt also zu den oberen 15 Prozent gehört. Zudem scheint sich die Steigerungsrate noch zu beschleunigen. Der frühere mittlere Zuwachs von 0,31 Einheiten pro Jahr während der 1950er, 60er und 70er Jahre ist in den 1990er Jahren auf 0,36 Einheiten gestiegen. Die Ergebnisse waren insofern erstaunlich, als man früher davon ausging, Intelligenz sei etwas Konstantes. Immer mehr Forschungsergebnisse weisen darauf hin, dass das nicht stimmt.

Da viele noch immer mit Ablehnung reagieren, sobald sie nur das Wort Intelligenz hören, ist es vielleicht nützlich, hier einige Worte darüber zu verlieren, was Wissenschaftler eigentlich für gewöhnlich mit Intelligenz genau meinen. Unterzieht man eine Vielzahl von Personen einer großen Zahl unterschiedlicher psychologischer Tests, so ergibt sich, dass die Leistung bei den jeweiligen Tests positiv korreliert ist. Das soll heißen, dass eine Person, die in dem einen Test überdurchschnittliche Leistungen erbringt, aller Voraussicht nach auch bei den anderen Tests besser als der Durchschnitt abschneiden wird. Diese Tatsache ist ein Anzeichen dafür, dass es einen gemeinsamen Faktor gibt, der Einfluss auf die Leistung bei allen Tests hat. Dieser hypothetische Faktor hat die Bezeichnung «g» – der generelle Faktor – bekommen und lässt sich mithilfe statistischer Methoden genauer eingrenzen. IQ wiederum steht für Intelligenz-Quotient, also den Bruch, den man erhält, wenn man die gemessene Intelligenz durch die Durchschnittsintelligenz der Altersgruppe dividiert und mit 100 multipliziert.

Die fachlichen Debatten des 20. Jahrhunderts innerhalb der Psychologie behandelten die Frage, wie viele Intelligenzfaktoren es gibt und wofür sie genau stehen. Eine der einflussreichsten Theorien stammt von den amerikanischen Psychologen Raymond Cattell und John Horn, die in der *kristallinen* und in der *fluiden Intelligenz* zwei der Hauptfaktoren erblickten. Die kristalline Intelligenz steht für die Leistung bei Aufgaben, die mit Wortschatz und Sachwissen zu tun haben, während die fluide Intelligenz (gf) erklärt, wieso Menschen sich bei nicht-sprachlichen Problemlösungen und beim logischen Denken, sofern es nicht von Sachwissen abhängt, in ihrer Leistungsfähigkeit voneinander unterscheiden.

Der schwedische Forscher Jan-Eric Gustafsson hat darüber hinaus nachgewiesen, dass die fluide Intelligenz gf dem generellen Faktor g am nächsten kommt. Ein typisches Beispiel für Aufgaben, die eng mit gf korreliert sind, sind Raven-Matrizen (vgl. Abb. 6, S. 46). Per definitionem benötigt man zur Messung der generellen fluiden Intelligenz eine große Anzahl von Tests. Nun ist allerdings gf in so hohem Grade mit der Leistung bei Raven-Matrizen korreliert, dass man zuweilen nur diese allein misst, um dann auf dieser Grundlage ein wenig voreilig bereits Aussagen über gf zu treffen. Und genau an dieser Stelle kommt das Arbeitsgedächtnis wieder ins Spiel. Denn wie wir in den vorangegangenen Kapiteln gesehen haben, steht die Leistung des Arbeitsgedächtnisses in unmittelbarem Zusammenhang mit der Leistung bei Raven-Matrizen, weshalb in den Augen vieler die Kapazität des Arbeitsgedächtnisses der wichtigste und entscheidende Faktor ist, der gf zugrunde liegt.

IQ-Training

Wenn schon Umwelteinflüsse die fluide Intelligenz (gf) verändern, dann müsste es erst recht möglich sein, durch gezieltes Training darauf einzuwirken. Sehen wir also, ob Forschungen diese Annahme stützen. Eine der besten und größten Trainingsstudien ist das «Project Intelligence», das zu Beginn der 1980er Jahre in den Armenbezirken der venezolanischen Stadt Barquisimeto auf Veranlassung der Regierung Venezuelas und in Zusammenarbeit mit US-Wissenschaftlern aus Harvard durchgeführt wurde. Lehrer und Forscher entwickelten ein Unterrichtsprogramm für Siebtklässler, durch das diese nichts Geringeres trainieren sollten als «Beobachtungsfähigkeit und Kategorisieren, deduktives und induktives Schließen, kritischen Sprachgebrauch, Problemlösen, kreatives Denken und Entscheidungsfindung». 463 Schüler erhielten als Testgruppe ein Schuljahr lang den speziell zugeschnittenen Unterricht, 462 Schüler als Kontrollgruppe weiterhin den normalen Unterricht. Vorher wie nachher wurden eine große Zahl von Tests zur Messung allgemeiner intellektueller Fertigkeiten wie Problemlösen und logisches Schließen vorgenommen.

Die Ergebnisse fielen bei den meisten Tests sehr positiv aus. Die Gruppe mit dem Spezialunterricht wies im Mittel eine Leistungsverbesserung um zehn Prozent auf. Etwas salopp formuliert, ließe sich also sagen, dass nach Abgleich mit der im Laufe des Jahres in der Kontrollgruppe eingetretenen Verbesserung die Testgruppe ihren IQ um ungefähr zehn Prozent gesteigert hat. Es hatte außerdem den Anschein, dass sich alle Schüler der Testgruppe in gleichem Maße verbessert hatten, unabhängig von Alter, Geschlecht oder Ausgangsleistung vor Beginn der Studie. Somit war der Spezialunterricht nicht etwa nur für diejenigen, die vorher besonders schlecht standen, von Nutzen.

Ein anderes Beispiel für mögliche Trainingserfolge ist ein Problemlösungstraining namens *instrumental enrichment*, mit dessen Hilfe minderbegabte Schüler in Israel ihren IQ in einer Versuchsreihe verbessern konnten. Interessanterweise blieb der Unterschied zwischen der Trainings- und der Kontrollgruppe auch über das Ende des Trainings hinaus nicht nur einfach bestehen, sondern nahm mit den Jahren sogar noch weiter zu, was sich als positiver Rückkopplungseffekt deuten lässt: Eine höhere Fertigkeit führte zu vermehrten intellektuellen Anreizen, die ihrerseits wieder zu noch höherer Fertigkeit führten. Verbessert man seine eigene Problemlösungskompetenz, kommt man auch besser mit den Mathematikhausaufgaben zurecht. Dadurch wird man sich intensiver mit Mathematik auseinandersetzen und das führt wiederum zu einer weiteren Verbesserung der eigenen Problemlösungsfähigkeit. Einen entsprechenden positiven Rückkopplungseffekt hatte man schon früher bei speziellen Trainingsprogrammen für Kinder mit Leseschwierigkeiten beobachtet. Nachdem das intensive Programm absolviert war, hatte sich die Lesekompetenz verbessert, was wiederum dazu führte, dass die Kinder an jedem einzelnen Tag mehr Zeit mit Lesen verbrachten, wovon die Lesekompetenz noch einmal profitierte.

Weitere Versuchsreihen sind von dem jugoslawischen Psychologen Radivoy Kvashchev durchgeführt worden, der seine Resultate selbst jedoch nur auf Serbokroatisch veröffentlicht hat. Einer seiner Schüler trat in seine Fußstapfen und machte die Resultate auf Englisch zugänglich. An einem der größeren Versuche waren 296 Schüler der Oberstufe beteiligt, die drei Jahre lang drei bis vier Stunden pro Woche in «kreativem Problemlösen» trainiert wurden. Verglichen mit einer Kontrollgruppe wurde eine Verbesserung um 5,7 IQ-Punkte festgestellt, was ungefähr einer gleich großen Prozentzahl entspricht. Bei einer Kontrolle ein Jahr nach Trainingsende war der Unterschied zur Vergleichsgruppe auf 7,8 Punkte angewachsen – abermals eine nachträgliche Wirkungssteigerung, die sich als Resultat einer positiven Rückkopplung verstehen lässt.

Für eine deutsche, von Karl Klauer geleitete Trainingsstudie ließ man Siebenjährige «induktives Schließen» üben, was so viel heißt wie Muster erkennen, Regeln formulieren und diese dann wieder anwenden, etwa wie bei den Raven-Matrizen. Die Übungen ähnelten denen im schwedischen Vorschulfernsehprogramm «Fünf Ameisen sind mehr als vier Elefanten», wo vier Objekte gezeigt werden und die Aufgabe darin besteht, herauszufinden, welche drei zusammengehören und welches Objekt auszusortieren ist. Die Kinder wurden über fünf Wochen hinweg zweimal am Tag in Kleingruppen unterrichtet. Im Vergleich zu einer passiven Kontrollgruppe zeigte die Testgruppe bei Raven-Matrizen eine Leistungsverbesserung, die auch sechs Monate später noch nachweisbar war.

Der Vielzahl von Studien, in denen sich positive Beeinflussungen der fluiden Intelligenz ergeben haben, lassen sich noch die Ergebnisse aus Versuchen meiner eigenen Forschungsgruppe hinzufügen. Als Kinder mit ADHS gezielt das Arbeitsgedächtnis trainierten, beobachteten wir eine Leistungssteigerung in Bezug auf Raven-Matrizen um acht Prozent (nach Abzug der Steigerungsrate bei der Kontrollgruppe). Der Größenordnung nach stimmt das mit den Ergebnissen des «Project Intelligence» sowie der Studien von Kvashchev und Klauer genau überein.

Vor dem Hintergrund des erläuterten Zusammenhangs von Arbeitsgedächtnis und Problemlösungskompetenz ist es nur logisch, dass mit der Verbesserung des Ersteren auch Letzteres zunimmt. Möglicherweise ist gerade das Arbeitsgedächtnis derjenige Teil unseres geistigen Instrumentariums, der sich trainieren lässt und der daher das gemeinsame Zentrum der genannten Trainingsstudien bildet. Vielleicht ist die prinzipielle Optimierbarkeit des Arbeitsgedächtnisses mithin der Schlüssel zur Erklärung des Flynn-Effekts.

«Everything Bad Is Good For You»

Die Experimente zur Verbesserung des IQ durch Training und durch speziell entwickelte Unterrichtskonzepte stützen die Position, dass der IQ nicht ausschließlich auf angeborener Begabung beruht. Intelligenz ist kein bei der Geburt bereits fertig ausgereiftes mentales Werkzeug. Wenn sich Effekte von Trainingsprogrammen beobachten lassen, müssten grundsätzlich auch Auswirkungen unserer psychologischen Umwelt zu erkennen sein. In dem 1988 erschienenen Buch *The Rising Curve* diskutieren eine Reihe maßgeblicher Psychologen die Frage, inwieweit der Flynn-Effekt sich möglicherweise durch Bedingungen unserer Umwelt erklären lässt. Patricia Greenfield vertritt in ihrem Aufsatz *The cultural evolution of IQ* die These, dass der gestiegene Informationsstrom und die gewachsene «Komplexität» in der Gesellschaft diejenigen Faktoren gegen Ende des 20. Jahrhunderts waren, die den größten Effekt auf den IQ hatten.

Auf denselben Punkt zielt, wenn auch mit viel mehr Worten, Steven Johnson in seinem Buch *Everything Bad Is Good For You* (deutscher Titel: *Neue Intelligenz*). Johnsons zentrale Botschaft ist, dass die Massenkultur während der letzten dreißig Jahre immer komplexer und mental anspruchsvoller geworden ist, und nicht etwa simpler und dümmer. Aus irgendeinem Grund passen die Medien sich also eher denen an, die mehr verlangen, anstatt sich auf den kleinsten gemeinsamen Nenner zurückzuziehen. Johnson zufolge könnte die gestiegene Komplexität eine Mitursache für den Flynn-Effekt sein.

Im Fall von Film und Fernsehen äußert sich die gestiegene Komplexität etwa darin, dass wir uns gezwungen sehen, zunehmend mehreren parallelen Handlungssträngen zu folgen. Wollte man die Dramaturgie der Fernsehserie *Starsky & Hutch* aus den 1970er Jahren veranschaulichen, käme dabei nicht viel mehr als eine gerade Linie heraus: In jedem Teil gibt es, abgesehen von Einleitung und Schluss, die ganze Zeit über immer dieselben beiden Hauptfiguren und dazu genau eine Intrige. Eine entsprechende Veranschaulichung dessen, was sich in einer Episode der drei Jahrzehnte jüngeren Serie *«Die Sopranos»* abspielt, fiele bedeutend komplexer aus: Immerhin neun verschiedene thematische Stränge sind dort ineinander verflochten.

Zur erhöhten Komplexität trägt weiterhin bei, dass der Zuschauer nicht mehr in jedem einzelnen Moment hinreichend mit Kontextinformationen versorgt wird. Stattdessen ist er gehalten, die Zusammenhänge und das, worauf die Figuren sich in ihren Dialogen jeweils beziehen, nach und nach selbst herauszubekommen. Der Zuschauer sitzt also nicht mehr einfach nur da und fragt sich «Wie das am Ende wohl wieder ausgehen mag?», sondern ist recht lange Zeit damit beschäftigt, sich zu fragen: «Was passiert jetzt gerade überhaupt?», er

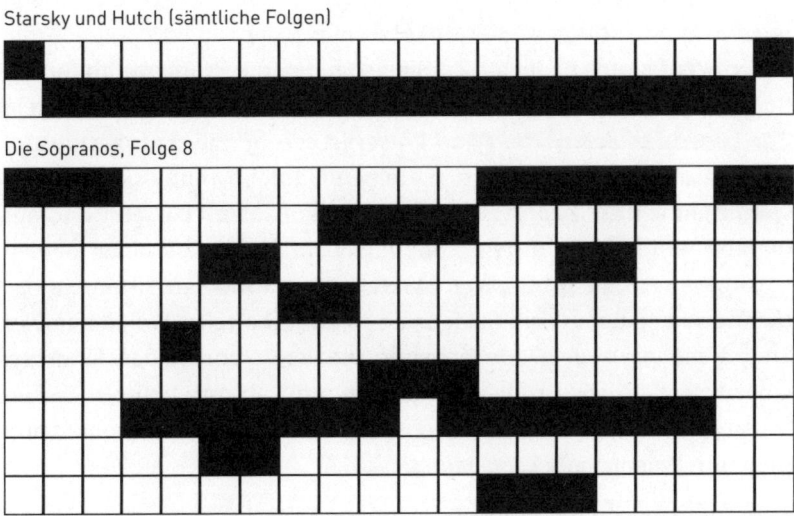

Starsky und Hutch (sämtliche Folgen)

Die Sopranos, Folge 8

Abbildung 18 Schematische Veranschaulichung paralleler Handlungsstränge in zwei Fernsehserien (aus: Steven Johnson, Neue Intelligenz)

vollzieht mit anderen Worten ein fortdauerndes Problemlösen. In vielen zeitgenössischen Filmen ist die chronologische Ordnung durchbrochen, so dass der Zuschauer gewissermaßen die ganze Zeit vor einem Puzzle sitzt. Zu verstehen, wie das, was man gerade sieht, mit dem zusammenhängt, was man zuvor gesehen hat, ist eine durchaus anspruchsvolle Aufgabe.

Als weiteres Beispiel für gestiegene Komplexität zieht Steven Johnson Computerspiele heran. Dass etwa *Grand Theft Auto III* (wo man Autos stiehlt und durch ein virtuelles Miami kurvt, um mehr oder weniger zwielichtige Aufträge zu erledigen) mit seiner zweihundertseitigen Spielanleitung komplexer zu spielen ist als etwa *PacMan*, dürften die meisten ohne weiteres zugeben. Schwieriger ist hingegen schon, aufzuzeigen, worin genau die Komplexität eigentlich besteht. Laut Johnson setzt sie sich aus zwei Tätigkeiten zusammen: Erkunden (im Original *probing*) und dann das, was er «Teleskopieren» *(telescoping)* nennt. Zum Erkunden ist der Spieler gezwungen, da bei den neueren Spielen nicht von vornherein klar geregelt ist, wie sie funktionieren. Vielmehr gehört es zu seiner Aufgabe, selbst herauszufinden, was überhaupt zu tun ist und wie es getan werden muss. Dies geschieht, indem er beim Erkunden Hypothesen darüber aufstellt, wie das Spiel funktioniert, und diese Hypothesen müssen durch weiteres Erkunden dann wiederum getestet werden.

«Teleskopieren» bedeutet, dass man sich durch Probleme hindurchfindet, die aus einer Hierarchie von Zielen und Teilzielen bestehen. *The Legend of Zelda: The Wind Waker* ist ein japanisches Adventure-Spiel, das ursprünglich für den kleinen Gameboy entwickelt wurde, später jedoch für leistungsstärkere Spielkonsolen erweitert und angepasst worden ist. In dem Spiel muss ein Junge von einer kleinen Insel hinaus in die große, weite Welt, um ein Mädchen zu retten, das gefangen gehalten wird. Genau wie in *Grand Theft Auto* ist der Plot an sich nicht gerade große Literatur. Die Pointe von Steven Johnsons Überlegung ist aber, dass auch dort, wo die zugrunde liegende Geschichte trivial ist, kognitive Herausforderungen durchaus vorkommen. Ein Beispiel aus *Zelda* lautet:

1. Du musst den Prinzen treffen, um ihm einen Brief zu überreichen.
1.1. Hierfür musst du erst die Spitze des Berges erreichen.
1.1.1. Hierfür musst du zur anderen Seite der Schlucht gelangen.

1.1.1.1. Hierfür musst du die Schlucht so mit Wasser füllen, dass du hinüberschwimmen kannst.
1.1.1.1.1. Hierfür musst du die Klippe mit einer Bombe sprengen, damit sie das Wasser blockiert.
1.1.1.1.1.1. Hierfür musst du eine Bombenpflanze züchten.
1.1.1.1.1.1.1. Hierfür musst du Wasser in dem Gefäß sammeln, das du von dem Mädchen erhalten hast.

Teleskopieren besteht also darin, eine größere Anzahl von Teilzielen hierarchisch zu ordnen und diese dabei gleichzeitig im Kopf zu behalten.

Patricia Green wie auch Steven Johnson haben vermutlich beide in gewisser Weise recht mit ihren Überlegungen. Jedoch kann keiner von beiden ein exaktes Maß für das vorweisen, was jeweils unter Komplexität zu verstehen ist. Und in dem Maße, wie sie Komplexität nicht genau messen können, sind sie auch nicht in der Lage, zu beweisen, dass diese wirklich zugenommen hat. Dementsprechend fehlt bei ihnen auch Datenmaterial, das etwaige Trainingseffekte belegen würde.

Ein Teil dessen, was Johnson Komplexität nennt, hat jedoch vermutlich mit Anforderungen an das Arbeitsgedächtnis zu tun. Seiner Definition nach meint Teleskopieren beispielsweise, mehrere Teilziele gleichzeitig im Kopf zu behalten, genauso wie bei Arbeitsgedächtnisaufgaben. Wenn wir also statt «Komplexität» «Anforderung an das Arbeitsgedächtnis» lesen, könnten wir seine Ideen in eine Reihe mit den Studien stellen, die die Wirkung von Arbeitsgedächtnis-Training belegen, etwa der *Einstein Aging Study*, dem Anstieg der Problemlösungskompetenz im «Project Intelligence», der israelischen Studie sowie den Studien von Klauer und Kvashchev. Nehmen wir weiterhin an, dass alle diese Phänomene zusammengehören und der Flynn-Effekt auf positive Veränderungen des Arbeitsgedächtnisses zurückzuführen ist, dann tut sich auch hier eine Rückkopplungsschleife mit gewaltigen Potentialen auf. Insofern wir nämlich davon ausgehen dürfen, dass in unserer Gesellschaft Spiele, Medien und neue Informationstechnologien immer höhere Ansprüche an das Arbeitsgedächtnis stellen, würde der Umgang damit zu Verbesserungen des Arbeitsgedächtnisses und der Problemlösungskompetenz in breiten Schichten der Bevölkerung führen, woraus sich dann wiederum steigende Ansprüche und wachsende Komplexität ergäben. Erleben wir also gerade, wie ganz neue Maßstäbe gesetzt werden?

14

Neurokognitive Optimierung

Der Flynn-Effekt zeigt an, dass die Intelligenz der Bevölkerung kontinuierlich zunimmt. Wird dieser Trend sich fortsetzen, mit immer höheren Anforderungen seitens unserer Umwelt, aber auch immer höherer Leistungsfähigkeit unsererseits? Werden Forscher das Wissen über unser Gehirn dazu nutzen können, dessen Kapazität noch weiter zu steigern?

In der Einleitung zu diesem Buch habe ich die Ansicht von Neurowissenschaftlern zitiert, dass die «Fähigkeit des Menschen, Einfluss auf die Funktionsweisen des Gehirns zu nehmen, [...] die Geschichte in durchaus ebenso prägender Weise verändern [kann] wie die Entwicklung der Schmiedekunst in der Eisenzeit ...». Die Autoren des Aufsatzes wollten damit auf einen Trend hinweisen, *neurocognitive enhancement* – neurokognitive Optimierung genannt, und eine Reihe von Fragen stellen, die sich im Zusammenhang mit dieser Entwicklung ergeben. Mit neurokognitiver Optimierung meint man bereits existierende wie auch erst potentielle, zukünftige Technologien, etwa Interaktionen zwischen Gehirn und Computer, Neurochirurgie und Psychopharmakologie, die alle auf der Offenheit des Gehirns für Veränderung aufbauen.

Die erste Frage, die die Autoren ansprechen, lautet, wie der Punkt zu definieren ist, ab dem ein Hilfsmittel, beispielsweise ein Medikament, die ursprüngliche Anwendung, Menschen mit funktionellen Defiziten zu helfen, verlässt und dazu übergeht, Leistungsmerkmale bei an sich Gesunden weiter zu verbessern.

Die zweite in dem Artikel aufgegriffene Frage ist eher philosophischer Natur. Eine kognitive Funktion zu optimieren ist nicht einfach dasselbe, wie einen Automotor zu tunen. Psychoaktive Substanzen können die Persönlichkeit des Betreffenden tiefgreifend beeinflussen. Nach Auffassung der Autoren besteht die Gefahr, dass wir mit der pharmazeutischen Substanz im Blut nicht mehr dieselben sind wie ohne sie, woraus sich Fragen nach Identität und Verantwortung ergeben.

Gehirndoping

Eine Klasse von Medikamenten, die oft in Debatten auftaucht, sind die sogenannten zentralen Stimulantien, die im Kapitel über ADHS beschrieben wurden. Es stellte sich nämlich heraus, dass Medikamente, deren Indikation auf Patienten mit Konzentrationsstörungen beschränkt war, von breiterer Wirkung waren. In einer der ersten hierzu von Judith Rapoport am National Institute of Health in den USA geleiteten Studie wurden Jungen zwischen sieben und zwölf Jahren untersucht, die nicht hyperaktiv veranlagt waren und außerdem eine überdurchschnittliche kognitive Leistung aufwiesen. Sie wurden getestet, nachdem sie entweder Placebos oder aber Amphetamin in einer Dosierung bekommen hatten, wie man sie üblicherweise Kindern mit ADHS verabreicht. Es stellte sich heraus, dass selbst diese Jungen ihre kognitive Leistungsfähigkeit noch verbessert hatten und sich ruhiger verhielten. Allerdings stellten sie, wie die Wissenschaftler weiter bemerkten, auch weniger Fragen.

Später beobachtete man ähnliche Auswirkungen bei Methylphenidat (wozu unter anderem Ritalin zählt). Bei Messungen der Effekte von Amphetamin oder Methylphenidat zeigten sich in psychologischen Tests ein erhöhter Wachheitsgrad, eine beschleunigte Reaktionszeit, eine Steigerung des Arbeitsgedächtnisses um zehn Prozent und eine signifikante Verringerung der Symptome von Hyperaktivität bzw. gestörter Aufmerksamkeit. Die Tatsache, dass Methylphenidat auch bei Personen ohne ADHS anschlägt, ist an sich nicht verwunderlich, wenn man bedenkt, dass sich die Menschen nicht einfach in zwei Gruppen einteilen lassen: in solche mit und solche ohne Konzentrationsstörung. Stattdessen gibt es ja vielmehr eine fließende Grenze zwischen unterschiedlichen Graden von Konzentrationsfähigkeit. Das Wissen um die allgemeine Wirksamkeit von Methylphenidat hat sich mittlerweile vor allem unter Universitätsstudenten herumgesprochen, die es benutzen, um ihre Prüfungsvorbereitung zu optimieren. Manche Berichte sprechen davon, dass 16 Prozent der

Studenten in den USA Ritalin zur Verbesserung der eigenen Leistung einnehmen.

Befürchtungen weckt also vor allem die zunehmende Verbreitung des Mittels unter Personen, bei denen gar keine ADHS-Diagnose vorliegt. Könnte eine allgemein verbreitete Anwendung mit der Zeit nicht dazu führen, dass diejenigen, die das Mittel noch nicht nehmen, sich unter Druck gesetzt fühlen, es zu tun? Sollen Lehrer es Kindern empfehlen dürfen, damit diese mit ihren Klassenkameraden mithalten? (Um genau das zu verhindern, hat man in den USA tatsächlich bereits ein Gesetz verabschiedet, das Lehrern verbietet, auch nur ein Wort über Medikamenteneinnahme zu verlieren.) Werden Unternehmen ihren Mitarbeitern etwa bald nahelegen, brav ihre morgendliche Pille zu schlucken, wenn sie die Aussicht auf Beförderung oder gar den Arbeitsplatz nicht aufs Spiel setzen wollen?

Ritalin ist zuerst auf den Markt gekommen und am weitesten verbreitet. Vieles deutet jedoch darauf hin, dass in Zukunft noch wesentlich mehr kognitionsverbessernde Wirkstoffe auf uns zukommen werden. Modaphinil, ein Mittel, das bislang nur zur Anwendung gegen Narkolepsie zugelassen ist, wird derzeit auf seine Eignung für andere neurologische Erkrankungen wie beispielsweise ADHS getestet. Ausgehend von unserem immer detaillierteren Wissen über die an der Kodierung des Langzeitgedächtnisses beteiligten zellulären Prozesse, befinden sich derzeit um die vierzig weitere Substanzen in der Entwicklung. Ein solcher neuer Wirkstoff, der die Enkodierung von Langzeitgedächtnisinhalten erleichtert, ist das sogenannte Ampakin. Ein weiterer Stoff ist die Substanz MEM1414 eines Unternehmens mit dem nach Science-Fiction klingenden Namen Memory Pharmaceutical (gegründet neben anderen von dem Nobelpreisträger Eric Kandel), die die Bildung stärkerer Neuronenverbindungen und damit neuer Langzeitgedächtnisinhalte erleichtern soll. Wer sich vor dem Gedanken fürchtet, dass sich ihm, sobald er diese Substanz eingenommen hat, jedes noch so unwesentliche Detail auf immer einprägen wird, kann indessen ganz beruhigt sein: Andere Mittel, um Langzeitgedächtnisinhalte wieder auszuradieren, sind ebenfalls auf dem Wege der Entwicklung. Deren wahrscheinliche Anwendungsmöglichkeit dürfte in Zuständen wie der posttraumatischen Belastungsstörung liegen.

Das Wissen von den zellbiologischen Grundlagen des Gedächtnisses hat bereits zu erfolgreichen genetischen Eingriffen bei Mäusen geführt, wodurch diese dann bei Gedächtnistests besser abschnitten. Was wird die Zukunft noch bringen? Im Bereich des Sports zeigt man sich inzwischen beunruhigt über genetisches Doping. Wäre ein analoges Doping zur Optimierung kognitiver Funktionen vorstellbar? Die Schnittstelle Mensch–Computer hat Science-Fiction-Autoren schon seit längerem fasziniert. 2006 konnten amerikanische Forscher einen Patienten mit Lähmungen vorstellen, der mit seinen Hirnsignalen einen Roboterarm über einen direkt angeschlossenen Computer steuern konnte. Wenn wir erst einmal die Grundlagen der direkten Interaktion zwischen Neuronen und Computer besser verstehen lernen, scheinen die sich daraus ergebenden Zukunftsmöglichkeiten enorm. Wird es so weit kommen, dass wir direkt mit unserem Gehirn verbundene Computer als externe Gedächtnisspeicher benutzen, die wir dann jedes zweite Jahr «upgraden» müssen?

Unsere täglichen Drogen

Die Vorstellung, die Gehirnleistung durch künstliche Hilfsmittel steigern zu können, ist natürlich interessant, aber eigentlich nichts Neues. Nur die Substanzen sind neu. Die Wirkungen des Koffeins, das wir uns schon seit Jahrhunderten selbst verabreichen, ähneln in hohem Grade denen des Amphetamins. Koffein lässt uns bei Schlafmangel die Müdigkeit überwinden und hilft uns, mehr Stunden am Tag zu arbeiten, als wir es sonst gekonnt hätten. Somit darf wohl behauptet werden, dass Kaffee die gesellschaftliche Norm dessen, was als akzeptabler Grad an Müdigkeit angesehen wird, verändert hat. Daran haben wir uns aber bereits angepasst. Liegt darin ein moralisches Dilemma? Fühlen wir uns von unserem Chef gezwungen, Kaffee zu trinken? Verändert Kaffee unsere Persönlichkeit?

Weitere Beispiele für Trends, vor denen die Autoren des Aufsatzes warnen, sind Medikamente, die zur Anwendung bei Krankheiten oder Fehlfunktionen entwickelt wurden und nun zur Leistungssteigerung bei ganz normal funktionierenden Menschen benutzt werden. Auch diese Entwicklung hat schon eingesetzt, beispielsweise in der

Verwendung von Östrogenen gegen den bei Frauen völlig natürlichen Rückgang dieses Hormons ab einem gewissen Alter. Ähnlich normale Alterserscheinungen gibt es auch in Bezug auf das Gehirn. So sinkt zum Beispiel ab einem Alter von 25 Jahren kontinuierlich die Dichte der Dopaminrezeptoren. Schätzungsweise geht man davon aus, dass pro Jahrzehnt Lebensalter acht Prozent der Rezeptoren wegfallen. Diese Abnahme ist einer der möglichen Gründe für die graduelle Verschlechterung des Arbeitsgedächtnisses bei zunehmendem Alter. Ritalin setzt genau hier beim Dopaminsystem an. Warum sollten wir aber, wenn wir den Ersatz von Östrogen billigen, den von Dopamin nicht ebenfalls zulassen? Meiner Vermutung nach werden in 15 Jahren Personen mittleren Alters chemische Cocktails zu sich nehmen, um den vollkommen natürlichen Rückgang der verschiedenen Transmittersubstanzen im Gehirn in der genau gleichen Weise zu kompensieren, in der Frauen heute Östrogene einsetzen.

Zahlreiche Zukunftstrends, die die Autoren ansprechen, sind heute bereits Gegenwart. Unser sorgloser Umgang im Gebrauch von anderen Drogen legt die Vermutung nahe, dass wir uns auch in diesem Fall wieder schrittweise an den Gebrauch neuer Substanzen und Technologien gewöhnen werden. Die entscheidende Frage, wie die weitere Entwicklung aussehen wird, betrifft vielleicht weniger ethische Grundsatzfragen als rein praktische Gesichtspunkte, nämlich inwieweit die neuen Substanzen wirksam sind und ob sie kurz- oder langfristige Nebenwirkungen haben.

Dies ist nicht nur ein pragmatischer Nebenaspekt, sondern die eigentlich zentrale und im Hinblick auf die Anwendbarkeit entscheidende Frage. Ich selbst würde sehr gerne einen *Brain-Booster*-Cocktail aus der Zukunft zu mir nehmen, wenn ich nur wüsste, dass er keine unerwünschten Nebenwirkungen hat. Woher aber soll ich das wissen? Falls Gedächtnispillen das Arbeitsgedächtnis zwar verbessern, die Kreativität aber darunter leidet, wäre das vielleicht noch für jemanden mit ausgesprochen starken Konzentrationsstörungen akzeptabel, sonst aber wohl eher nicht. Und falls Glückspillen uns zwar zufriedener machen, uns aber gleichzeitig die Fähigkeit nehmen, uns zu verlieben, dann wären wir wohl auf dem Weg zu einer effektiveren, aber auch langweiligeren Gesellschaft. Für alle, die ihren Aldous Huxley gelesen haben, klingt das nach einem ganz klaren Fall; methodologisch gesehen ist es jedoch äußerst schwierig, Auswirkungen auf beispielsweise Kreativität oder Verliebtheit zu untersuchen, und die pharmazeutischen Unternehmen haben nicht die Absicht, das für uns zu tun.

Dass entsprechende Substanzen Nebenwirkungen haben werden, die die Kreativität oder Verliebtheit betreffen, ist keineswegs erwiesen, das Beispiel ist aber auch nicht völlig aus der Luft gegriffen. Es gibt verschiedentlich Berichte über Personen, die den Eindruck haben, Ritalin verschlechtere ihre Assoziationsfähigkeit und Kreativität, sowie über Kinder, die finden, dass sie in ihrer Fähigkeit, witzig zu sein, eingeschränkt werden. (Jeffrey Zaslow hat dies in dem Aufsatz beschrieben: «What if Einstein had taken Ritalin?» – Was, wenn Einstein Ritalin genommen hätte?)

In *Der Mann, der seine Frau mit einem Hut verwechselte* beschreibt der Neurologe Oliver Sacks den Fall, dass ein Patient ein Mittel einnimmt, das auf das Dopaminsystem einwirkt; dadurch verbessert sich zwar die Symptomatik, während jedoch die Fähigkeit des Patienten, witzig zu sein, sowie seine Kreativität beim Schlagzeugspiel darunter leiden. Daraufhin entscheidet sich der Patient, das Mittel an Werktagen einzunehmen, um bei der Arbeit klarzukommen, an Wochenenden setzt er es jedoch ab, um beim Schlagzeugspiel mit seiner Jazzband die Zügel schießen zu lassen. Und was die Fähigkeit, sich zu verlieben, anbelangt, so gibt es Vermutungen darüber, dass sie mit unserem Serotoninhaushalt zusammenhängt, auf den die sogenannten Glückspillen wie Prozac Einfluss nehmen.

Seine Fähigkeiten durch Training zu verbessern, scheint mir der sicherere Weg zu sein, wobei ich in diesem Punkt natürlich befangen bin, insofern sich meine eigenen Forschungen um dieses Thema drehen. Anstatt jedoch dabei zuzusehen, wie die halbe Bevölkerung permanent Medikamente zur Erhöhung der geistigen Leistungsfähigkeit schluckt, wäre mir lieber, man würde mehr vorbeugend auf eine Art mentale Gesundheitsvorsorge in Form von Gehirnsport setzen. Warum nicht das Training von Aufmerksamkeit und Arbeitsgedächtnis auf die Stundenpläne der Schulen setzen?

Sollte es nicht möglich sein, die großen Spielehersteller dazu zu bewegen, «kognitive Nährwertangaben» ihrer Produkte zu veröffentlichen – Angaben darüber, wie stark das jeweilige Spiel das Arbeitsgedächtnis beansprucht, damit wir bei der Zusammenstellung unserer mentalen Diät genauso gut informiert sind, wie wenn wir unser Frühstücksmüsli wählen? Anstelle einer Kalorientabelle könnte man zum Beispiel mit dem Quotienten zwischen kontrollierter und reizbedingter Aufmerksamkeit rechnen oder damit, wie hoch der Anteil der Spielzeit ist, in der das Arbeitsgedächtnis gefordert wird.

15

Datenflut und Flow

Wenn man versucht, gleichzeitig den CNN-Nachrichten zu folgen und den Börsenticker mit Aktienkursen am unteren Bildschirmrand zu lesen, beschleicht einen das Gefühl, an die Grenze dessen zu kommen, was man gerade noch aufnehmen und verarbeiten kann. Das Gehirn wird förmlich überflutet. Analysiert man die Situation mithilfe des Begriffs Arbeitsgedächtnis, lässt sich konstatieren, dass diesem subjektiven Eindruck eine messbare Größe entspricht: Die Multitasking-Situation, der man sich aussetzt, stellt eine extreme Herausforderung für das Arbeitsgedächtnis dar. Bestimmte Teile des Stirn- und des Schläfenlappens setzen der verarbeitbaren Informationsmenge Grenzen. Will man einen komplizierten Artikel im Internet lesen und muss dabei die Werbefilmchen ignorieren, die am Rande des Gesichtsfeldes flimmern, so wird das Arbeitsgedächtnis vor die anspruchsvolle Aufgabe gestellt, sich nicht ablenken zu lassen. Oder wenn man auf die Hilfefunktion bei Word angewiesen ist, wird man mit großer Wahrscheinlichkeit jede einzelne Anweisung mehrfach lesen müssen, weil das Arbeitsgedächtnis sonst mit Informationen überlastet ist.

Viele Veränderungen in der Informationsgesellschaft, die man etwas vage als «gewachsene Komplexität» oder «gestiegene Informationsflut» bezeichnet, lassen sich auf eine Steigerung der Ansprüche an unser Arbeitsgedächtnis beziehen. Wir sind in den letzten Jahren Zeugen einer immer schnelleren Entwicklung geworden, und nichts deutet darauf hin, dass sich das Tempo verlangsamen wird. Die mobilen Technologien bringen uns häufiger in Versuchung, zwei Dinge gleichzeitig zu tun, und das Telefonieren mit dem Handy ist dabei vermutlich nur erst der Anfang. Drahtlose Kommunikation und tragbare Computer werden uns wahrscheinlich eine Flut neuer Multitasking-Situationen bescheren. Dank Laptop und WLAN-Internet werden wir möglicherweise bald auf den Straßen und in den Geschäften ebenso viele Leute im Internet surfen sehen wie heutzutage mit dem Handy telefonieren. GPS-Geräte im Auto werden immer gebräuchlicher, und ich erwarte mit Spannung die ersten Studien, um wieviel langsamer unsere Reaktionszeit deshalb wird. Manche futuristische Idee, wie in Brillengläser eingelassene kleine Bildschirme, hat bereits angefangen, Wirklichkeit zu werden.

In einer Umwelt mit erhöhtem Ablenkungsgrad und gestiegenen Datenmengen haben wir nicht selten das Gefühl, zerstreut und unkonzentriert zu sein, wie in der Einleitung anhand der Situation des modernen Büroalltags geschildert. Es wäre nun leicht, das eine mit dem anderen in Verbindung zu bringen und daraus weiterreichende Schlüsse zu ziehen, wonach es die gestiegenen Anforderungen seien, die so auf unser Gehirn einwirken, dass schließlich unsere Leistungsfähigkeit abnimmt. Glücklicherweise gibt es jedoch keinen wissenschaftlichen Beleg dafür, dass die Konzentrationsfähigkeit durch intellektuell anspruchsvolle Situationen geschwächt würde. Vielmehr deutet vieles auf das genaue Gegenteil: Gerade in Situationen, die an der Grenze unserer Belastbarkeit liegen, verbessern wir auch am ehesten unsere Leistungsfähigkeit. So besagt eine Deutung des Flynn-Effekts, dass es gerade die gestiegenen Anforderungen und die gewachsene Komplexität sind, die dazu führen, dass wir im Umgang mit Informationen und beim Problemlösen immer besser werden.

Die Erklärung für den unvermindert fortbestehenden Eindruck, unkonzentriert zu sein, ist stattdessen eher in der Differenz zu suchen, die sich zwischen unserer geistigen Leistungsfähigkeit und den äußeren Anforderungen auftut. Was wir erleben, ist somit nur ein *relatives* Defizit unserer Konzentrationsfähigkeit. Der Mechanismus ist dabei derselbe wie bei ADHS, wo ebenfalls die Balance zwischen Anspruch und Können nicht aufrechterhalten wird. Blicken wir auf die Situation eines Durchschnittsmenschen im Alltag, verhält es sich also nicht etwa so, dass die Menge der Informationen die Konzentrationsfähigkeit verringern würde; sie erhöht lediglich das Gewicht auf jener Seite der Waage, auf der sich die Anforderungen befinden. Vielleicht sind Sie im Laufe der letzten drei Jahre schon um zehn Prozent darin besser geworden, während des Telefonierens gleichzeitig unwichtige E-Mails zu löschen. Auf der anderen Seite ist die Zahl der täglichen E-Mails jedoch um 200 Prozent gestiegen. Es stellt also keinen Widerspruch dar, wenn man sich zunehmend unfähig fühlt, während sich gleichzeitig das eigene Können tatsächlich verbessert.

Infostress

Sollen wir demnach die Informationsflut vorbehaltlos begrüßen in der Hoffnung, wir würden durch sie unsere geistigen Fähigkeiten trainieren? Nein, nicht unbedingt. Denn wir müssen uns die ganze Zeit dessen bewusst bleiben, wie begrenzt unsere Möglichkeiten zur Informationsaufnahme sind. Verkehrsunfälle, die durch Telefonieren am Steuer mit verursacht sind, bieten ein überdeutliches Beispiel für die Konsequenzen einer Überschreitung unserer geistigen Leistungsfähigkeit durch die neuen Anforderungen.

Ein weiterer Faktor, warum der Anstieg der Datenflut allenfalls mit einigem Zögern gutzuheißen wäre, ist die Tatsache, dass dieser Anstieg mit Stress verbunden ist. Das Wissen über Stress hat inzwischen schrittweise zugenommen und eine Vielzahl von Forschungsergebnissen weist nach, dass erhöhte Konzentrationen von Stresshormonen im Blut einen negativen Effekt auf Herz, Gefäße, Immunabwehr, kurz auf nahezu jeden Teil des Körpers einschließlich des Gehirns haben. Was Letzteres betrifft, korreliert erhöhter Stress mit herabgesetzter Leistung sowohl des Arbeits- wie auch des Langzeitgedächtnisses. Darüber hinaus konnte man Zusammenhänge zwischen besonders schlimmen Stresssituationen, etwa posttraumatischen Belastungsstörungen, und Veränderungen des Hippocampus erkennen, einer Struktur im Gehirn, die wichtig für die Einspeicherung von Informationen ins Langzeitgedächtnis ist. Aber das gilt nur bei lang andauernden, hohen Stressniveaus. Gelegentlicher, mäßiger Stress kann auch positiv wirken, wie ja auch der Wachheitsgrad ein optimales Niveau kennt (vgl. S. 25 f.).

Es besteht auch kein einfacher, direkter Zusammenhang zwischen Informationsmenge und Stresshormonen. In dem Buch *Warum Zebras keine Migräne kriegen* fasst Robert Sapolsky die Ergebnisse seiner Forschung und der anderer Wissenschaftler über Stress und die Faktoren, die dabei eine Rolle spielen, zusammen. Das Stressniveau hängt vom Kontext und von unserer Deutung der Situation ab, in der wir uns befinden. Ein Schlüsselbegriff ist das *Kontrollgefühl*, denn Stress entsteht vor allem dann, wenn wir meinen, einer Situation machtlos ausgeliefert zu sein. Stressforscher sprechen von «erlernter Hilflosigkeit», wenn Personen die Erfahrung gemacht haben, dass sie auf ihre Lage selbst keinen Einfluss nehmen können. Stress hat also in hohem Maße mit unserer eigenen Einstellung zu tun. Ein technisches Problem, das den einen ins Schwitzen bringt und rote Flecken im Gesicht verursacht, ist für den anderen bloß spielerische Herausforderung.

In einer Studie wurde dokumentiert, wie Menschen ihre Belastung durch E-Mails auffassen. Die allermeisten waren der Ansicht, sie bekämen viel zu viele E-Mails, so dass sie sie kaum noch bewältigen könnten. Auffällig war nur, dass das Ausmaß der Klage in keinerlei Zusammenhang mit der Menge an E-Mails stand, die der Betreffende tatsächlich bekam; wer 20 pro Tag erhielt, klagte genauso viel wie derjenige, der die fünffache Menge in seinem Posteingang vorfand. Können wir den Infostress vielleicht dadurch vermindern, dass wir die heranströmende Datenflut als eine Art spielerische Herausforderung und als Chance zur Entwicklung unseres geistigen Vermögens betrachten?

Warum wir Anregungen so lieben

Es ist nur selten von Erfolg gekrönt, die Grenzen der eigenen Leistungsfähigkeit zu überschreiten. Das heißt allerdings auch nicht, wir sollten uns so weit wie möglich davon entfernt halten. Interessanterweise suchen wir unsere Grenzen ja oftmals ganz gezielt. Wir streben nach mehr Informationen, mehr Eindrücken und größerer Komplexität. Die Entwicklungen in der Spiele-Industrie geben ein Beispiel davon. Nintendos Gameboy, eine tragbare Spielkonsole für vor allem jüngere Kinder, hat in seiner neuesten Variante zwei Bildschirme, auf denen man gleichzeitig spielt. Wenn wir davon ausgehen dürfen, dass Nintendo seine Marktanalysen gründlich durchgeführt hat, dann scheint diese Art von Multitasking etwas zu sein, das Kinder und Jugendliche anspricht. Ein Blick auf die Neuerungen bei den Steuer- und Bedienelementen der Spielkonsolen lehrt Entsprechendes: Verglichen mit denen von vor zehn Jahren weisen die heutigen mehr

Tasten und Funktionen auf, und nicht etwa weniger. Ebenso sind auch die Spiele selbst immer komplexer geworden.

Viele Menschen suchen gezielt Situationen, in denen Multitasking gefordert ist oder man von der Menge der Daten und Reize geradezu erschlagen wird. Wenn jemand während eines Meetings sein Handy nimmt, um SMS-Nachrichten zu versenden, oder einen Blackberry, um E-Mails zu lesen, sind das freiwillige Handlungen; wer dies tut, ist nicht einfach nur Opfer eines unerbittlichen technischen Fortschritts. Steven Johnson hat gezeigt, wie Fernsehprogramme immer stärker an Komplexität gewinnen – und nicht etwa verlieren; eine wachsende Zahl paralleler Handlungsstränge stellt immer größere Ansprüche an das Problemlösungsvermögen, damit man überhaupt noch versteht, worum es eigentlich gerade geht. In komplexeren Programmen liegt offenbar eine eigene Form der Attraktivität. So war auch Johnson der Meinung, die zunehmend komplizierter werdenden Computerprogramme kämen einem Bedürfnis unsererseits entgegen, Dinge aktiv zu erkunden und Anregungen gezielt zu suchen.

Flow

Der amerikanische Psychologe Mihály Csíkszentmihályi hat über den Begriff Flow geschrieben, der das Gefühl beschreibt, in vollständiger Konzentration ganz in einer Arbeit aufzugehen. Ein Künstler, der sein Bild malt und darin so sehr aufgeht, dass er sowohl sich selbst als auch die Welt um sich herum völlig vergisst, befindet sich in einem Zustand des Flow. Flow entsteht auch, wenn ein Chirurg eine schwierige Operation durchführt, bei der er sein ganzes Können und all seine Geschicklichkeit aufbieten muss. Csíkszentmihályi hat versucht, eingehender zu erforschen, unter welchen Bedingungen Flow sich einstellt. Vergleicht man, so Csíkszentmihályi, die in einer Situation auftretenden Anforderungen mit der Kompetenz der betreffenden Person, dann ergibt Flow sich genau dann, wenn sowohl die Anforderungen als auch die eigene Leistungsfähigkeit hoch sind und diese jenen genau entspricht.

Wenn wir Csíkszentmihályis Abbildung als eine mentale Karte betrachten, bei der oben Norden ist, so finden wir den Flow-Zustand in

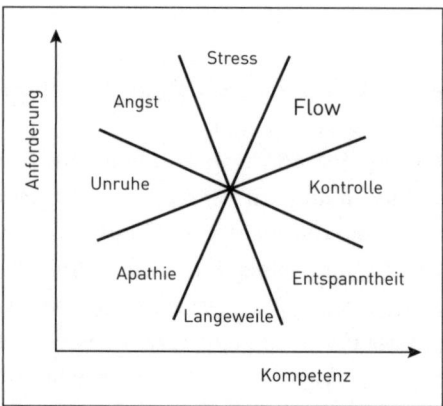

Abbildung 19 Csíkszentmihályis Diagramm, wonach der mentale Zustand als Resultat aus Kompetenz und Anforderung erklärt werden kann

nordöstlicher Richtung. Übersteigen die Anforderungen das Leistungsvermögen, entsteht Stress. Liegt die eigene Kompetenz über den geforderten Ansprüchen, stellt sich ein Gefühl der Kontrolle über die Lage ein, das in ein Gefühl von Langeweile übergeht, wenn die Anforderungen noch weiter sinken. Ersetzt man nun noch «Kompetenz» durch «Kapazität des Arbeitsgedächtnisses» und «Anforderungen» durch «Informationsmenge», so illustriert die Karte die subjektive Seite der Datenflut. Übersteigen die Anforderungen unsere Leistungsfähigkeit, erleben wir die besagte relative Konzentrationsstörung – in dem Diagramm geradewegs oben im Norden – als Infostress. Aber wir sollten den Herausforderungen auch nicht einfach ausweichen. Denn wenn die Ansprüche zu gering gestellt sind, fangen wir an, uns zu langweilen, und werden apathisch. Es gibt also gute Gründe, das eigene Bedürfnis nach Anregung und Information durchaus zu bejahen. Wenn die Anforderungen sich mit der eigenen Kompetenz genau im Gleichgewicht befinden, erleben wir einen Zustand von *Flow*. Und vielleicht ist es nur genau an diesem Punkt, unter Ausschöpfung unserer vollen Leistungsfähigkeit, dass wir unser Können weiter entwickeln und trainieren.

Wenn die Ansprüche an das Arbeitsgedächtnis seine Kapazität gerade eben ausfüllen und wir uns dabei immer an die magische Zahl Sieben halten, steigern wir die Gehirnleistung in optimaler Weise.

Verfügen wir in dieser Hinsicht erst einmal über das nötige Wissen, so liegt es nur noch an uns, unsere Umgebung bewusst danach einzurichten und zu steuern und unsere Arbeitsaufgaben entsprechend unserer Leistungsfähigkeit umzugestalten. Hoffen wir also, dass wir lernen werden, den inneren Kompass zu entwickeln, der es uns ermöglicht, die richtige Balance zu finden und Kurs auf jene nordöstliche Richtung zu nehmen, wo sich *Flow* einstellt und wir unsere Fähigkeiten voll zur Entfaltung bringen können.

Dank

Ich möchte allen meinen Freunden danken, die frühere Fassungen dieses Buchs gelesen, kommentiert und mit mir diskutiert haben: Maria Anderson, Christian Broberger, András Simon, Lotta Thiringer und nicht zuletzt meinem Vater, Ulf Olsson. Dank gilt auch Tobias Nordqvist, meinem Lektor, für viel hilfreiches Feedback, sowie Lena Forssén und Lotte Mjöberg vom Verlag Natur & Kultur. Jan-Eric Gustafsson und Magnus Enquist haben wertvolle Anmerkungen zu den Kapiteln über Intelligenz resp. Evolution beigesteuert. Mein Dank gilt außerdem Anna-Karin für all ihre Unterstützung sowie Hannah und Linnea für die Inspiration, die sie mir geben.

Literaturangaben und Erläuterungen

1 Einleitung: Mit dem Steinzeithirn in der Datenflut

S. 8

Die Untersuchungen zu Ablenkungen in der Arbeitsumgebung sind beschrieben in:

Thompson, C. (2005), Meet the life hackers, *The New York Times* vom 16. Oktober.

Einer der Texte von Hallowell über ADT findet sich in:

Hallowell, E. (2005), Overloaded Circuits: Why Smart People Underperform, *Harvard Business Review*, Januar.

S. 12

Für Millers Zitate zu der magischen Zahl Sieben siehe:

Miller, G. A. (1956), The magical number seven, plus-or-minus two or some limits on our capacity for processing information, *Psychological Review*, 63: 81–97.

S. 16

Formbarkeit in den sensorischen Arealen wird unter anderem beschrieben in:

Kaas, J. H., Merzenich, M. M. und Killackey, H. P. (1983), The reorganization of somatosensory cortex following peripheral nerve damage in adult and developing mammals, *Annual Review of Neuroscience*, 6: 325–356; sowie Kaas, J. H. (1991), Plasticity of sensory and motor maps in adult mammals, *Annual Review of Neuroscience*, 14: 137–167.

Zum Sehzentrum bei blinden Menschen:

Sadato, N., Pascual-Leone, A., Grafman, J., Ibanez, V., Deiber, M. P., Dold, G. und Hallett, M. (1996), Activation of the primary visual cortex by Braille reading in blind subjects, *Nature*, 380: 526–528.

Zum Hörzentrum bei gehörlosen Menschen:

Petitto, L. A., Zatorre, R. J., Gauna, K., Nikelski, E. J., Dostie, D. und Evans A. C. (2000), Speech-like cerebral activity in profoundly deaf people processing signed languages: implications for the neural basis of human language, *Proceedings of the National Academy of Science of the United States of America*, 97: 13 961–13 966.

Zu Unterschieden im Gehirn von Streichmusikern:

Elbert, T., Pantev, C., Wienbruc, C., Rockstroh, B. und Taub, E. (1995), Increased cortical representation of the fingers of the left hand in string players, *Science*, 270: 305–307.

S. 16 f.

Zu Hirnaktivität und Klaviertönen:

Pantev, C., Oostenveld, R., Engelien, A., Ross, B., Roberts, L. E. und Hoke, M. (1998), Increased auditory cortical representation in musicians, *Nature*, 392: 811–814.

Zum Nervenbahnsystem bei Musikern:

Bengtsson, S. L., Nagy, Z., Skare, S., Forsman, L., Forssberg, H. und Ullen, F. (2005), Extensive piano practicing has regionally specific effects on white matter development, *Nature Neuroscience*, 8: 1148–1150.

Zum Jonglieren:

Draganski, B., Gaser, C., Busch, V., Schuierer, G., Bogdahn, U. und May, A. (2004), Neuroplasticity: changes in grey matter induced by training, *Nature*, 427: 311–312.

S. 17

Der Flynn-Effekt wird in mehreren Publikationen beschrieben, unter anderem in:

Flynn, J. (1987), Massive gains in 14 nations: What IQ tests really measure, *Psychological Bulletine*, 101: 171–191; sowie Flynn, J. (1999), Searching for justice – The discovery of IQ gains over time, *American Psychologist*, 54: 5–20.

S. 20 f.

Für den Aufsatz über neurokognitive Optimierung siehe:

Farah, M. J., Illes, J., Cook-Deegan, R., Gardner, H., Kandel, E., King, P., Parens, E., Sahakian, B. und Wolpe, P. R. (2004), Neurocognitive enhancement: what can we do and what should we do?, *Nature Reviews Neuroscience*, 5: 421–425.

2 Das Portal der Informationen

S. 24

Es gibt viele Arten der Einteilung von Aufmerksamkeit. Die hier vorgenommene Einteilung basiert auf neueren Kenntnissen aus Untersuchungen der Hirnaktivität bei verschiedenartigen Aufgaben. Für eine Zusammenfassung dieser Untersuchungen siehe:

Corbette, M. und Shulman, G. L. (2002), Control of goal-directed and stimulus-driven attention in the brain, *Nature Reviews Neuroscience*, 3: 201–215; sowie Kastner, S. und Ungerleider, L. G. (2000), Mechanisms of visual attention in the human cortex, *Annual Reviews of Neuroscience*, 23: 315–341.

Die Einteilung basiert zum großen Teil auf Michael Posners Studien zur Messung der verschiedenen Arten von Aufmerksamkeit, wie beschrieben in:

Posner, M. (1978), *Chronometric explorations of mind*, Hilldale, NJ: Erlbaum.

Posner, M. I. (1980), Orienting of attention, *Quarterly Journal of Experimental Psychology*, 32: 3–25.

Michael Posner spricht von *orienting*, um selektive Aufmerksamkeit zu beschreiben. Darüber hinaus benennt er noch eine weitere Form von Aufmerksamkeit, die er «*executive attention*» nennt, siehe:

Posner, M. I. und Petersen, S. E. (1990), The attention system of the human brain, *Annual Review of Neuroscience*, 13: 25–42.

Beispiele für Aufgaben, die einen derartigen Aufmerksamkeitstyp fordern, sind die Stroop-Aufgabe bzw. Eriksens «flanker task». Diese gelten jedoch für gewöhnlich als «Inhibitionsaufgaben» und gehören daher nicht in diese Darstellung.

Es gibt mehrere Synonyme für kontrollierte und reizbedingte Aufmerksamkeit, wie zum Beispiel *top-down* und *bottom-up attention* oder *endogene* und *exogene* Aufmerksamkeit. Im Schwedischen gibt es [wie im Deutschen, Anm. d. Übers.] die beiden Begriffe Aufmerksamkeit und Konzentrationsfähigkeit, jedoch keinen Konsens darüber, wie sie jeweils genau zu definieren sind. Daher werde ich in diesem Buch die Ausdrücke Aufmerksamkeit und Konzentration vollständig synonym verwenden.

S. 25

Zum Wachheitsgrad vgl.:

Mackworth, J. F. (1970), *Vigilance and attention*, Baltimore: Penguin.

S. 26

Das Beispiel von dem Violinisten stammt aus:

Schacter, D. L. (2001), *The seven sins of memory: how the mind forgets and remembers*, New York: Houghton Mifflin. (Dt. Ausgabe: Aussetzer. Wie wir vergessen und uns erinnern, Bergisch Gladbach 2007.)

S. 27

Posners Untersuchungen sind:

Posner, M. (1978), *Chronometric explorations of mind*, Hilldale, NJ: Erlbaum.

Posner, M. I. (1980), Orienting of attention, *Quarterly Journal of Experimental Psychology*, 32: 3–25.

S. 28

Zum Verhältnis der verschiedenen Aufmerksamkeitstypen untereinander:

Fan, J., McCandliss, B. D., Raz, A. und Posner, M. I. (2002), Testing the efficiency and independence of attention networks, *Journal of Cognitive Neuroscience*, 14: 340–347.

Für die Untersuchung über Computerspiele und ADHS siehe:

Lawrence, V., Houghton, S., Tannock, R., Douglas, G., Durkin, K. und Whiting, K. (2002), ADHD outside the laboratory: boys' executive function performance on tasks in videogame play and on a visit to the zoo, *Journal of Abnormal Child Psychology*, 30: 447–462.

S. 30

Für die fMRI-Untersuchung zur Aufmerksamkeit siehe:

Brefczynski, J. A. und DeYoe, E. A. (1999), A physiological correlate of the «spotlight» of visual attention, *Nature Neuroscience*, 2: 370–374.

Der bildhafte Vergleich der Aufmerksamkeit mit einem Lichtkegel ist auch von mehreren anderen Forschern gezogen worden, unter anderem:

Sengpiel, F. und Hubener, M. (1999), Visual attention: spotlight on the primary visual cortex, *Current Biology*, 9: R318–R321.

Jüngere Studien haben außerdem gezeigt, dass die Neuronen nicht nur ihre Reaktion verstärken, sobald ein Reiz auftaucht, sondern dass anscheinend der Effekt der Aufmerksamkeit auch darin besteht, die Neuronen innerhalb eines bestimmten Areals zu synchronisieren, das heißt, verschiedene Neuronen werden gleichzeitig aktiviert. Mit 40 bis 70 Schwingungen pro Sekunde ist die Frequenz dabei sehr hoch. Indem man misst, wie eng die Nervenzellen schon vor Eintreffen des Reizes synchronisiert sind, lässt sich sogar voraussagen, wie schnell jemand reagieren wird.

Siehe auch: Womelsdorf, T., Fries, P., Mitra, P. P. und Desimone, R. (2006), Gammaband synchronization in visual cortex predicts speed of change detection, *Nature*, 439: 733–736.

S. 31 f.

Frühe Untersuchungen zu Aufmerksamkeit und Tastsinn sind:

Roland, P. E. (1981), Somatotopical tuning of the postcentral gyrus during focal attention in man. A regional cerebral blood flow study, *Journal of Neurophysiology*, 46: 744–754; sowie Roland, P. E. (1982), Cortical regulation of selective attention in man. A regional cerebral blood flow study, *Journal of Neurophysiology*, 48: 1959–1978.

S. 32

Die Studie über den Wettstreit der Neuronen findet sich in:

Motter, B. C. (1993), Focal attention produces spatially selective processing in visual cortical areas V1, V2 and V4 in the presence of competing stimuli, *Journal of Neurophysiology*, 70: 909–919.

S. 33

Nachweise für verschiedenartige Systeme von Aufmerksamkeit finden sich zusammengefasst bei:

Corbetta, M. und Shulman, G. L. (2002), Control of goal-directed and stimulus-driven attention in the brain, *Nature Reviews Neuroscience*, 3: 201–215.

Zu den Originalstudien zählen u. a.:

Kastner, S., Pinsk, M. A., DeWeerd, P., Desimone, R. und Ungerleider, L. G. (1999), Increased activity in human visual cortex during directed attention in the absence of visual stimulation, *Neuron*, 22: 751–761; sowie Hopfinger, J. B., Buonocore, M. H. und Mangung, G. R. (2000), The neural mechanisms of top-down attentional control, *Nature Neuroscience*, 3: 284–291.

S. 34

Die Abbildung stammt aus:

Corbetta, M. und Shulman, G. L. (2002), Control of goal-directed and stimulus-driven attention in the brain, *Nature Reviews Neuroscience*, 3.

Es sei darauf hingewiesen, dass die frontalen und parietalen Hirnrindenareale nicht die einzigen sind, die mit selektiver Aufmerksamkeit zu tun haben. David LeBerge und andere haben die wichtige Funktion einer Gruppe von Nervenzellen (dem *colliculus superior*) im Hirnstamm hervorgehoben. Dort findet sich anscheinend eine räumliche Karte der Umgebung und es laufen von dort aus Verbindungen zu den Arealen der Großhirnrinde. Eine weitere Struktur, die möglicherweise für die Aufmerksamkeit von Bedeutung ist, ist der Thalamus, eine Neuronengruppe in der Gehirnmitte, wo verschiedene Teile verortet sind, wie z. B. der Pulvinar und der retikuläre Kern. Diese Kerngebiete stehen in Verbindung mit großen Teilen der Hirnrinde und befinden sich von daher in einer guten Position, um Aufmerksamkeit zu vermitteln. Francis Crick, der für seine Entdeckung der DNS-Struktur den Nobelpreis erhielt, entschloss sich später in seinem Leben, das Forschungsfeld noch einmal zu wechseln. Er wollte sich nämlich aufs Feld der Hirnforschung begeben und dort vor allem das Problem der Entstehung von Bewusstsein lösen (er war nicht gerade für seine Bescheidenheit bekannt und einmal soll er sogar jemanden zurechtgewiesen haben, der ihn als Empfänger eines Nobelpreises vorstellte: «not *a* nobel prize, *the* nobel prize»). 1984 schrieb er einen Aufsatz: «Functions of the thalamic reticular complex: the searchlight hypothesis», in dem er für die Bedeutung des retikulären Kerns in diesem Zusammenhang eintrat und auch die Aufmerksamkeit mit einem Lichtkegel verglich.

S. 35

Zu Neglect:

Gazzaniga, M., Ivry, R. B. und Mangun, G. R. (2002), *Cognitive neuroscience, second edition*, New York: Norton.

3 Die Werkbank im Kopf

S. 38

Zur Einteilung des Arbeitsgedächtnisses siehe:

Baddeley, A. D. und Hitch, G. J. (1974), Working memory, in: G. A. Bower (Hg.), *Recent Advances in Learning and Motivation*, Vol. 8, S. 47–89, New York: Academic Press.

Eine spätere Zusammenfassung findet man in:

Baddeley, A. (2003), Working memory: looking back and looking forward, *Nature Reviews Neuroscience*, 4: 829–839.

Alan Baddeley hat noch einen weiteren Bestandteil des Arbeitsgedächtnisses ins Gespräch gebracht, den episodischen Puffer, der dazu da sein soll, zusammenhängende Informationen in Form von «Episoden» im Arbeitsgedächtnis zu halten. Jedoch ist dieser Puffer weniger deutlich gekennzeichnet als die übrigen Komponenten im Arbeitsgedächtnis.

S. 39

Die Diskussion über Aktivitätsunterschiede zwischen verschiedenen Typen von Arbeitsgedächtnisaufgaben sowie über Unterschiede zwischen Kurzzeit- und Arbeitsgedächtnis dauert an. Einem Vorschlag zufolge werden die ventralen (unteren) Teile des vorderen Stirnlappens bei solchen Arbeitsgedächtnisaufgaben aktiviert, die keine Manipulation verlangen, und die dorsolateralen (die höher gelegenen, wie beispielsweise das Brodmann-Areal 46) nur bei Aufgaben aktiviert, die Manipulationen mit umfassen. Ursprünglich stammt dieser Vorschlag, der eine teilweise experimentelle Bestätigung erfahren hat, von Michael Petrides, siehe:

Owen, A. M., Evans, A. C. und Petrides, M. (1996), Evidence for a two-stage model of spatial working memory processing within the lateral frontal cortex: a positron emission tomography study, *Cerebral Cortex*, 6: 31–38; sowie D'Esposito, M., Aguirre, G. K., Zarahn, E., Ballard, D., Shin, R. K. und Lease, J. (1998), Functional MRI studies of spatial and nonspatial working memory, *Cognitive Brain Research*, 7: 1–13.

Es gibt allerdings auch etliche Studien, die dieser Theorie widersprechen und aufzeigen, dass auch Arbeitsgedächtnisaufgaben, die keine Manipulationen enthalten, wie z. B. der Punkttest, in jedem Fall dorsolaterale Teile des vorderen Stirnlappens aktivieren, siehe:

Curtis, C. E., Rao, V. Y. und D'Esposito, M. (2004), Maintenance of spatial and motor codes during oculomotor delayed response tasks, *Journal of Neuroscience*, 24: 3944–3952.

Hier wird darüber hinaus gezeigt, dass diese Areale auch in der Delay-Phase, in der keine Manipulationen vorkommen, kontinuierlich aktiv sind, was zuvor beispielsweise gezeigt wurde von:

Cohen, J. D., Pearstein, W. M., Braver, T. S., Nystrom, L. E., Noll, D. C., Jonides, J. und Smith, E. E. (1997), Temporal dynamics of brain activation during a working memory task, *Nature*, 386: 604–608.

D'Esposito und Curtis fassen den Unterschied zwischen Aufgaben mit und ohne Manipulation folgendermaßen zusammen: «Die Unterscheidung zwischen Repräsentation und Operationen lässt sich im begrifflichen Rahmen unserer herkömmlichen kognitiven Modelle zwar erklären, jedoch dürfte es sich – wie wir noch sehen werden – als äußerst schwierig herausstellen, sie mit unseren gegenwärtigen indirekten (z. B. fMRI) wie auch direkten Messungen der neuronalen Aktivität (z. B. unit recordings) voneinander zu unterscheiden.» Vgl. Curtis, C. E. und D'Esposito, M. (2003), Persistent activity in the prefrontal cortex during working memory, *Trends in Cognitive Sciences*, 7: 415–423.

Will man eine Terminologie in Übereinstimmung mit den Daten der Hirnaktivität schaffen, wird es also schwer werden, diese beiden Kategorien von Arbeitsgedächtnisaufgaben voneinander zu trennen. Ich überlasse die weitere vertiefende Diskussion hierüber den wissenschaftlichen Fachpublikationen.

S. 41
Über die Wirkung von Elektroschocks auf das Langzeitgedächtnis:
Squire, L. R. (1987), *Memory and Brain*, New York: Oxford University Press.

S. 44
Der Begriff «The attentional template» (Aufmerksamkeitsschablone) wurde geprägt in:
Desimone, R. und Duncan, J. (1995), Neural mechanisms of selective visual attention, *Annual Reviews of Neuroscience*, 18: 193–222.
Für eine Beschreibung der Überlappung zwischen Arbeitsgedächtnis und Aufmerksamkeit siehe auch:
Desimone, R. (1996), Neural mechanisms for visual memory and their role in attention, *Proceedings of the National Academy of Sciences of the United States of America*, 93: 13 494–13 499. Ferner: Awh, E. und Jonides, J. (2001), Overlapping mechanisms of attention and spatial working memory, *Trends in Cognitive Sciences*, 5: 119–126.

S. 45 f.
Zitat aus: Baddeley, A. (1992), Working Memory, *Science*, 255: 556–559.
Das Beispiel für die Raven-Matrix in diesem Buch ist keine der in den Originaltests veröffentlichten Aufgaben, da diese urheberrechtlich geschützt sind, sie ist jedoch in ähnlicher Weise konstruiert. Im Original finden sich Raven-Matrizen beispielsweise in:
Raven, J. C. (1990), *Advanced Progressive Matrices, Set II*, Oxford: Oxford Psychology Press.

S. 46

Der Aufsatz über den Zusammenhang von Arbeitsgedächtnis und IQ findet sich in:

Kyllonen, P. C. und Christal, R. E. (1990), Reasoning ability is (little more than) working-memory capacity?!, *Intelligence*, 14: 389–433.

Das Zitat von Süß stammt aus:

Süß, H. M., Oberauer, K., Wittmann, W. W., Wilhelm, O. und Schulze, R. (2002), Working-memory capacity explains reasoning ability – and a little bit more, *Intelligence*, 30: 261–288.

Untersuchungen zum Arbeitsgedächtnis und «gf» sind:

Engle, R. W., Kane, M. J. und Tuholski, S. W. (1999), Individual differences in working memory capacity and what they tell us about controlled attention, general fluid intelligence and functions of the prefrontal cortex; in: A. Shah und P. Shah (Hgg.), *Models of working memory: mechanisms of active maintenance and executive control*, S. 102–134, New York: Cambridge University Press.

Engle fand höhere Korrelationen bei komplexeren Arbeitsgedächtnisaufgaben wie z. B. dem *reading-span*-Test, der zum Teil eine Multitaskingaufgabe ist, verglichen mit einfachen verbalen Aufgaben, bei denen man bloß einzelne Worte, die man gehört hat, wiedererkennen oder wiederholen soll. Ein Problem von Engles Untersuchungen liegt darin, dass sie nur verbale Aufgaben berücksichtigen. Einfache visuell-räumliche Arbeitsgedächtnisaufgaben haben einen ebenso hohen Korrelationsgrad mit Raven-Matrizen wie die komplexen verbalen Aufgaben, die Engle benutzte. Zur Diskussion und für weitere Beispiele siehe:

Klingberg, T. (2006), Development of a superior frontal-intraparietal network for visuo-spatial working memory, *Neuropsychologia*, 44(11): 2171–77; sowie Fry, A. F. und Hale, S. (2000), Relationships among processing speed, working memory, and fluid intelligence in children, *Biological Psychology*, 54: 1–34; ferner Süß, H. M., Oberauer, K., Wittmann, W. W., Wilhelm, O. und Schulze, R. (2002), Working-memory capacity explains reasoning ability – and a little bit more, *Intelligence*, 30: 261–288(28).

Eine Zusammenfassung zum Verhältnis und zu der Korrelation von Arbeitsgedächtnis und Intelligenz findet sich in:

Conway, A. R., Kane, M. J. und Engle, R. W. (2003), Working memory capacity and its relation to general intelligence, *Trends in Cognitive Sciences*, 7: 547–552.

4. Bilder vom Arbeitsgedächtnis

S. 48

Eine der am häufigsten zitierten Studien über die Neuronenaktivität bei Arbeitsgedächtnisaufgaben ist:

Funahashi, S., Bruce, C.J. und Goldman-Rakic, P.S. (1989), Mnemonic coding of visual space in the monkey's dorsolateral prefrontal cortex, *Journal of Neurophysiology*, 61: 331–349.
Die früheste Untersuchung hierzu ist:
Fuster, J.M. und Alexander, G.E. (1971), Neuron activity related to short-term memory, *Science*, 173: 652–654.

S. 50
Computersimulationen der Aktivität des Arbeitsgedächtnisses finden sich in zusammenfassender Darstellung unter anderem in:
Wang, X.J. (2001), Synaptic reverberation underlying mnemonic persistent activity, *Trends in Neuroscience* 24.
Vgl. auch:
Tegner, J., Compte, A. und Wang, X.J. (2002), The dynamical stability of reverberatory neural circuits, *Biological Cybernetics*, 87: 471–481.

S. 51
Frühe PET-Studien zum Arbeitsgedächtnis sind:
Paulesu, E., Frith, C.D. und Frackowiak, R.S.J. (1993), The neural correlates of the verbal component of working memory, *Nature*, 362: 342–345; sowie Jonides, J., Smith, E.E., Koeppe, R.A., Awh, E., Minoshima, S. und Mintun, M.A. (1993), Spatial working memory in humans as revealed by PET, *Nature*, 363: 623–625.
Frühe fMRI-Studien zum Nachweis kontinuierlicher Aktivität sind:
Cohen, J.D., Pearstein, W.M., Braver, T.S., Nystrom, L.E., Noll, D.C., Jonides, J. und Smith, E.E. (1997), Temporal dynamics of brain activation during a working memory task, *Nature*, 386; sowie Courtney, S.M., Ungerleider, L.G., Keil, K. und Haxby, J.V. (1997), Transient and sustained activity in a distributed neural system for human working memory, *Nature*, 386: 608–611.

S. 52
Zur kontinuierlichen Aktivität beim Punkttest:
Curtis, C.E., Rao, V.Y. und D'Esposito, M. (2004), Maintenance of spatial and motor codes during oculomotor delayed response tasks, *Journal of Neuroscience*, 24: 3944–3952.

S. 53
Die Abbildung geht zurück auf:
Curtis, C.E. und D'Esposito, M. (2003), Persistent activity in the prefrontal cortex during working memory tasks, *Trends in Cognitive Sciences*, 7: 415–423.

S. 54

Für Untersuchungen, die die Theorie von spezialisierten Neuronen stützen, siehe:

Funahashi, S., Bruce, C. J. und Goldman-Rakic, P. S. (1989), Mnemonic coding of visual space in the monkey's dorsolateral prefrontal cortex, *Journal of Neurophysiology*, 61.

S. 55

Für Studien, die auf multimodale Zellen hindeuten:

Quintana, J. und Fuster, J. M. (1992), Mnemonic and predictive functions of cortical neurons in a memory task, *Neuroreport*, 3: 721–724.

Für eine Zusammenfassung siehe:

Fuster, J. M. (1995), *Memory in the cerebral cortex*, Cambridge, Massachusetts: MIT Press.

Zur Theorie paralleler Arbeitsgedächtnissysteme:

Goldman-Rakic, P. S. (1988), Topography of cognition: parallel distributed networks in primate association cortex, *Annual Reviews of Neuroscience*, 11: 137–156.

Für Studien zu multimodalen Arealen siehe:

Klingberg, T., Roland, P. E. und Kawashima, R. (1996), Activation of multimodal cortical areas underlies short-term memory, *European Journal of Neuroscience*, 8: 1965–1971; sowie Klingberg, T. (1998), Concurrent performance of two working memory tasks: potential mechanisms of interference, *Cerebral Cortex*, 8: 593–601.

Zu Beispielen von weiteren Studien, die auf Engstellen und Überlappungen zwischen verschiedenen Sinnesmodalitäten hindeuten, siehe u. a.:

Duncan, J. und Owen, A. M. (2000), Common regions of the human frontal lobe recruited by diverse cognitive demands, *Trends in Neurosciences*, 23: 475–483; sowie Hautzel, H., Mottaghy, F. M., Schmidt, D., Zemb, M., Shah, N. J., Muller-Gartner, H. W. und Krause, B. J. (2002), Topographic segregation and convergence of verbal, object, shape and spatial working memory in humans, *Neuroscience letters*, 323: 156–160; ferner Curtis, C. E. und D'Esposito, M. (2003), Persistent acitivity in the prefrontal cortex during working memory, *Trends in Cognitive Sciences*, 7: 415–423.

5 Das Gehirn und die magische Zahl Sieben

S. 57

Miller, G. A. (1956), The magical number seven, plus-or-minus two or some limits on our capacity for processing information, *Psychological Review*, 63: 81–97.

S. 58
Cowan, N. (2001), The magical number 4 in short-term memory: A reconsideration of mental storage capacity, *Behavioral and Brain Sciences*, 24: 87–185.

S. 58 f.
Zum Arbeitsgedächtnis bei Säuglingen und Kleinkindern vgl.:
Diamond, A. und Goldman-Rakic, P. S. (1989), Comparison of human infants and rhesus monkeys on Piaget's AB task: evidence for dependence on dorsolateral prefrontal cortex, *Experimental Brain Research*, 74(1): 24–40.
Für Untersuchungen über die Entwicklung des Arbeitsgedächtnisses siehe:
Gathercole, S. E., Pickering, S. J., Ambridge, B. und Wearing, H. (2004), The structure of working memory from 4 to 15 years of age, *Developmental Psychologoy*, 40: 177–190; sowie Hale, S., Bronik, M. D. und Fry, A. F. (1997), Verbal and spatial working memory in school-age children: developmental differences in susceptibility to interference, *Developmental Psychology*, 33: 364–371; ferner Westerberg, H., Hirvikoski, T., Forssberg, H. und Klingberg, T. (2004), Visuo-spatial working memory: a sensitive measurement of cognitive deficits in ADHD, *Child Neuropsychology*, 10: 155–161.
Über Arbeitsgedächtnis und Problemlösungskompetenz bei Kindern:
Fry, A. F. und Hale, S. (1996), Processing speed, working memory, and fluid intelligence, *Psychological Science*, 7: 237–241.

S. 60
Die Daten für die Abbildung zu Alter und Arbeitsgedächtnis sind entnommen aus:
Swanson, H. L. (1999), What develops in working memory? A life span perspective, *Developmental Psychology*, 35: 986–1000.
Untersuchungen zum Memoryspiel in Bezug auf Kinder und Erwachsene finden sich in:
Baker-Ward, L. und Ornstein, P. A. (1988), Age differences in visual-spatial memory performance: Do children really out-perform adults when playing Concentrations?, *Bulletin of the Psychonomic Society*, 26: 331–332; und Gulya, M., Rosse-George, A., Hartshorn, K., Viera, A. und Rovee-Collier, C. (2002), The development of explicit memory for basic perceptual feature, *Journal of Experimental Child Psychology*, 81: 276–297.

S. 62
Zur Veränderung der Gehirnaktivität im Laufe der Kindheit:
Klingberg, T., Forssberg, H. und Westerberg, H. (2002), Increased Brain Activity in Frontal and Parietal Cortex Underlies the Development of Visuospatial Working Memory Capacity During Childhood, *Journal of Cognitive Neuroscience*, 14: 1–10.

Eine Studie, die sowohl Messungen der Gehirnaktivität als auch der Myelinisierung umfasst, ist:

Olesen, P. J., Nagy, Z., Westerberg, H. und Klingberg, T. (2003), Combined analysis of DTI and fMRI data reveals a joint maturation of white and grey matter in a fronto-parietal network, *Cognitive Brain Research*, 18: 48–57.

Eine Studie, die auch Ablenkung während einer Arbeitsgedächtnisaufgabe berücksichtigt, ist:

Olesen, P., Macoveanu, J., Tegner, J. und Klingberg, T. (2007), Brain activity related working memory and distraction in children and adults, *Cerebral Cortex*, 17(5): 1047–1054.

Für weitere Studien zur Entwicklung des visuell-räumlichen Gedächtnisses, die diese Ergebnisse bestätigen, siehe z. B.:

Kwon, H., Reiss, A. L. und Menon, V. (2002), Neural basis of protracted developmental changes in visuo-spatial working memory, *Proceedings of the National Academy of Sciences in the United States of America*, 99: 13 336–13 341.

S. 62

Für die fMRI-Untersuchung der Kapazität und des Scheitellappens siehe:

Todd, J. J. und Marois, R. (2004), Capacity limit of visual short-term memory in human posterior parietal cortex, *Nature*, 428: 751–754.

Für die EEG-Studie, die ähnliche Resultate ergab:

Vogel, E. K. und Machizawa, M. G. (2004), Neural activity predicts individual differences in visual working memory capacity, *Nature*, 428: 748–751.

S. 63

Zur Korrelation zwischen der Leistung bei Raven-Matrizen und Gehirnaktivität vgl.:

Lee, K. H., Choi, Y. Y., Gray, J. R., Cho, S. H., Chae, J. H., Lee, S. und Kim, K. (2006), Neural correlates of superior intelligence: stronger recruitment of posterior parietal cortex, *Neuroimage*, 29: 578–586.

Eine Korrelation zwischen der Leistung bei Raven-Matrizen und frontaler wie auch parietaler Aktivität, wenn Testpersonen Arbeitsgedächtnisaufgaben ausführen, ist ebenfalls nachgewiesen worden von:

Gray, J. R., Chabris, C. F. und Braver, T. S. (2003), Neural mechanisms of general fluid intelligence, *Nature Neuroscience*, 6: 316–322.

S. 64

Die Studie zu Einsteins Gehirn:

Witelson, S. F., Kigar, D. L. und Harvey, T. (1999), The exceptional brain of Albert Einstein, *Lancet*, 353: 2149–2153.

S. 65

Eine Zusammenfassung zu Informationsmenge und Gehirnaktivität findet sich in:

Klingberg, T. (2000), Limitations in information processing in the human brain: neuro-imaging of dual task performance and working memory tasks, *Progress in Brain Research*, 126: 95–102.

S. 66

Zur Synapsendichte und Entwicklung vgl.:

Huttenlocher, P. (1979), Synaptic density in human frontal cortex – developmental changes and effects of aging, *Brain Research*, 163: 195–205.

Zum Verlust von Axonen im Laufe der Entwicklung siehe:

LaMantia, A. S. und Rakic, P. (1990), Axon overproduction and elimination in the corpus callosum of the developing rhesus monkey, *Journal of Neuroscience*, 10, 2156–75.

Histologische Studien zur Myelinisierung sind:

Yakovlev, P. I. und Lecours, A. R. (1967), The myelogenetic cycles of regional maturation of the brain, in : Minkowsi, A. (Hrsg.), *Regional development of the brain in early life*, Oxford/Edinburgh: Blackwell Scientific Publications, S. 3–70.

Mit der MR-Kamera lässt sich die Myelinisierung indirekt quantitativ bestimmen durch ein Verfahren, das man *diffusion tensor imaging* nennt und das die Diffusion von Wasser in der weißen Substanz misst. Mithilfe dieses Verfahrens wurde die Entwicklung der weißen Substanz untersucht in:

Nagy, Z., Westerberg, H. und Klingberg, T. (2004), Regional maturation of white matter during childhood and development of function, *Journal of Cognitive Neuroscience*, 16: 1227–1233.

Bei einer weiteren Diffusionsstudie wurde die Myelinisierung in Verbindung mit Veränderungen der Gehirnaktivität gebracht:

Olesen, P. J., Nagy, Z., Westerberg, H. und Klingberg, T. (2003), Combined analysis of DTI and fMRI data reveals joint maturation of white and grey matter in a fronto-parietal network, *Cognitive Brain Research*, 18: 48–57.

S. 68

Zur Modellierung der Neuronenaktivität siehe:

Edin, F., Macoveanu, J., Olesen, P., Tegner, J. und Klingberg, T. (2007), Stronger synaptic connectivity as a mechanism behind development of working memory-related brain activity during childhood, *Journal of Cognitive Neuroscience*, 19(5): 750–760.

6 Multitasking und mentale Bandbreite

S. 71

Abbildung nach:

Posner, M. (1978), *Chronometric explorations of mind*, Hillsdale, NJ: Erlbaum.

S. 72

Für die amerikanische Multitaskingstudie siehe:

Strayer, D. L. und Johnston, W. A. (2001), Driven to destraction: dual-task studies of simulated driving and conversing on a cellular telephone, *Psychological Sciences*, 12: 462–466.

S. 73

Für die schwedische Multitaskingstudie siehe:

Alm, H. und Nilsson, L. (1995), The effects of a mobile telephone task on driver behaviour in a car following situation, *Accident Analysis and Prevention*, 27: 707–715.

S. 74

Zu Arbeitsgedächtnisbelastung und Ablenkung vgl.:

Lavie, N., Hirst, A., de Fockert, J. W. und Viding, E. (2004), Load theory of selective attention and cognitive control, *Journal of Experimental Psychology*, 133: 339–354.

Eine Zusammenfassung findet sich in:

Lavie, N. (2005), Distracted and confused?: selective attention under load, *Trends in Cognitive Sciences*, 9: 75–82.

Für Berichte zur Gehirnaktivität bei Ablenkungen siehe:

de Fockert, J. W., Rees, G., Frith, C. D. und Lavie, N. (2001), The role of working memory in visual selective attention, *Science*, 291: 1803–1806.

Zu Arbeitsgedächtniskapazität und Ablenkbarkeit siehe:

Vogel, E. K., McCollough, A. W. und Machizawa, M. G. (2005), Neural measures reveal individual differences in controlling access to working memory, *Nature*, 438: 500–503.

Zu Auswirkungen verbaler Ablenkung auf die Gehirnaktivität siehe:

Gisselgård, J., Petersson, K. M., Baddeley, A. und Ingvar, M. (2003), The irrelevant speech effect: a PET study, *Neuropsychologia*, 41: 1899–1911.

S. 75

Zur Arbeitsgedächtniskapazität und zu dem Cocktailparty-Effekt siehe:

Conway, A. R., Cowan, N. und Buntning, M. F. (2001), The cocktail party phenomenon revisited: the importance of working memory capacity, *Psychonomic Bulletin & Review*, 8: 331–335.

S. 77

Die fMRI-Studie über die «*zentrale Exekutive*» findet sich in:

D'Esposito, M., Detre, J. A., Alsop, D. C., Shin, R. K., Atlas, S. und Grossman, M. (1995), The neural basis of the central executive system of working memory, *Nature*, 378: 279–281.

Für die Studien über die zwei alternativen Hypothesen bezüglich der Überlappung bei Multitasking-Aufgaben siehe:

Klingberg, T. und Roland, P. E. (1997), Interference between two concurrent tasks is associated with activation of overlapping fields in the cortex, *Cognitive Brain Research*, 6: 1–8; sowie Klingberg, T. (1998), Concurrent performance of two working memory tasks: potential mechanisms of interference, *Cerebral Cortex*, 8; ferner Klingberg, T. (2000), Limitations in information processing in the human brain: neuroimaging of dual task performance and working memory tasks, *Progress in Brain Research*, 126.

S. 78 f.

Zur fMRI-Studie des Multitasking vgl.:

Bunge, S., Klingberg, T., Jacobsen, R. B. und Gabrieli, J. D. E. (2000), A resource model of the neural substrates of executive working memory in humans, *Proceedings of the National Academy of Sciences of the United States of America*, 97: 3573–3578.

Für die Studie, die D'Espositos Resultate zu einem speziellen Multitasking-Areal nicht erfolgreich reproduzieren konnte, siehe:

Adcock, R. A., Constable, R. T., Gore, J. C. und Goldman-Rakic, P. S. (2000), Functional neuroanatomy of executive processes involved in dual-task performance, *Proceedings of the National Academy of Sciences in the United States of America*, 97: 3567–3572.

Für die Studie, die eine für Multitasking spezifische Hirnregion gefunden hat, siehe:

Koechlin, E., Basso, G., Pietrini, P., Panzer, S. und Grafman, J. (1999), The role of the anterior prefrontal cortex in human cognition, *Nature*, 399: 148–151.

7 Das Paradox von Wallace

S. 84

Das Zitat stammt aus: Gould, S. J. (1980), *The Panda's Thumb. More reflections in natural history*, New York: Norton. (Dt. Ausgabe: Der Daumen des Panda, Frankfurt/M. 1989.)

S. 85

Die Abbildung ist entnommen aus: McHenry, H. M. (1994), Tempo and mode in human evolution, *Proceedings of the National Academy of Science of the United States of America*, 91: 6780–6786.

Dazu sei angemerkt, dass genetische Mutationen natürlich andauernd vorkommen und die Evolution nicht einfach vor einer bestimmten Zahl von Jahren aufgehört hat. Genetiker haben mehrere genetische Veränderungen entdeckt, die seit Auftreten des Homo sapiens vor ungefähr 200 000 Jahren neu hinzugekommen sind. Unter anderem haben der Genetiker Bruce Lahn und sein Forscherteam an der Chicago University Genvarianten identifiziert, von denen die eine vor etwa 40 000 Jahren und die andere ungefähr vor 6000 Jahren aufgetaucht sein sollen:

Evans, P. D., Gilbert, S. L., Mekel-Bobrov, N., Vallender, E. J., Anderson, J. R., Vaez-Azizi, L. M., Tishkoff, S. A., Hudson, R. R. und Lahn, B. T. (2005), Microcephalin, a gene regulation brain size, continues to evolve adaptively in humans, *Science*, 309: 1717–1720; sowie Mekel-Bobrov, N., Gilbert, S. L., Evans, P. D., Vallender, E. J., Anderson, J. R., Hudson, R. R., Tishkoff, S. A. und Lahn, B. T. (2005), Ongoing adaptive evolution of ASPM, a brain size determinant in Homo sapiens, *Science*, 309: 1720–1722.

Die Genvarianten könnten von Interesse sein, da Mutationen, die dieses Gen dysfunktionell werden lassen, zu Mikrozephalie führen, das heißt, man wird mit einem Gehirn geboren, das nur ungefähr ein Drittel der normalen Größe hat. Welchen Effekt genau diese Genvarianten haben (wenn überhaupt einer vorliegt), ist allerdings noch ungeklärt. Es gibt keine eindeutigen klaren Funktionen für die verschiedenen Genvarianten und außerdem sind sie erst nach dem Auszug aus Afrika aufgetreten, weshalb sie nicht die Menschheit als ganze betreffen.

S. 85 f.

Für den Zusammenhang von Größe der Hirnrinde und Gruppengröße siehe:

Dunbar, R. I. M. (1996), *Grooming, gossip and the evolution of language*, London: Faber.

Zur machiavellistischen Intelligenz:

Byrne, R. W. und Whiten, A. (1988), *Machiavellian Intelligence: Social expertise and the evolution of intellect in Monkeys, Apes and Humans (Bk. 1)*, Oxford: Oxford Science Publications.

S. 86 f.

Zur Rolle der Sprache bei der Evolution des Gehirns vgl.:

Deacon, T. W. (1997), *The Symbolic Species: The Co-Evolution of Language and the Human Brain*, London: Allen Lane the Penguin Press.

S. 87
Für den Zusammenhang von Evolution der Intelligenz und sexueller Selektion siehe:
Miller, G. (2000), *The mating mind – how sexual choice shaped the evolution of human nature*, London: Heinemann.

S. 88
Eine Zusammenfassung von Goulds Argumenten sowie seine Kritik an Steven Pinker findet sich in:
Gould, S. J. (1997), Darwinian Fundamentalism, *The New York Review of Books* vom 10. Juni: 1244. Vgl. auch: Gould, S. J. (1980), *The panda's thumb. More reflections in natural history*, New York: Norton, 55.

8 Die Formbarkeit des Gehirns
S. 92
Zur Phrenologie vgl.:
Mountcastle, V. (1995), The evolution of ideas concerning the function of the neocortex, *Cerebral Cortex*, 5: 289–295.

S. 94
Die Phrenologieabbildung: © 2002 Topham Picturepoint.
Die Abbildung mit den histologischen Arealen ist entnommen aus:
Brodmann, K. (1909), *Vergleichende Lokalisationslehre der Großhirnrinde*, Leipzig: Barth.

S. 95
Zur Formbarkeit in den sensorischen Arealen finden sich Beschreibungen unter anderem in:
Kaas, J. H., Merzenich, M. M. und Killackey, H. P. (1983), The reorganization of somatosensory cortex following peripheral nerve damage in adult and developing mammals, *Annual Review of Neuroscience*, 6: 325–356; sowie Kaas, J. H. (1991), Plasticity of sensory and motor maps in adult mammals, *Annual Review of Neuroscience*, 14: 137–167.
Zur Transplantation von Sehnerven vgl.:
Sharma, J., Angelucci, A. und Sur, M. (2000), Induction of visual orientation modules in auditory cortex, *Nature*, 404: 841–847.
Eine Beschreibung von Auswirkungen auf das Verhalten finden sich in:
von Melchner, L., Pallas, S. L. und Sur, M. (2000), Visual behaviour mediated by retinal projections directed to the auditory pathway, *Nature*, 404: 871–876.

S. 96
Über Training und dessen Effekte auf das Hörzentrum vgl.:
Recanzone, G. H., Schreiner, C. E. und Merzenich, M. M. (1993), Plasticity in

the frequency representation of primary auditory cortex following discrimination training in adult owl monkeys, *Journal of Neuroscience*, 13: 87–103.

S. 97

Zu den Auswirkungen von motorischem Training auf die Großhirnrinde vgl.:

Nudo, R. J., Milliken, G. W., Jenkins, W. M. und Merzenich, M. M. (1996), Use-dependent alterations of movement representations in primary motor cortex of adult squirrel monkeys, *Journal of Neuroscience*, 16, 785–807.

Für die Studie über die Streichmusiker siehe:

Elbert, T., Pantev, C., Wienbruch, C., Rockstroh, B. und Taub, E. (1995), Increased cortical representation of the fingers of the left hand in string players, *Science*, 270.

Für die Studie zur weißen Substanz bei Klaviermusikern siehe:

Bengtsson, S. L., Nagy, Z., Skare, S., Forsman, L., Forssberg, H. und Ullen, F. (2005), Extensive piano practising has regionally specific effects on white matter development, *Nature Neuroscience*, 8.

Die fMRI-Studie zum Erlernen der Fingerübung findet sich in:

Karni, A., Meyer, G., Jezzard, P., Adams, M. M., Turner, R. und Ungerleider, L. G. (1995), Functional MRI evidence for adult motor cortex plasticity during motor skill learning, *Nature*, 377: 155–158.

Zum Jonglieren vgl.:

Draganski, B., Gaser, C., Busch, V., Schuierer, G., Bogdahn, U. und May, A. (2004), Neuroplasticity: changes in grey matter induced by training, *Nature*, 427: 311–312.

9 Gibt es ADHS überhaupt?

S. 102

Die Definition von ADHS findet sich in:

American Psychiatric Association (1994), *Diagnostic and statistical manual of mental disorders* (4. Aufl.), Washington, D. C.: American Psychiatric Association.

Für eine zusammenfassende Darstellung über ADHS vgl.:

Biederman, J. und Faraone, S. V. (2005), Attention-deficit hyperactivity disorder, *Lancet*, 366: 237–248.

Ein weiteres Krankheitsbild, das im Gespräch ist, ist DAMP, was für «deficit in attention motor control and perception» steht. Es wird definiert als ADHS + motorische und perzeptuelle Störungen. Im Unterschied zur ADHS-Diagnostik, die in der ganzen Welt Anwendung findet, gibt es keinen wirklichen internationalen Konsens über die Diagnose von DAMP.

S. 107

Zur Erblichkeit von ADHS vgl.:

Biederman, J. und Faraone, S. V. (2005), Attention-deficit hyperactivity disorder, *Lancet*, 366: 237–248.

Zur Hypothese über den Zusammenhang von ADHS und Arbeitsgedächtnis vgl.:

Barkley, R. A. (1997), Behavioral inhibition, sustained attention, and executive functions: constructing a unifying theory of ADHD, *Psychological Bulletine*, 121: 65–94.

S. 108 f.

Studien zum Nachweis eines reduzierten Arbeitsgedächtnisses bei ADHS sind:

Dowson, J. H., McLean, A., Bazanis, E., Toone, B., Young, S., Robbins, T. W. und Sahakian, B. J. (2004), Impaired spatial working memory in adults with attention-deficit/hyperactivity disorder: comparisons with performance in adults with borderline personality disorder and in control subjects, *Acta Psychiatrica Scandinavica*, 110: 45–54; sowie Kempton, S., Vance, A., Maruff, P., Luk, E., Costin, J. und Pantelis, C. (1999), Executive function and attention deficit hyperactivity disorder : stimulant medication and better executive function performance in children, *Psychological Medicine*, 29: 527–538; ferner Westerberg, H., Hirvikoski, T., Forssberg, H. und Klingberg, T. (2004), Visuo-spatial working memory: a sensitive measurement of cognitive deficits in ADHD, *Child Neuropsychology*, 10.

S. 109

Über den Effekt von zentralen Stimulantien auf das Arbeitsgedächtnis:

Barnett, R., Maruff, P., Vance, A., Luk, E. S., Costin, J., Wood, C. und Pantelis, C. (2001), Abnormal executive function in attention deficit hyperactivity disorder: the effect of stimulant medication and age on spatial working memory, *Psychological Medicine*, 31: 1107–1115; sowie Bernard, A. C., Martinussen, R., Ickowitz, A. und Tannock, R. (2004), Methylphenidate improves visual-spatial memory in children with attention-deficit/hyperactivity disorder, *Journal of the American Academy of Child and Adolescent Psychiatry*, 43: 260–268.

S. 110

Zu COPE vgl.:

Barkley, R. A., Russell, A. und Murphy, Kevin R. (2006), *Attention-deficit hyperactivity disorder. A clinical workbook*, New York: The Guilford Press.

Zu *TeachADHD* finden sich Informationen unter:

http://www.aboutkidshealth.ca/teachadhd/

Die Ratschläge zu ADS finden sich bei:

Nadeau, K. G. (1997), *ADD in the workplace: choices, changes, and challenges*, Florence: Brunner/Mazel.

10 Ein mentales Fitness-Studio

S. 113

Frühere Trainingsstudien finden sich bei:

Butterfield, E. C., Wambold, C. und Belmont, J. M. (1973), On the theory and practice of improving short-term memory, *American Journal of Mental Deficiency*, 77: 654–669.

Zu dem Studenten, der die Zahlenfolgen memorierte, vgl.:

Ericsson, K. A., Chase, W. G. und Faloon, S. (1980), Acquisition of memory skill, *Science*, 208: 1181–1182.

S. 116

Für die erste Trainingsstudie siehe:

Klingberg, T., Forssberg, H. und Westerberg, H. (2002), Training of working memory in children with ADHD, *Journal of Clinical and Experimental Neuropsychology*, 24: 781–791.

S. 118

Zur Replikation der Trainingsstudie in verschiedenen Forschungszentren siehe:

Klingberg, T., Fernell, E., Olesen, P., Johnson, M., Gustafsson, P., Dahlström, K., Gillberg, C. G., Forssberg, H. und Westerberg, H. (2005), Computerized Training of Working Memory in Children with ADHD – a Randomized, Controlled Trial, *Journal of the American Academy of Child and Adolescent Psychiatry*, 44: 177–186.

S. 119

Zu Replikationen der Trainingsstudie in Zusammenarbeit mit der Pädagogischen Hochschule vgl.:

Dahlin, K. und Myrberg, M. (2005), BASTA-projektet – Basfärdigheter och träning av arbetsminne hos barn med koncentrationssvårigheter, *Den fjärde nordiska dyslexipedagogiska kongressen* (Abstract, im Erscheinen).

Unabhängige Replikationen auf amerikanischer Seite sind durchgeführt worden von:

Gibson, B. et al. (2006), Computerized training of working memory in ADHD, *Conference for Children and Adults with attention deficit/hyperactivity disorder* (Abstract).

Auch in Schweden sind unabhängige Replikationsstudien durchgeführt worden von Maria Silverberg, Oberärztin der Kinder- und Jugendpsychiatrie Stockholm, sowie Per Gustafsson, Professor für Kinderpsychiatrie an der Universität Linköping.

Die klinische Einsatz und der Vertrieb der Trainingssoftware wird von dem Unternehmen Cogmed durchgeführt, das gegründet wurde und größtenteils im Besitz ist von Karolinska Development, das den Zweck und die Aufgabe verfolgt, im Karolinska Institut getätigte Erfindungen kommerziell und praktisch in der Gesellschaft nutzbar zu machen. Als Entwickler sind Helena Westerberg, Jonas Beckman, David Skoglund und ich selbst über Aktien an dem Unternehmen beteiligt, ohne jedoch Lizenzgebühren oder ähnliche Vergütungen auf Grundlage der Anwenderzahlen zu erhalten.

Zum Arbeitsgedächtnistraining nach Schlaganfall:

Westerberg, H., Jacobaeus, H., Hirvikoski, T., Clevberger, P., Östensson, M.-L., Bartfai, A. und Klingberg, T. (2007), Computerized working memory training after stroke – A pilot study, *Brain Injury*, 21: 21–29.

S. 120

Die fMRI-Studie zum Arbeitsgedächtnistraining findet sich bei:

Olesen, P. J., Westerberg, H. und Klingberg, T. (2004), Increased prefrontal and parietal brain activity after training of working memory, *Nature Neuroscience*, 7: 75–79.

S. 121

Zum «Attentional Process Training» vgl.:

Sohlberg, M. M., McLaughlin, K. A., Pavese, A., Heidrich, A. und Posner, M. I. (2000), Evaluation of attention process training and brain injury education in persons with acquired brain injury, *Journal of Clinical and Experimental Neuropsychology*, 22: 656–676.

S. 122

Für die japanische Studie über Arbeitsgedächtnistraining siehe:

Wajima und Sawaguchi (2005), The effect of working memory training on general intelligence in healthy 6- to 8-year-old children, Society for Neuroscience Conference, (Abstract) Program No. 772.11.

11 Mentales Muskeltraining im Alltag

S. 124

Zur *Einstein Aging Study* vgl.:

Verghese, J., Lipton, R. B., Katz, M. J., Hall, C. B., Derby, C. A., Kuslansky, G., Ambrose, A. F., Sliwinski, M. und Buschke, H. (2003), Leisure activities and the risk of dementia in the elderly, *The New England Journal of Medicine*, 348: 2508–2516.

S. 126

Für das Projekt auf Kungsholmen siehe:

Karp, A., Paillard-Borg, S., Wang, H. X., Silverstein, M., Winblad, B. und Fratiglioni, L. (2006), Mental, physical and social components in leisure activities equally contribute to decrease dementia risk, *Dementia and Geriatric Cognitive Disorders*, 21: 65–73.

Siehe auch:

Wang, H. X., Karp, A., Winblad, B. und Fratiglioni, L. (2002), Late-life engagement in social and leisure activities is associated with a decreased risk of
dementia: a longitudinal study from the Kungsholmen project, *American
Journal of Epidemiology*, 155: 1081–1087.

S. 128

Das Zitat stammt aus *Zensô Mondô* (Dialoge von Zen-Meistern), ins Englische
übersetzt von Matsuo, K. und Steinilber-Oberlin, E., in: Kapleau, R. P. (1989),
The Three Pillars of Zen, New York: Anchor Books Doubleday, S. 45. (Dt. Ausgabe: Die drei Pfeiler des Zen, München (14. Aufl.) 2004.)

S. 130

Das Zitat über Bonpu Zen stammt aus: ebd.

S. 130 f.

Die Konferenz über Gehirnforschung findet sich wiedergegeben in:

Barinaga, M. (2003), Studying the well-trained mind, *Science*, 302: 44–46.

Für die EEG-Studie vgl.:

Lutz, A., Greischar, L. L., Rawlings, N. B., Ricard, M. und Davidson, R. J. (2004),
Long-term meditators self-induce high-amplitude gamma synchrony during mental practice, *Proceedings of the National Academy of Sciences of
the United States of America*, 101: 16 369–16 373.

S. 132

Für die fMRI-Untersuchung der buddhistischen Mönche vgl.:

Brefczynski-Lewis, J. A., Lutz, A., Schaefer, H. S., Levinson, D. B. und Davidson, R. J. (2007), Neural correlates of attentional expertise in long-time meditation practitioners, *Proceedings of the National Academy of Sciences of
the United States of America*, 104: 11 483–11 488.

12 Computerspiele

S. 134

Die Geschichte über Jennifer Grinnel stammt aus:

Craig, K. (2006), Making a Living in *Second Life*, Internetausgabe der Zeitschrift *Wired* vom 8. Februar.

S. 135

Die Angaben über die Häufigkeit des Computerspielens stammen aus einer
Untersuchung von Fair Play, Herbst 2004.

Das Zitat stammt aus: *The Observer* vom 19. August 2001.

S. 137
Zu den positiven Auswirkungen von Computerspielen siehe:

Durkin, K. und Barber, B. (2002), Not so doomed: computer game play and positive adolescent development, *Journal of applied developmental psychology*, 23: 373–392.

Die Studie zu dem *Tetris*-Spiel findet sich bei:

De Lisi, R. und Wolford, J. L. (2002), Improving children's mental rotation accuracy with computer game playing, *Journal of Genetic Psychology*, 163: 272–282.

Zur Studie über Actionspiele siehe:

Green, C. S. und Bavelier, D. (2003), Action video game modifies visual selective attention, *Nature*, 423: 534–537.

S. 139
Für den Bericht der schwedischen Gesundheitsbehörde FHI siehe:

Lager, A. und Bremberg, S. (2005), Hälsoeffekter av tv- och dataspelande – en systematisk genomgång av vetenskapliga studier, Stockholm: Statens folkhälsoinstitut.

13 Der Flynn-Effekt
S. 144
Ein Bericht über den Flynn-Effekt findet sich unter anderem in:

Flynn, J. (1987), Massive gains in 14 nations: What IQ tests really measure, *Psychological Bulletine*, 101; sowie in: Flynn, J. (1999), Searching for justice – The discovery of IQ gains over time, *American Psychologist*, 54.

S. 145 f.
Zum *Project Intelligence* vgl.:

Herrnstein, R. J., Nickerson, R. S., de Sanchez, M. und Swets, J. A. (1986), Teaching thinking skills, *American Psychologist*, 41: 1283.

S. 146
Für die israelische Trainingsstudie siehe:

Feuerstein, R., Hoffman, M. B., Rand, Y., Jensen, M., Tzuriel, D. und Hoffman, D. B. (1986), Learning to learn: mediated learning experiences and instrumental enrichment, *Special services in the schools*, 39: 49–82.

S. 147
Zu Kvashchevs Studien vgl.:

Stankov, L. (1986), Kvashchev's experiment: can we boost intelligence?, *Intelligence*, 10: 209–230.

Zur Studie von Klauer vgl.:

Klauer, K. J., Willmes, K. und Phye, G. D. (2002), Inducting inductive reasoning:

does it transfer to fluid intelligence?, *Contemporary Educational Psychology*, 27: 1–25.

S. 148

Greenfield, P. M. (1998), The cultural evolution of IQ, in: Neisser, U. (Hrsg.), *The rising curve: long-term gains in IQ and related measures*, Washington D. C.: American Psychological Association.

Johnson, S. (2005), *Everything Bad is Good for You: how today's popular culture is actually making us smarter*, New York: Riverhead books. (Deutsche Ausgabe: Steven Johnson, Neue Intelligenz. Warum wir durch Computerspiele und TV klüger werden, Köln 2006.)

S. 149

Abbildung: ebd.

14 Neurokognitive Optimierung

S. 152

Für den Aufsatz über neurokognitive Optimierung siehe:

Farah, M. J., Illes, J., Cook-Deegan, R., Gardner, H., Kandel, E., King, P., Parens, E., Sahakian, B. und Wolpe, P. R. (2004), Neurocognitive enhancement: what can we do and what should we do?, *Nature Reviews Neuroscience*, 5.

S. 153

Zur Wirkung von Amphetamin auf Personen ohne ADHS:

Rapoport, J. L., Buchsbaum, M. S., Weingartner, H., Zahn, T. P. und Ludlow, C. (1978), Dextroamphetamine: cognitive and behavioural effects in normal prepubertal boys, *Science*, 199: 560–563. Sowie: Rapoport, J. L., Buchsbaum, M. S., Weingartner, H., Zahn, T. P., Ludlow, C., Bartko, J., Mikkelsen, E. J., Langer, D. H. und Bunney, W. E. (1980), Dextroamphetamine: cognitive and behavioral effects in normal and hyperactive boys and normal adult males, *Archive of General Psychiatry*, 37: 933–943.

Berichte zur Wirkung von Methylphenidat (z. B. Ritalin) auf Personen ohne ADHS finden sich unter anderem in:

Mehta, M. A., Owen, A. M., Sahakian, B. J., Mavaddat, N., Pickard, J. D. und Robbins, T. W. (2000), Methylphenidate enhances working memory by modulating discrete frontal and parietal lobe regions in the human brain, *Journal of Neuroscience*, 20, RC65.

Die Anwendung zentral stimulierender Medikamente bei Universitätsstudenten ist dargestellt in:

Farah, M. J., Illes, J., Cook-Deegan, R., Gardner, H., Kandel, E., King, P., Parens, E., Sahakian, B. und Wolpe, P. R. (2004), Neurocognitive enhancement: what can we do and what should we do?, *Nature Reviews Neuroscience*, 5;

sowie in: Babcock, Q. und Byrne, T. (2000), Students perceptions of methylphenidate abuse at a public liberal arts college, *Journal of American College Health*, 49.

S. 155
Zur Verbindung Mensch – Computer vgl.:
Hochberg, L. R., Serruya, M. D., Friehs, G. M., Mukand, J. A., Saleh, M., Caplan, A. H., Branner, A., Chen, D., Penn, R. D. und Donoghue, J. P. (2006), Neuronal ensemble control of prosthetic devices by a human with tetraplegia, *Nature*, 442: 164–171.

S. 156
Zur Abnahme der Dopaminrezeptoren im Alter vgl.:
Bäckman, L., Ginovart, N., Dixon, R. A., Wahlin, T. B., Wahlin, A., Halldin, C. und Farde, L. (2000), Age-related cognitive deficits mediated by changes in the striatal dopamine system, *The American Journal of Psychiatry*, 157: 635–637.

S. 157
Zaslow, J. (2005), What if Einstein had taken Ritalin?, *Wall Street Journal* vom 3. Februar.
Sacks, O. (1985), *The Man Who Mistook His Wife For a Hat*, London: Duckworth. (Deutsche Ausgabe: Oliver Sacks, Der Mann, der seine Frau mit einem Hut verwechselte, Reinbek (26. Aufl.) 1998.)
Die Verbindung zwischen Medikation und Kreativität ist keineswegs geklärt; so gibt es Studien, die nachweisen, dass Ritalin Kinder mit ADHS bei Tests, die speziell die Kreativität messen, nicht schlechter abschneiden lässt:
Solanto, M. V. und Wender, E. H. (1989), Does methylphenidate constrict cognitive functioning?, *Journal of the American Academy of Child and Adolescent Psychiatry*, 28: 897–902.
Welchen Einfluss Ritalin auf die Kreativität von Erwachsenen mit ADHS oder auf Personen ohne ADHS hat, ist unbekannt.
Für den Zusammenhang von Serotonin und Verliebtheit siehe:
Marazziti, D., Akiskal, H. S., Rossi, A. und Cassano, G. B. (1999), Alteration of the platelet serotonin transporter in romantic love, *Psychological Medicine*, 29: 741–745; sowie Fisher, H. (2004), *Why we love: the nature and chemistry of romantic love*, New York: Henry Holt & Company. (Dt. Ausgabe: Warum wir lieben ... und wie wir besser lieben können, München 2007.)

15 Datenflut und Flow
S. 161

Sapolsky, R.M. (1994), *Why Zebras Don't Get Ulcers*, New York: W.H. Freeman. (Dt. Ausgabe: Robert M. Sapolsky, Warum Zebras keine Migräne kriegen, München 1998.)

S. 162

Die Untersuchung über die Belastung durch E-Mails stammt von:
Gleick, J. (2001), Faster. The acceleration of just about everything, London: Brown Little. (Dt. Ausgabe: James Gleick, Schneller. Eine Zeitreise durch die Turbo-Gesellschaft, München 2002.)

S. 163

Csíkszentmihályi, M. (1997), *Finding flow. The psychology of engagement with everyday life*, New York: Basic Books. (Dt. Ausgabe: Das Flow-Erlebnis. Jenseits von Angst und Langeweile: Im Tun aufgehen, Stuttgart (10. Aufl.) 2008.)

Bildnachweis

Airi Iliste: S. 13, S. 18, S. 26, S. 44, S. 46, S. 50, S. 55, S. 60, S. 71, S. 76, S. 78, S. 85, S. 164
SCANPIX/Sipa: S. 64, S. 94
Tomas Södergren/Cogmed: S. 117
Stig Söderlind: S. 34, S. 53